Breve historia de la lengua española

3 5
1 med

Breve historia de la lengua española

DAVID A. PHARIES

The University of Chicago Press ✳ CHICAGO AND LONDON

DAVID A. PHARIES, director del Departamento de Lenguas Románicas de la Universidad de Florida, fue director de la quinta edición del *Universidad de Chicago Diccionario Español-Inglés, Inglés-Español*.

The University of Chicago Press, Chicago 60637
The University of Chicago Press, Ltd., London
© 2007 por David A. Pharies
Todos los derechos reservados. Publicado 2007
Impreso en Estados Unidos de América

16 15 14 13 12 11 10 09 08 07   1 2 3 4 5

Español
ISBN-13: 978-0-226-66680-8 (encuadernación en tela)
ISBN-13: 978-0-226-66681-5 (encuadernación en papel)
ISBN-10: 0-226-66680-8 (encuadernación en tela)
ISBN-10: 0-226-66681-6 (encuadernación en papel)

Inglés
ISBN-13: 978-0-226-66682-2 (encuadernación en tela)
ISBN-13: 978-0-226-66683-9 (encuadernación en papel)
ISBN-10: 0-226-66682-4 (encuadernación en tela)
ISBN-10: 0-226-66683-2 (encuadernación en papel)

Library of Congress Cataloging-in-Publication Data

Pharies, David A.
  [Brief history of the Spanish language. Spanish]
  Breve historia de la lengua española / David A. Pharies.
      p. cm.
  Includes bibliographical references and index.
  ISBN-13: 978-0-226-66680-8 (cl : alk. paper)
  ISBN-10: 0-226-66680-8 (cl : alk. paper)
  ISBN-13: 978-0-226-66681-5 (pbk. : alk. paper)
  ISBN-10: 0-226-66681-6 (pbk. : alk. paper)
    1. Spanish language—History.   I. Title.

PC4075.P4818 2006
460.9—dc22

                              2006050933

♾ El papel utilizado en esta publicación cumple con los requisitos mínimos de la Norma Americana Nacional para Ciencias Informáticas—Permanencia de Papel para Materiales Impresos de Bibliotecas, ANSI Z39.48-1992.

Índice

NOTA DEL AUTOR ix
PRÓLOGO xi
LISTA DE ABREVIATURAS xv

Introducción 1
¿En qué consiste la historia de una lengua? 1
¿Por qué estudiar la historia del español? 4

Capítulo 1: El cambio lingüístico 7
La inexorabilidad del cambio lingüístico 7
Los cambios en marcha 8
El cambio lingüístico observado a través de los testimonios
    escritos 9
Las categorías del cambio lingüístico 11
Las causas del cambio lingüístico 12
El mecanismo del cambio lingüístico 14
La sociolingüística 16
Preguntas 18

Capítulo 2: La genealogía del español 21
Familias lingüísticas 21
Algunas familias lingüísticas importantes 26
Familia lingüística indoeuropea 26

La rama itálica   27
Bilingüismo y diglosia   28
Genealogía del español   29
Preguntas   31

Capítulo 3: Historia externa de la Península Ibérica hasta el siglo XIII   33
La Península Ibérica antes de la llegada de los romanos   33
La romanización de la Península Ibérica   36
El fin del Imperio Romano   38
La invasión visigótica   39
La invasión musulmana   42
Una variedad iberorrománica extinta: El mozárabe   44
La Reconquista   46
El auge del castellano   48
Preguntas   51

Capítulo 4: La lengua latina   53
Etapas en la historia del latín   54
Fonología   55
Ortografía y pronunciación   57
Morfología nominal   59
Morfología verbal   68
Sintaxis   69
Análisis de texto   71
Preguntas   73

Capítulo 5: Del latín al castellano medieval: Fonología   77
La naturaleza del cambio fonológico   77
Los cambios fonológicos más importantes de la época
    románica   79
Las derivaciones fonológicas   92
Las excepciones al cambio fonológico regular   95
Análisis de texto   97
La ortografía alfonsí   98
Preguntas   99

Capítulo 6: Del latín al castellano medieval: Morfología y sintaxis 103

Interdependencia de los cambios morfológicos y sintácticos   103

Morfología: Sistema nominal   104

*Un mito lingüístico: La cacofonía de la secuencia pronominal
   **le lo*   117

Morfología: Sistema verbal   120

Principales cambios sintácticos   128

Análisis de texto   134

Apéndice: Arcaísmos léxicos en la prosa alfonsí   136

Preguntas   138

Capítulo 7: Del castellano medieval al español moderno   141

Historia política y cultural de España después del medievo   141

Un dialecto arcaico: El sefardí   144

Cambios lingüísticos   150

Un mito lingüístico: El rey ceceante   154

*Mito lingüístico: El carácter fonémico de la ortografía
   española*   163

Análisis de texto   164

Preguntas   165

Capítulo 8: Historia del léxico español   167

Vías de integración léxica en español   167

La plantilla lúdica reduplicativa   174

La etimología   178

Las etapas del léxico español   182

Preguntas   184

Capítulo 9: Dialectología española   189

Variedades del castellano en las dos Castillas   191

El andaluz   192

El canario   200

El español americano   202

La demografía de la lengua española   209

Cuatro variedades distintivas del español americano   210

El español en los Estados Unidos   224
Preguntas   227

RUDIMENTOS DE FONÉTICA Y FONOLOGÍA ESPAÑOLAS   231
GLOSARIO DE TÉRMINOS LINGÜÍSTICOS   237
MAPAS   249
OBRAS CITADAS   259
ÍNDICE DE PALABRAS   265
ÍNDICE DE MATERIAS   283

Nota del autor

Las siguientes convenciones tipográficas se han utilizado en esta obra.

- Se utiliza **letra negrilla** para señalar el primer uso importante de términos incluidos en el "Glosario de términos lingüísticos": "es necesario llevar a cabo una **reconstrucción** de todas las etapas".
- Se utiliza *letra cursiva* para indicar un elemento lingüístico citado como tal: "¿Por qué dicen algunos *tú* y otros *vos*?"
- Se utilizan las comillas sencillas (' ') para señalar las acepciones semánticas de las palabras: "*falda* 'prenda de vestir'".
- Se utiliza un asterisco sencillo (*) para indicar una forma reconstruida: "lat. tard. *palumba* > *[palómma] > *paloma*".
- Se utiliza un asterisco doble (**) para indicar una forma hipotética: "porque de otra manera, se habría dado, por ejemplo, la derivación *bonitāte* > **bontate* > **bontad*".
- "$x > y$" significa que x se transforma en y a lo largo del tiempo; "$x < y$" significa que x es descendiente de y.
- "$x \rightarrow y$" significa que x cambia su sentido a y, o añade otro sentido y.

Prólogo

La historia de una lengua puede concebirse como la combinación de su historia interna y su historia externa.

La historia interna comprende todo lo lingüístico, como los cambios fonológicos, gramaticales y léxicos. Algunas de las preguntas que atañen a la historia interna son: ¿Qué modificaciones ha habido a través de los siglos en el inventario de sonidos de la lengua? ¿Qué estructuras gramaticales se han perdido y qué otras han surgido para sustituirlas? ¿Cuáles han sido las fuentes más importantes de palabras nuevas? ¿Hasta qué punto han caído otras palabras en desuso?

La historia externa, que es la historia del pueblo o pueblos que hablan la lengua, comprende todo lo que no sea específicamente lingüístico. Por descontado, los aspectos de la historia externa en que nos enfocamos al tratar la historia de una lengua son los acontecimientos que puedan haber afectado de manera más significativa el curso de la lengua. Así surgen preguntas como éstas: ¿Qué pueblos hablaron la lengua originariamente? ¿Qué otros pueblos adoptaron la lengua y bajo qué circunstancias? ¿Cuáles han sido las principales invasiones, migraciones y otros eventos que han contribuido a la distribución geográfica y demográfica actual de la lengua? ¿Qué movimientos culturales han influido en el desarrollo de la lengua?

Lo ideal sería encontrar correspondencias inequívocas entre estas dos perspectivas —la interna y la externa— pero en la práctica las conclusiones a que se puede llegar en este sentido suelen ser bastante hipotéticas. Si bien es incuestionable que movimientos culturales como el Renacimiento y la revolución tecnológica del siglo XX trajeron consigo la aceptación de grandes caudales de **neologismos** —en el primer caso de procedencia mayormente italiana y en el segundo, inglesa— en general resulta difícil encontrar correspondencias entre las dos corrientes históricas, por ejemplo, entre el ritmo del cambio fonológico y períodos de paz o de guerra, o entre ciertos cambios gramaticales y las migraciones de pueblos.[1]

La lengua cuya historia se cuenta en este libro es el español. Se trata de una lengua desarrollada a partir del latín que las fuerzas invasoras romanas llevan a la Península Ibérica, donde se establece como lengua mayoritaria antes del comienzo de la era cristiana. Con la desintegración del Imperio Romano, esta comunidad lingüística sufre una serie de invasiones foráneas que llevan a su lengua al borde de la extinción, pero para finales del medievo la lengua ya ha recobrado su antigua preeminencia, y con el descubrimiento de América por Cristóbal Colón en 1492, se extiende al Nuevo Mundo. Hoy el español es lengua oficial en unos veintiún países, con un total de más de 325 millones de hablantes en todo el mundo.

Como señala el título de nuestra obra, nos proponemos contar esta historia de forma breve. Dicha brevedad responde a varias consideraciones. Primero, esperamos que la moderación de nuestra presentación atraiga al numeroso público que, si bien se interesa por la lengua y su historia, se siente intimidado por las obras tradicionales sobre el tema, como las 690 páginas de la *Historia de la lengua española* de Rafael Lapesa. Segundo, hemos querido producir una obra adecuada a las condiciones y necesidades de un curso universitario de un semestre de duración. Con ello pretendemos llenar un vacío que los especialistas en el campo hemos percibido durante muchos años. Finalmente, en la selección de materias y temas para esta *Breve historia*, hemos tratado de favorecer los puntos de mayor relevancia e interés, contestando las preguntas que tradicionalmente

---

1. Aunque, como veremos en el capítulo 9, períodos de nivelación como los que acompañan la formación de los dialectos de Andalucía y América sí parecen tener el efecto de acelerar el ritmo del cambio lingüístico.

intrigan y dejan perplejos a los hablantes de la lengua, tales como: ¿A qué desarrollo histórico se debe la *zeta* española (la interdental [θ], sonido similar al de la *th* del ingl. *thin*), y por qué no se da en otras variedades de la lengua? ¿Por qué se dice *el agua* pero *las aguas*? ¿Por qué se dice *se lo mandé* en vez de **le lo mandé? ¿Por qué dicen algunos hablantes *le veo* cuando otros dicen *lo veo*? ¿Cómo difieren entre sí las principales variedades de la lengua, y a qué se deben estas diferencias? En otras palabras, la obra es breve, no porque hayamos omitido aspectos relevantes de la historia del español (que no es el caso), sino porque nos hemos concentrado en los aspectos que a nuestro juicio son más interesantes. Con esta estrategia hemos querido evitar el error en que caen muchos de los libros de este tipo, el de abrumar a los neófitos con un sinfín de detalles y explicaciones técnicas poco adecuados a una obra introductoria. Nuestra meta es despertar el interés por esta materia en nuestros lectores y ofrecerles los fundamentos para que en un futuro puedan profundizar en ella.

Al mismo tiempo, los lectores se darán cuenta de que, a pesar de ser introductorio y breve, nuestro libro no carece de rigor académico. En cuanto al nivel científico de la presentación, notamos que sobre todo el núcleo lingüístico formado por los capítulos 5, 6, y 7 —en los que se presentan los principales cambios mediante los cuales el latín hablado se convierte primero en castellano medieval y finalmente en español moderno— supone un conocimiento de los conceptos básicos de la lingüística. Para atenuar esta dificultad, hemos complementado el texto de varias maneras, añadiendo notas explicativas, un glosario de términos lingüísticos, un apéndice en que se presentan los conceptos básicos de la fonética española y un índice general. Aun así, sospechamos que se beneficiarán más de la obra los lectores que ya conozcan los fundamentos de la lingüística general y española.

En cuanto a la selección de temas, nuestro libro se destaca por la diversidad de su contenido. Entre los temas aquí abordados que en trabajos afines se suelen omitir, se cuentan la naturaleza del cambio lingüístico, la familia lingüística indoeuropea, los principios básicos de la etimología y la historia de la lengua fuera de la Península Ibérica. También es notable el equilibrio entre temas de historia interna y externa, y la relevancia que se le otorga a la evolución sintáctica, aspecto al que tradicionalmente se concede poca importancia en obras de este género.

Huelga decir que no es ésta una obra de investigación sino de compilación y divulgación. Hemos querido producir una síntesis clara y precisa que fuera asequible tanto a los estudiantes del español como a las muchas personas que aman la lengua y quieren conocerla mejor. En este sentido reconozco la inmensa deuda que tengo con los muchos estudiosos que han contribuido a nuestro entendimiento de la historia del español, cuyos nombres aparecen en las notas y en la lista de obras citadas de este libro. Es un placer, además, hacer constar mi gratitud a diversas personas que me ayudaron directamente en la preparación de este libro. Aquí cabe destacar a Linda Halvorson, editora en la University of Chicago Press, quien me animó a idear y luego a llevar a cabo el proyecto. Sin su interés, apoyo y paciencia es dudoso que la obra hubiera llegado a su término. Agradezco asimismo a los siguientes colegas, profesores de lingüística española, que tuvieran la bondad de leer el manuscrito en su totalidad y de hacer comentarios y sugerencias: John Lipski (Pennsylvania State University), Diana Ranson (University of Georgia), Joel Rini (University of Virginia), Armin Schwegler (University of California, Irvine), Kenneth Wireback (Miami University) y Ray Harris (University of Wisconsin). También soy deudor de Jane Domínguez, de la sección de Noticias y Publicaciones del College of Liberal Arts and Sciences de la Universidad de Florida, por su magnífico trabajo con los mapas que acompañan al texto. Finalmente, quiero expresar mi reconocimiento a mi amigo y colega Juan Gómez Canseco, quien aceptó el reto de corregir el estilo del manuscrito original. A cada uno de estos colaboradores le corresponde una buena parte del mérito que pueda tener la obra. Al mismo tiempo, asumo toda la responsabilidad por las imperfecciones que no se hayan podido eliminar de ella.

Abreviaturas

ab.	ablativo		gr.	griego
ac.	acusativo		íd.	*ídem* (con el mismo significado)
adj.	adjetivo			
alem.	alemán			
and.	andaluz		ingl.	inglés
ant.	antiguo		it.	italiano
ar.	árabe		lat.	latín
ca.	*circa* (aproximadamente)		leon.	leonés
cast.	castellano		m.	masculino
cat.	catalán		med.	medieval
cf.	*confer* (compare)		mod.	moderno
conj.	conjugación		n.	neutro
cub.	cubano		n°	número
dat.	dativo		nom.	nominativo
decl.	declinación		occ.	occitano
dir.	director(es)		p.	persona
ed.	edición		p. ej.	por ejemplo
et al.	*et alia* (y otros)		pág.	página
ej.	ejemplo		pl.	plural
esp.	español		port.	portugués
f.	femenino		s.	sustantivo
fr.	francés		sg.	singular
gen.	genitivo		s. f.	sin fecha

tard.	tardío	voc.	vocativo
var.	variante	vols.	volúmenes
v. gr.	*verbi gratia* (por ejemplo)	vs.	*versus* (contra)

Introducción

¿En qué consiste la historia de una lengua?

La naturaleza de nuestro mundo y de nuestro universo es que todo cambia sin cesar. Algunas cosas cambian tan lentamente que los cambios apenas son perceptibles, como en el caso del cambio geológico, por el cual, a través de varios millones de años, una montaña se puede convertir en llanura. Otras cosas cambian tan rápidamente que resultan igualmente imperceptibles, como los movimientos de algunas partículas subatómicas. En cambio, las modificaciones paulatinas en la cultura humana sí son susceptibles a una observación detallada.

Todos los aspectos de la cultura humana cambian constantemente: la forma de vestirse y de peinarse de las personas, los medios de transporte, las instituciones políticas, religiosas y educativas, la forma de criar y tratar a los niños y a los animales, las costumbres gastronómicas, las relaciones entre los sexos, etc. En algunos casos, estos cambios resultan fácilmente detectables, como cuando de un año a otro las faldas se llevan más cortas o más largas, o se comienza a insistir en consumir comidas con poca grasa. En otros casos hay que recurrir a testimonios escritos en la época en cuestión, para informarnos, por ejemplo, sobre la esclavitud en el Imperio Romano o el trato de los niños durante la Revolución Industrial.

La lengua puede calificarse como la máxima manifestación de la cultura humana. Representa el fundamento, prácticamente, de todo lo demás, porque es el instrumento por el cual se comunica y transmite todo el caudal de conocimientos que constituyen nuestras costumbres, nuestras leyes y nuestro concepto de la vida humana. Quizá porque la lengua es tan omnipresente en nuestra vida, la infinita serie de modificaciones que sufre a través del tiempo resulta a veces difícil de percibir. Son más obvias, probablemente, las palabras nuevas —hace poco tiempo nadie hablaba de un *sitio web*— aunque también llaman mucho la atención los cambios sintácticos patentes en enunciados como *es el tío que te hablé ayer,* o *es la vecina que su casa está a la derecha.* Por otra parte, sólo los lingüistas se dan cuenta de la mayoría de los cambios fonéticos, v. gr., la **despalatalización** (pérdida del elemento palatal) de [tʃ] en algunas regiones, donde por *noche* [nótʃe] se dice [nótse].

La reacción típica a los cambios lingüísticos es negativa, pues es frecuente equiparar cambio y degradación. Desde esta perspectiva, la aceptación de la palabra *web* en el vocabulario español sería dañina por ser un extranjerismo poco adaptado a la **fonotaxis** española, y las frases como *es el tío que te hablé ayer* serían testimonios de la creciente incapacidad de los hablantes para expresarse con precisión (diciendo *es el tío de quien te hablé ayer*). Es evidente, sin embargo, que esta visión del cambio lingüístico es falsa, porque un proceso de degradación constante llevaría a un colapso lingüístico total. En algún momento las lenguas perderían la capacidad de comunicar. El caso es que cada generación suele venerar y proteger los aspectos de la lengua cuya dificultad e infrecuencia hacen necesario que se aprendan en la escuela. En español, estos aspectos incluyen algunas conjugaciones irregulares (*anduve* por *ⁿandé*) y los numerosos calcos semánticos del inglés que presionan la lengua (*aplicar* por *solicitar, ignorar* por *hacer caso omiso de, asumir* por *suponer,* etc.).

Estudiar la historia de una lengua es, pues, estudiar la infinidad de etapas por las que ha pasado en el tiempo. En el caso del español, se suele comenzar con la etapa del latín, por ser la primera fase bien documentada de la lengua. Ya a principios de nuestra era, el latín sufre una división importante por la cual la lengua escrita se aleja cada vez más de la hablada, hasta llegar a ser mutuamente incomprensibles las dos modalidades siglos más tarde. Como el español es el resultado de la modalidad hablada del latín, y como hasta el final

del primer milenio dC no se intenta escribir en vernáculo, care-
cemos de indicios directos de las etapas por las que pasa en su evolución durante este tiempo. Sólo a partir del siglo XIII se producen
documentos en vernáculo con frecuencia suficiente como para dar-
nos una idea de los muchos cambios que tienen lugar durante este
período tan largo.

Pero es claro que tampoco los documentos resultan ser siempre
fidedignos en reflejar las etapas lingüísticas antiguas, sobre todo
porque los sistemas ortográficos tienden a ser conservadores. Baste
con citar el caso del inglés contemporáneo, por ejemplo, para mostrar que la **ortografía** (forma de escribir) de una lengua puede distar
mucho de su pronunciación. Esto se ve claramente en la ortografía
de ciertas vocales largas. Originariamente en inglés se escribió *see*
'ver' para indicar que la vocal de esta palabra era larga ([se:]). Ahora
se pronuncia [si:], sin que se haya modificado la ortografía para reflejar tal cambio de timbre. Lo mismo puede decirse de *boot* 'bota',
cuya *o* doble indicaba una pronunciación original [bo:t]. Hoy en
día la misma ortografía se lee [bu:t]. En cuanto a las consonantes,
es muy instructiva la palabra *knight* 'caballero andante', originariamente [kniçt], hoy pronunciada [náɪt] sin cambio ortográfico.
Entre las **lenguas románicas,** o sea, las lenguas que resultan de la evolución ulterior del **latín hablado,** peca más en este sentido el francés,
que escribe *une fois* 'una vez' y *tout le temps* 'todo el tiempo' para [yn
fwa] y [tu lə tã].[1]

De todo lo expuesto se desprende que el estudio de la historia del
español consiste en gran medida de un análisis cuidadoso de datos
muy incompletos para llegar a conclusiones que en la mayoría de
los casos no dejan de ser hipotéticas. Es decir, si bien es cierto que
conocemos bastante bien la fase del latín común de hace más de dos
milenios, y muy bien la fase actual del español, es necesario llevar a
cabo una **reconstrucción** de todas las etapas lingüísticas intermedias
a base de información parcial y hasta cierto punto ambigua.

1. Entre los sonidos no españoles citados en este párrafo figuran [i:], [e:], [o:] y
[u:] (vocales largas marcadas como tales por el uso de los dos puntos [:]), [ç] (consonante fricativa prepalatal sorda, como en ingl. *huge* o alem. *ich*), [y] (vocal cerrada
anterior redondeada, como en fr. *tu* o alem. *über*), [ə] (llamado *schwa*, vocal media
central, como en ingl. *Santa*) y [ã] (vocal abierta central nasalizada).

¿Por qué estudiar la historia del español?

La historia del español es parte de la historia española e hispanoamericana. Los eventos de la historia de la Península Ibérica —las migraciones, las invasiones, las guerras, los trastornos políticos— han afectado de forma fundamental a la historia lingüística. Aquí la invasión romana es lo absolutamente imprescindible, pero también figuran de forma decisiva en la historia lingüística española eventos como la invasión de los musulmanes y la consiguiente reconquista, el descubrimiento de América, el Renacimiento y la Ilustración. Todos estos acontecimientos se ven reflejados en la lengua española. Sin la invasión romana, hoy se hablaría otra lengua en la Península Ibérica, quizá todavía el ibero, si no el visigodo o el árabe. Sin la invasión musulmana, es dudoso que el español moderno se basara en el dialecto castellano. Si no hubiera habido un Renacimiento o Ilustración, el vocabulario del español no sería tan rico en latinismos y helenismos como lo es hoy.

La historia del español es un laboratorio para la lingüística histórica. El español, como las otras lenguas románicas, ofrece la posibilidad de una comparación de su fisonomía actual con la del estado previo de hace dos mil años. Por ello representa un objeto de análisis de gran valor para los estudiosos de la lingüística histórica, ciencia cuyo fin es el de descubrir los principios que rigen el cambio lingüístico.

La historia del español ofrece explicaciones para algunas de las excentricidades más interesantes de la lengua. Ya mencionamos algunos de estos puntos en el prólogo. Aquí agregaríamos las siguientes: ¿Por qué dicen algunos *tú* y otros *vos,* algunos *vosotros* y otros *ustedes?* ¿Por qué son equivalentes *hablara* y *hablases?* ¿Por qué escriben algunos autores *como dijéramos antes,* y qué significa esto? ¿Qué forma del verbo se ve en *si a Roma fueres, haz como vieres?* ¿Cuándo se deja de escribir *miráronse en el espejo?* ¿Cuál es el origen de construcciones sintácticas como *se duerme bien* o *se venden coches?*

Quienes verdaderamente aman la lengua española no se preguntan por qué vale la pena estudiar su historia. Quieren conocer los orígenes de las palabras y saber qué lenguas han contribuido a nuestro caudal léxico. Se interesan por los elementos y procedimientos formativos mediante los cuales se han acuñado y siguen acuñándose nuevas palabras en español. Les fascina saber cómo se expresaban los castellanos de la época alfonsí y los del Siglo de Oro. Quieren leer y entender cabalmente las obras inmortales de la literatura española, tales como el *Poema del Cid, La Celestina* y *El ingenioso hidalgo don Quijote de la Mancha.* Finalmente, tienen preguntas sobre las variedades del español, sobre todo en América, donde habita la gran mayoría de los hablantes de la lengua. Es nuestro más sincero deseo que este libro les sirva a estas personas de guía fidedigna en este gran viaje de descubrimiento.

El cambio lingüístico

La inexorabilidad del cambio lingüístico

Como sugerimos en la introducción, dada la naturaleza de la realidad tal como la conocemos, no sorprende el que las lenguas humanas estén sometidas a un proceso implacable de modificación. Lo verdaderamente asombroso sería que no lo estuvieran.

Decir que el cambio lingüístico es inexorable e implacable significa que es imparable, aunque no escaseen las tentativas de pararlo o al menos ralentizarlo. Así se explica, por ejemplo, la existencia del muy conocido género de obras tituladas *Diccionario de dudas* o *Diccionario de incorrecciones,* cuyo fin es ayudar a los usuarios a defenderse contra las oleadas de cambios que arremeten sin cesar contra la lengua. En una de dichas obras se advierte, por ejemplo, contra usos como "la ciudad *adolece* (debe ser: *padece*) de escasez de agua", "*enfrentar* (debe ser: *afrontar*) un reto", "el *agudizamiento* (debe ser: *la agudización*) del problema", "*al cabo* (debe ser: *al final*) de la reunión", "no tenía otra *alternativa* (debe ser: *opción*)". Son especialmente notables los esfuerzos que han hecho en este sentido los franceses,[1] que han llegado a amenazar con multas económicas a los usuarios de la lengua que participan de ciertas tendencias como la introducción de **anglicismos,** o sea, **préstamos** tomados del inglés.

---

1. Para más información sobre este tema, ver Thody, 1996.

Los cambios en marcha

Gracias a la **sociolingüística** nos hemos dado cuenta de que es posible observar directamente el proceso por el que los cambios se introducen y terminan generalizándose. Vistos desde esta perspectiva, tales cambios se llaman **cambios en marcha** (en la terminología inglesa, *changes in progress*).

Ciertos tipos de cambio resultan fáciles de apreciar, como los cambios **léxicos** o cambios de vocabulario. A nadie se le habrá escapado la novedad de palabras como *fax, píxel, escáner, genoma, lifting* y *puénting*. Son más difíciles de detectar los cambios del sentido de las palabras o cambios **semánticos,** como el uso de *retirar* en el sentido de *jubilar,* o de *atender* en el sentido de *asistir,* ambos debidos probablemente a la influencia del inglés. En el caso de los cambios **fonéticos,** los hablantes suelen detectarlos de forma más bien inconsciente—saben que hay una novedad en la forma de hablar de alguien, pero no logran identificarla en detalle. Dicen: "Habla como los jóvenes de hoy" o "Será un pasota".

Con un poco de práctica resulta posible detectar cambios **morfosintácticos** o gramaticales incipientes. En español, muchos habrán notado la tendencia a introducir concordancia en el uso impersonal de *había* y *habrá*, v. gr., *habían* (debe ser: *había) dos coches ante la casa, habrán* (debe ser: *habrá) varios tipos de comida en la fiesta.* En cambio, la concordancia se elimina en el uso del pronombre clítico singular *le* por el plural *les: Le escribo a mis amigos.* La antes citada tendencia a sustituir *que* por *de quien* en oraciones como *el tío que te hablé ayer* es otro cambio en marcha en ciertas regiones. En el inglés americano continúa la tendencia a no distinguir entre **caso recto** (de sujeto) y **oblicuo** (de objeto o **complemento**) en los pronombres. Por ejemplo, hace tiempo que ya no se sabe manejar la diferencia entre *who* recto y *whom* oblicuo. Tampoco es nuevo el uso de oblicuo por nominativo cuando se dan dos pronombres (o un nombre y un pronombre) en serie, en casos como *me and him* (debe ser: *he and I) went to the movies* 'él y yo fuimos al cine' o *me and my brother* (debe ser: *my brother and I) went to the movies* 'mi hermano y yo fuimos al cine'. En cambio sí es novedoso el uso inverso, de nominativo por oblicuo, en frases como *they sent it to my brother* *and I* (debe ser: *my brother and me*) 'nos lo mandaron a mi hermano y a mí' o *they saw she and I* (debe ser: *her and me*) *as we left the apartment* 'nos vieron a ella y a mí salir del piso'. Otro caso: la tendencia a sustituir los participios pasivos por formas pretéritas: *They have already went* (debe ser: *gone*) *to school* 'ya se han ido a la escuela', *I have ran* (debe ser: *run*) *out of gas twice this year* 'este año se me ha acabado la gasolina dos veces'.

El cambio lingüístico observado a través de los testimonios escritos

Antes de la introducción, a finales del siglo XIX, de la técnica electroacústica para la grabación de sonidos, la única forma de acceder a las modalidades anteriores de una lengua es a través de los testimonios escritos. Gracias a la escritura, tenemos la posibilidad de estudiar etapas primitivas de una lengua, si bien este medio impone al mismo tiempo ciertos límites. En primer lugar, cualquier documento que se haya querido guardar por largo tiempo, incluso siglos, reflejará inevitablemente, por su importancia, el **registro** (estilo de expresarse condicionado por la situación) más formal de la lengua. En consecuencia, nos quedarán siempre ocultas las formas de hablar coloquiales de aquellos tiempos. En segundo lugar, es preciso tener en cuenta que la ortografía de las palabras no siempre refleja fielmente la pronunciación. Algunos estudiosos creen, por ejemplo, que poco antes o después del comienzo del segundo milenio existió la costumbre de leer el latín medieval como si fuera lengua vernácula, pronunciando [ómbre] al leer *homine* y [amígos] al leer *amicos* (o incluso *amici,* forma nominativa plural del lat. *amicus* 'amigo'). Esta hipótesis supone una separación radical entre escritura y habla que parecería absurda si no la confirmasen los casos del inglés y francés modernos: pronunciar [ómbre] por *homine* no difiere mucho de pronunciar [náɪt] por *knight* o [tã] por *temps*.

A pesar de las dificultades que presentan los testimonios escritos para la lingüística histórica, resulta fascinante ver el efecto cumulativo de siglos, incluso de milenios de cambios lingüísticos reflejados en textos antiguos. La comparación entre épocas resulta particularmente interesante cuando se trata de varias versiones del mismo contenido, como aquí, donde citamos tres versiones de la historia bíblica de la creación.

Vulgata, siglo IV

In principio creavit Deus caelum et terram. Terra autem erat inanis et vacua, et tenebrae erant super faciem abyssi, et spiritus Dei ferebatur super aquas. Dixitque Deus: Fiat lux. Et facta est lux. Et vidit Deus lucem quod esset bona et divisit lucem a tenebris. Appellavitque lucem diem et tenebras noctem.

Biblia romanceada, siglo XIII

En el comienço crio Dios los cielos e la tierra. E la tierra era vana e vazia, e la escuridat sobre la faz del abismo, e espiritu de Dios ventiscaua sobre fazes de las aguas. E dixo Dios: sea luz, e luz fue. E vido Dios la luz que era buena; e aparto Dios entre la luz e entre la tyniebla. E llamo Dios a la luz, dia, e a la escuridat llamo noche.

Biblia moderna

Al principio creó Dios los cielos y la tierra. La tierra estaba confusa y vacía y las tinieblas cubrían la haz del abismo, pero el espíritu de Dios se cernía sobre la superficie de las aguas. Dijo Dios: Haya luz, y hubo luz. Y vio Dios ser buena la luz, y la separó de las tinieblas. Y a la luz llamó día, y a las tinieblas noche.

Lo primero que salta a la vista es que ha habido cambios fundamentales desde la modalidad latina, pues resulta prácticamente indescifrable para el hablante del español moderno. Aun así, una comparación de los textos nos permite llegar a algunas conclusiones sobre este estadio más primitivo. Por ejemplo, como no hay palabras latinas correspondientes a los artículos de la versión moderna, se podría suponer que el latín carece de artículos. También nos preguntamos por qué los sustantivos parecen tener más de una forma, cf. *tenebrae / tenebris / tenebras*, también *Deus / Dei, lux / lucem* y *terra / terram*. En cuanto a los verbos, sospechamos que *creavit* se relaciona con *crear* y *esset* con *ser*, pero *ferebatur* y *fiat* resultan incomprensibles.

El español del siglo XIII es, en cambio, fácil de descifrar. La *ç* de *comienço* y la *x* de *dixo* nos resultan extrañas, pero no dificultan la comprensión. Tampoco son problemáticas las diferencias ortográficas en *vazia* (*vacía*), *tyniebla* (*tinieblas*) y *escuridat* (*oscuridad*). *Vido* es perfectamente asociable a *vio,* y *ventiscaua* se asocia fácilmente con *viento.*

En fin, nuestro pequeño ejercicio comparativo nos proporciona una idea de los fenómenos que nos van a ocupar en los capítulos por venir. También sirve para ilustrar, de forma manifiesta, el hecho de que, al hablar del latín, del castellano medieval y del español actual, nos referimos a una sola entidad lingüística cuya existencia se extiende por el tiempo. Desde el punto de vista histórico, entonces, los hablantes del español actual podrían denominar su lengua "latín". Si no lo hacen, es porque el español no es la única modalidad sobreviviente del latín: también lo son el francés, el italiano y el sardo, entre muchas más. Al mismo tiempo, es evidente que cuando decimos que el latín es una lengua muerta, nos referimos únicamente a la antigua modalidad escrita de la lengua, no a la lengua en sí.

Las categorías del cambio lingüístico

Como se ha sugerido, los cambios lingüísticos pueden clasificarse según el componente lingüístico afectado. Distinguimos, por lo tanto, entre cambios fonéticos, fonémicos, morfológicos, sintácticos, semánticos y léxicos, ejemplificados abajo.

- Cambio **fonético:** [tʃ] se despalataliza en algunos dialectos del español actual, aproximándose a [ts]: *chico* se pronuncia [tsíko]
- Cambio **fonémico:** /ʎ/ confluye con /j/ en algunos dialectos del español actual, haciendo **homófonas** palabras como *halla* y *haya*
- Cambio **morfológico:** la forma **cedon,* resultado normal del lat. *cēdunt,* se ve sustituida por *ceden* en el español preliterario, debido al influjo de formas verbales como *deben* (reflejo regular de *dēbent*)
- Cambio **sintáctico:** *miráronse* cambia a *se miraron* (español moderno)
- Cambio **semántico:** *falda* 'prenda de vestir' añade la acepción 'parte baja de una montaña' (español moderno)
- Cambio **léxico:** se pierde la antigua conjunción *ca* en favor de *porque* (siglo XVI)

En general, los cambios de cada categoría son de carácter único y responden a principios muy diferentes. Sin embargo, puede haber vínculos importantes entre algunas categorías, pues en algunos casos un cambio de una categoría puede traer consigo cambios de otras categorías. Por ejemplo, en latín se emplean **desinencias** o terminaciones morfológicas para señalar las funciones de los sustantivos dentro de la oración, es decir, para indicar funciones como sujeto, complemento verbal (p. ej., objeto directo), etc. Es posible que la decadencia de este sistema de desinencias (que puede deberse en parte a ciertos procesos fonéticos de debilitamiento y pérdida) haya sido la causa de un ajuste sintáctico por el cual se comienza a señalar dichas funciones mediante un uso más frecuente de preposiciones y un orden de palabras más fijo.[2]

Las causas del cambio lingüístico

Se han ofrecido varias respuestas a la pregunta de por qué cambian las lenguas.

Durante la primera mitad del siglo XX, se solía buscar para cada cambio una explicación externa, basada en la supuesta interferencia de otra lengua mediante hablantes bilingües que confundirían ambas lenguas, transfiriendo rasgos lingüísticos de una a otra. Ahora bien, esta explicación tiene su lógica en situaciones de **desplazamiento lingüístico** (también "sustitución lingüística", ingl. *language shift*), donde una lengua sustituye a otra completamente. Por ejemplo, Reyes 1982 cita en el español chicano una serie de estructuras híbridas que se deben manifiestamente a la influencia del inglés, lengua dominante en los Estados Unidos. Entre otras, menciona *hizo improve mucho* 'mejoró mucho', oración que ejemplifica la construcción sintáctica "*hacer* + infinitivo inglés", y *los están busing pa otra escuela* 'los transportan a otra escuela en autobús', que ejemplifica la construcción "*estar* + gerundio inglés". En la formación de palabras,

---

2. Por cierto, puede ser al revés, es decir, que el cambio sintáctico haya sido el motor de los cambios morfológicos y fonéticos, en cuyo caso el uso cada vez más frecuente de preposiciones habría disminuido la importancia de las desinencias casuales hasta el punto de hacerlas caedizas.

vemos casos como *taipear* 'escribir a máquina', derivado cuya base es el verbo inglés *to type* 'escribir a máquina', *puchar un carro* 'empujar un carro' (< ingl. *to push*), y *mistir un tren* 'perder un tren' (< ingl. *to miss*).

Sin embargo, la atribución del cambio a la influencia de otras lenguas no es válida en situaciones donde el **bilingüismo** (o sea, el empleo habitual de dos lenguas) es menos intenso o donde existe al margen de la sociedad, ya que es improbable que los hablantes monolingües de una lengua se dejen influir por tales bilingües, cuya extraña forma de hablar difícilmente se tomaría como prestigiosa o digna de imitación. Esta consideración invalida la gran mayoría de las teorías de este tipo, como algunas de las que propone Fredrick Jungemann (1955) para explicar las excentricidades fonológicas del castellano frente a las demás lenguas iberorrománicas.

Otra explicación del cambio lingüístico se basa en el principio del menor esfuerzo. Según esta teoría, la tendencia entre los hablantes de una lengua a esforzarse lo menos posible para expresarse conllevaría un proceso de degradación inexorable. Es evidente, sin embargo, como ya argumentamos más arriba, que la tendencia a economizar el esfuerzo se ve refrenada por el deseo de hacer llegar el contenido de los enunciados con la claridad necesaria para evitar malentendidos o repeticiones. El producto final de una degradación incontrolada del habla sería el desmoronamiento del poder comunicativo de la lengua.

Algunos estudiosos han propuesto que la causa del cambio lingüístico radica en el aprendizaje imperfecto de la lengua por los niños. Es cierto que los niños tienen que desarrollar su competencia lingüística a partir de datos incompletos (porque ningún niño oye todas las posibles oraciones de una lengua) y en parte imperfectos (pues una proporción significativa de los enunciados lingüísticos diverge de lo normal, sea por lapsus, ignorancia, cansancio del hablante u otras causas). Pero si bien esta explicación podría ser válida para el idiolecto de un niño determinado, sería difícil de explicar cómo podría generar cambios en la lengua hablada por la comunidad, porque cada niño oye diferentes oraciones y diferentes divergencias. Lo lógico sería, pues, que las lagunas lingüísticas individuales se cancelasen unas a otras en la comunidad lingüística.

Otra hipótesis, emparentada con esta última, identifica la variabilidad inherente a la lengua como causa del cambio lingüístico. Efectivamente, se reconoce que los enunciados lingüísticos son inherentemente heterogéneos, en el sentido de que ninguno es idéntico a otro, por leves que sean las diferencias en la articulación de los sonidos, en la melodía de la entonación, en la selección de **morfemas**, etc. Se teoriza que la acumulación azarosa de una **variante** dada podría resultar en un cambio generalizado. Por ejemplo, si una variante poco palatalizada de la consonante [tʃ] arbitrariamente se impone sobre la variante más palatalizada, la nueva articulación [ts] podría establecerse como la normal, resultando en un cambio generalizado (como en algunas **variedades** o dialectos del español actual). Esta teoría resulta insatisfactoria, sin embargo, porque no identifica el factor que inicia o condiciona la selección de la variante menos palatalizada. Lo normal, dada la variabilidad de la lengua, sería que las variantes poco palatalizadas se viesen canceladas por las muy palatalizadas.

Está claro, con todo, que la heterogeneidad inherente a las lenguas naturales ofrece una base sobre la que se podría elaborar una teoría del cambio lingüístico. Sólo faltaría identificar ese elemento teleológico —el fin o la finalidad— que determinara la adopción y propagación de una variante sobre otras. En el próximo apartado, donde estudiamos el mecanismo del cambio lingüístico, veremos que la sociolingüística americana ha podido identificar, con bastante certeza, este elemento tan enigmático. Se trata precisamente del factor social.

El mecanismo del cambio lingüístico

El hecho de que el cambio lingüístico se realice a través de un mecanismo social —como se expone en este capítulo— explica por qué han sido los sociolingüistas quienes han contribuido más a nuestro entendimiento del fenómeno. En este sentido han sido de importancia fundamental los estudios de William Labov (1927–), profesor de lingüística de la Universidad de Pennsylvania. Gracias a unas innovaciones metodológicas, Labov logra demostrar que, contrariamente a lo que se había mantenido, el cambio lingüístico sí es susceptible a la observación **sincrónica,** en un contexto que él llama "tiempo aparente". Las investigaciones de este tipo utilizan la técnica del análisis estadístico para comparar sistemáticamente la forma de hablar de los miembros más ancianos de una comunidad lingüística con la de los adultos jóvenes, e interpretan las diferencias lingüísticas entre los dos grupos como representativas de medio siglo de cambio lingüístico. Una vez aceptada la validez de este planteamiento (que implica la suposición de que la forma de hablar de una persona no cambia sustancialmente después de llegar a la madurez), se hace posible estudiar empíricamente el cambio en una población científicamente seleccionada y controlada.

Los principios fundamentales del mecanismo del cambio lingüístico descubiertos por Labov son los siguientes: primero, que las lenguas son inherentemente heterogéneas; segundo, que los grupos sociales utilizan variantes lingüísticas para marcar su identidad dentro de la sociedad; tercero, que los cambios así iniciados se propagan gradualmente tanto por el léxico como por la comunidad lingüística.

HETEROGENEIDAD. La actitud tradicional de los lingüistas de todas las épocas ante la heterogeneidad del lenguaje ha sido la de afirmarla como realidad cotidiana y negar su relevancia para sus teorías, que se concentran en lo esencial y común. La posición de Labov es que la heterogeneidad es un aspecto esencial del lenguaje. Aquí no se refiere a la variación dialectal, sino a la variación inherente al uso cotidiano de todas las modalidades de la lengua dentro de una comunidad lingüística determinada. Esta continua variación se manifiesta en variantes que ofrecen la posibilidad de ser manipuladas por los hablantes de la comunidad, diciendo, por ejemplo, *hablastes* por *hablaste, habían pocos* por *había pocos,* o *ehtoh tíoh* por *estos tíos.*

MARCA SOCIAL. Según Labov, el cambio se inicia cuando una variante lingüística adquiere un valor social específico para un grupo social que por alguna razón considera amenazada su identidad dentro de la comunidad. En otras palabras, el grupo instrumentaliza la variante como manera de indicar quiénes comparten los valores y creencias del grupo y quiénes no. Una vez adoptada por los

LA SOCIOLINGÜÍSTICA

La lingüística se define como la ciencia que estudia el lenguaje. Como tal, se dedica fundamentalmente al estudio del lenguaje como entidad aparte de sus relaciones con otros aspectos de la realidad humana. En otras palabras, se ocupa, en un primer plano, de la descripción, análisis y explicación de las estructuras fonológicas, morfológicas, sintácticas, semánticas y léxicas de las lenguas humanas. Éstas son las tareas de la lingüística descriptiva y de la lingüística teórica.

Al mismo tiempo, es posible estudiar el lenguaje desde otras perspectivas. La psicolingüística, por ejemplo, estudia los procesos cognitivos que hacen posibles el aprendizaje, uso e interpretación del lenguaje. La lingüística aplicada se enfoca sobre todo en el aprendizaje de las lenguas extranjeras, pero también son aplicadas disciplinas como la traducción y la lexicografía. Un grupo muy importante de disciplinas lingüísticas se concentra en la inherente variabilidad de las lenguas, tanto en el tiempo (objeto de estudio de la *lingüística histórica* o *diacrónica*) como en el espacio (tarea de la lingüística geográfica, también llamada *dialectología*) o en la sociedad (enfoque de la lingüística social, comúnmente llamada *sociolingüística*). Para muchos lingüistas, la sociolingüística abarca la variación tanto geográfica como social. En la lingüística europea se suele denominar **diatópica** la variación regional, **diastrática** la social y **diafásica** la situacional. El ya citado término **diacrónico** se emplea a ambos lados del Atlántico para denotar la variación temporal.

Los sociolingüistas han descubierto que el lenguaje varía según criterios sociales. Es decir, han observado que la manera de expresarse de las personas dentro de una comunidad de habla depende de variables sociales como sexo, edad, nivel socioeconómico, nivel de educación, etnia, e incluso contexto o situación. Estudian, pues, las diferencias entre el habla de las mujeres y los hombres, los jóvenes y los viejos, los ricos y los pobres, y tratan de descubrir el efecto de las diferentes situaciones o registros sobre el comportamiento lingüístico de los hablantes.

miembros más prestigiosos dentro del grupo, la variante se propaga rápidamente al resto del grupo. De esta manera, el grupo emplea una distinción lingüística para enfatizar una distinción social.

A veces un cambio de este tipo logra generalizarse por toda la comunidad, pero otras veces la comunidad rechaza el cambio, estigmatizándolo. De nuevo, el factor decisivo es el prestigio, pero no ya el de ciertas personas dentro del grupo original, sino el del grupo dentro de la comunidad.[3] Si el cambio se origina en un grupo de alto prestigio, puede ser aceptado por todos para los registros más esmerados. Si se origina en un grupo menos prestigioso, es más difícil —pero de ninguna manera imposible— que se generalice. Ralph Penny (2000:69) cree que la **aspiración** de /s/ en posición **implosiva** (final de sílaba, como en *estos tíos* [éhtoh tíoh]) ejemplifica este tipo de cambio en el español actual. Otro posible ejemplo es la generalización de la sustitución de la vibrante múltiple (frecuentemente sorda) /r̥/ por la fricativa uvular sorda /X/ en el habla de Puerto Rico, donde parece ir cobrando el valor de un símbolo de orgullo nacional (Lipski 1996:140).

PROPAGACIÓN GRADUAL. Contrariamente a lo que se creía antes, el cambio lingüístico no se propaga instantáneamente, sino gradualmente, tanto por el léxico como por la sociedad. En el caso de los cambios fonológicos y morfológicos, la novedad afecta primero a un grupo selecto de palabras y se propaga luego paulatinamente por el resto del léxico. Estos tipos de cambio, al igual que los sintácticos y semánticos, se extienden también socialmente al ser aceptados en cada vez más grupos sociales, fenómeno al que ayuda el hecho de que un solo hablante pueda pertenecer a varios grupos.

Ahora, finalmente, estamos en condiciones de volver a la cuestión de la causa del cambio lingüístico. En vista de lo arriba expuesto,

---

3. También suele ser el caso, en todos los grupos sociales, que los cambios se inicien y se propaguen primero en los estilos lingüísticos o "registros" menos formales, y que los innovadores sean individuos que revelan actitudes de inconformismo social (Caravedo 2003:49).

quizá sea acertado decir que la causa del cambio lingüístico somos nosotros. A través de los estudios de Labov hemos podido ver que nosotros mismos queremos —incluso necesitamos— que nuestras lenguas cambien para desempeñar ciertas funciones sociales. Visto desde esta perspectiva, el lenguaje humano representa un estado de equilibrio entre fuerzas conservadoras, necesarias para que el lenguaje funcione como instrumento de comunicación, y fuerzas innovadoras opuestas, gracias a las cuales el lenguaje es capaz de satisfacer nuestro deseo de mostrar, a través de nuestra forma de hablar, quiénes somos y a qué grupos pertenecemos.

....

Preguntas

1. ¿Puede tomar medidas una sociedad para defender su lengua contra los cambios lingüísticos que se consideran indeseables?
2. Haga una lista de los cambios en marcha que Ud. conoce en las lenguas que habla.
3. ¿En qué sentidos son menos que idóneos para el estudio de las modalidades primitivas de una lengua los documentos escritos?
4. Teniendo en cuenta la tradicionalidad de los sistemas ortográficos, ¿cómo habrían leído los castellanos medievales un texto latino como el siguiente, adaptado de un texto burgalés del año 1100?[4] *Leuaronse homines de Bonille cum suo ganato & trocieron Aslanzon, & pascebant erbas de terminos que non debeant pascere de Uilla Uela. Dicouos quomo uiderunt homines de Uilla Uela quod pascebant in suos terminos, & irati sunt.*
5. A juzgar por los ejemplos citados de la construcción híbrida "*hacer* + infinitivo inglés", ¿cree Ud. que se trata de un proceso general que acabará sustituyendo todos los verbos españoles en chicano? Explíquese.

---

4. Texto citado de Gifford y Hodcroft 1966:26–27. Traducción: Algunos hombres de Bonille fueron con su ganado y atravesaron el Arlanzón, y pacían hierbas en tierras donde no debían pacer de Villa Vela. Les digo cómo hombres de Villa Vela vieron que pacían en sus tierras, y se enojaron.

6. Trate de idear una situación sociolingüística a raíz de la cual los hablantes monolingües de una comunidad lingüística adoptarían o imitarían la manera no nativa de hablar de otro grupo.

7. Explique cada uno de los tres principios fundamentales del mecanismo del cambio lingüístico planteados por Labov.

La genealogía del español

Familias lingüísticas

Se suele aplicar términos como *familia, parentesco genético, madre* e *hija* tanto a la descendencia lingüística como a la humana. Y efectivamente, en un sentido, esta identificación parece acertada. Igual que la existencia de todo ser humano supone una cadena ininterrumpida de antecesores que consiguieron reproducirse antes de morir, toda lengua supone una cadena ininterrumpida de hablantes, casi siempre nativos, que como comunidad pudieron mantener viva esa forma de comunicarse.[1]

Sin embargo, una consideración detenida de la cuestión nos lleva a la conclusión de que las relaciones humanas y las lingüísticas difieren cualitativamente. En primer lugar, la descendencia humana procede por generaciones, naciendo las nuevas generaciones y muriendo las viejas. En cambio, en la descendencia lingüística, no hay ni generaciones ni nacimientos ni muertes, porque las sucesivas modalidades lingüísticas evolucionan gradualmente de una etapa anterior hacia una posterior. En segundo lugar, puesto que la reproducción humana es sexual, un padre o una madre logra transmitir sólo un 50 por ciento de su material genético a su hijo o hija, mientras que el "material genético" de una lengua —sus sonidos, estructuras

---

1. Excepciones: En el caso de las lenguas **criollas,** no hay cadena de hablantes nativos; el hebreo subsiste durante varios siglos en forma de lengua litúrgica.

gramaticales y palabras—permanece enteramente intacto, aparte de leves cambios, de un momento histórico a otro. Por estas razones afirmamos en la introducción que el organismo lingüístico que ahora llamamos español tiene varios milenios de vida. En otras palabras, la vida del latín/español es comparable más bien a la de un individuo que a la de una familia. Una lengua sufre numerosos cambios durante su dilatada existencia, igual que un niño experimenta numerosas transformaciones en su tránsito hacia la vejez, pero en ambos casos sigue tratándose del mismo organismo.

Otra diferencia entre la evolución lingüística y la humana es el hecho de que las lenguas sean capaces de dividirse en dos o más modalidades diferentes. Estas bifurcaciones en el **árbol genealógico**[2] de una lengua no se deben a la reproducción, como en el caso humano, sino a la combinación del inexorable cambio lingüístico con los movimientos y migraciones de sus hablantes. En el momento en que una población se dispersa en el espacio, quedando incomunicadas las subpoblaciones resultantes durante largo tiempo, se pone en marcha el proceso mediante el cual finalmente la lengua original se transforma en dos o más modalidades más o menos diferentes. Lo normal en la historia de las lenguas es que este proceso se repita una y otra vez, produciendo así genealogías lingüísticas sumamente complejas, es decir, árboles genealógicos bastante ramificados. Es más, el ritmo del cambio lingüístico es tal que incluso puede resultar finalmente imposible comprobar el parentesco entre dos lenguas cuyo momento de separación se halla en un pasado remoto.

En vista de esto, cabe preguntar cómo se determina si dos lenguas pertenecen a la misma familia. El método fundamental empleado por los lingüistas con este propósito —el **método comparativo**— consiste en la comparación sistemática de las lenguas en cuestión en busca de rasgos lingüísticos semejantes. Esencialmente, se buscan rasgos —sonidos, palabras, estructuras sintácticas— que den señas de haber sido, en un momento dado, componentes de una misma lengua primitiva. A estos rasgos se suele dar el nombre de **cognados,** término cuyo origen sugiere consanguinidad lingüística: deriva del

2. Ver Penny 2000:20–28 para una discusión de las limitaciones teóricas del modelo del "árbol genealógico".

lat. *cognātus* 'pariente consanguíneo', que refleja a su vez el prefijo *co-*, 'juntamente', más *gnātus* (variante de *nātus* 'nacido').

Pongamos unos ejemplos del método comparativo. Como mencionamos más arriba, el español, el francés y el italiano pertenecen a la misma **familia lingüística** —la de las lenguas románicas— lo cual equivale a decir que, si seguimos hacia atrás sus respectivas cadenas ininterrumpidas de hablantes, llegamos a un punto donde hablan la misma lengua, el latín. Para comprobar esto a través del método comparativo, estudiamos listas de cognados como la siguiente, donde nos enfocamos ante todo en la consonante inicial[3]:

	ESPAÑOL PENINSULAR	ITALIANO	FRANCÉS
'saber'	[saβér]	[sapére]	[savwaʀ]
'saco'	[sáko]	[sákko]	[sak]
'sabio'	[sáβjo]	[sáddʒo]	[saʒ]
'sangre'	[sáŋgre]	[sáŋgwe]	[sã]

Todas las palabras aquí citadas comienzan con [s] inicial, y aunque difieren en otros aspectos, no es difícil creer que podrían ser cognados, es decir, resultados de las mismas palabras latinas. Y efectivamente, al hojear nuestro diccionario latino encontramos unos candidatos idóneos: *sapere* [sápere] 'saber a', *saccus* [sákkus] 'saco', *sapidus* [sápidus] 'sabroso' y *sanguis* [sáŋgwis] 'sangre'.

Sin embargo, no siempre resulta tan fácil identificar cognados. Véase la tabla de equivalencias siguiente:

	ESPAÑOL PENINSULAR	ITALIANO	FRANCÉS
'cera'	[θéra]	[tʃéra]	[siʀ]
'centro'	[θéntro]	[tʃéntro]	[sãtʀ]
'cielo'	[θjélo]	[tʃélo]	[sjɛl]
'cien(to)'	[θjén], [θjéṇto]	[tʃéṇto]	[sã]

---

3. Entre los sonidos no españoles en estos ejemplos figuran la vibrante múltiple uvular sonora [ʀ], la africada prepalatal sonora [dʒ] (como en ingl. *judge*), la nasal velar [ŋ] (ingl. *sing*), la vocal abierta central nasal [ã], y la vocal media abierta anterior [ɛ] (ingl. *head*).

Si juzgáramos únicamente por las consonantes iniciales de estos ejemplos, diríamos que de ninguna manera podrían ser cognados, porque donde los ejemplos españoles comienzan con [θ], los italianos comienzan siempre con [tʃ] y los franceses con [s]. Sin embargo, el hecho de que los ejemplos —aparte de la consonante inicial— sean en realidad muy parecidos nos obliga a repensar la cuestión. Es verdad que las consonantes iniciales en las tres lenguas son diferentes, pero al mismo tiempo es significante que haya una correspondencia regular entre ellas. En otras palabras, se nos ocurre que [θ], [tʃ] y [s] podrían resultar de un solo sonido latino, si se supone que este sonido evoluciona de forma distinta en las tres lenguas. Y, en efecto, éste parece ser el caso, porque los equivalentes latinos de los ejemplos citados tienen la misma consonante inicial. En contra de nuestras expectativas, este sonido es [k]: *cēra* [kéːra] 'cera', *centrum* [kéṇtrum] 'centro', *caelum* [kájlum] 'cielo' y *centum* [kéṇtum] 'cien'.

Volvamos a los equivalentes con [s] inicial para ilustrar un punto más, de gran importancia. Inspeccione la tabla siguiente:

	ESPAÑOL PENINSULAR	ITALIANO	FRANCÉS
'set de tenis'	[set]	[set]	[sɛt]
'sexy'	[séksi]	[séksi]	[seksi]
'soda, bebida'	[sóða]	[sóda]	[sɔda]

Aquí la semejanza entre los ejemplos es muy grande, con lo cual su consanguinidad parece fuera de duda. En este caso, sin embargo, la consanguinidad es una ilusión, porque en las tres lenguas se trata de préstamos contemporáneos de las palabras inglesas *set*, *sexy* y *soda*. La semejanza, en otras palabras, no se explica por la existencia de antecedentes comunes en una lengua de origen (no hay antecedentes de *set*, *sexy* y *soda* en latín), sino por la incorporación tardía de estas tres palabras inglesas a los léxicos de las tres lenguas románicas.

Este caso sirve de advertencia de que, en la compilación de ejemplos para el análisis comparativo, las elementos tienen que ser elegidos con cuidado. Para evitar equivocaciones de este tipo, los lingüistas se limitan, en la confección de listas de elementos a comparar, a palabras que raramente se ven sustituidas por préstamos lingüísticos, como las que se refieren a partes del cuerpo humano (*cabeza, pelo*), los números de 1 a 10, nombres de parientes (*hija, padre*), fenómenos naturales (*viento, fuego*), cualidades básicas (*grande, duro*), etc. Se evitan otras clases de palabras, como los nombres de cualidades abstractas (*sexy, estrafalario*) y términos científicos (*clima, astronomía*), artísticos (*soprano, madrigal*), comerciales (*bancarrota, mercancía*), deportivos (*fútbol, set*) y militares (*bayoneta, coronel*).

Una vez que se ha determinado que dos o más lenguas tienen un antecedente común, se presenta la posibilidad de aplicar el método comparativo a una tarea más, la de la reconstrucción de esta lengua antecedente. En el caso de las lenguas románicas, podríamos proponernos la idea de reconstruir el latín hablado —modalidad de la que, naturalmente, no existen testimonios escritos— a través de una comparación sistemática de lenguas representativas de la familia. Como tales reconstrucciones suelen denominarse **protolenguas,** nuestra meta sería la de reconstruir el "proto-latín hablado", modalidad más comúnmente conocida como "protorromance".

A base de nuestros ejemplos podríamos intentar unas reconstrucciones sencillas de la variante occidental de esta lengua. Comparando entre sí los equivalentes de 'saco', reconstruimos una palabra cuya primera sílaba es [sá] o [sák] seguida de otra sílaba, probablemente [ko], lo cual apunta hacia un antecesor [sáko] o [sákko]. Esta reconstrucción concuerda en gran parte con el equivalente latino citado, *saccus,* que se pronuncia [sákkus] en latín. El caso de 'cera' resulta más complicado, porque sin saber más sobre la historia fonológica de las tres lenguas, es difícil imaginarse a qué sonido podrían corresponder las tres consonantes iniciales [θ], [tʃ] y [s]. Sin embargo, sí parece justificable suponer que la vocal de la primera sílaba es tónica y anterior, y que hay una segunda sílaba de forma [ra]. Esto concuerda con la forma latina citada más arriba, *cēra* [kéːra].

Así se va reconstruyendo una protolengua sonido por sonido y palabra por palabra. Como vamos a ver, debido a la escasez de testimonios documentales que tenemos del pasado remoto, será necesario recurrir repetidamente al concepto de protolengua en la elaboración de la genealogía lingüística del español.

Algunas familias lingüísticas importantes

Los lingüistas llevan más de dos siglos en la tarea de clasificar las aproximadamente seis mil lenguas del mundo según las familias a que pertenecen. A continuación presentamos una lista de algunas de las familias más importantes en cuanto a número de hablantes e impacto cultural, reservando para el final la familia a la que pertenece el español.[4]

- Familia sino-tibetana, con más de 1.000 millones de hablantes del chino y 37 millones del birmano
- Familia dravídica (p. ej. tamul), con 25 lenguas y 175 millones de hablantes en el sur de la India
- Familia afroasiática, cuyo subgrupo semítico comprende el árabe, con más de 150 millones de hablantes, y el hebreo, con 6 millones
- Familia níger-kordofania, cuyo subgrupo bantú tiene unos 150 millones de hablantes, 50 millones de los cuales hablan el suajili
- Familia turca, con 125 millones de hablantes en Turquía (donde el turco tiene 56 millones de hablantes), Azerbaiyán, China y Rusia
- Familia urálica, cuyo subgrupo fino-úgrico incluye el húngaro (14 millones de hablantes), el finlandés (5 millones) y el estonio (1,5 millones)
- Familia indoeuropea (más de mil millones; ver abajo)

Familia lingüística indoeuropea

Desde la perspectiva de la civilización occidental, la familia lingüística de más importancia, dado que representa el fundamento de las lenguas de casi todos los países europeos y muchas de sus antiguas

---

4. Para más información sobre familias lingüísticas, ver Comrie 1990. Nótese que algunas familias constan de una sola lengua, como las familias representadas por el japonés, el coreano y el vascuence. Tales lenguas se denominan "**lenguas aisladas**" (ing. *language isolates*).

colonias, es la familia **indoeuropea.** Según Gray y Atkinson 2003, parece probable que la lengua de la cual deriva toda la familia se haya hablado en Anatolia (hoy Turquía) hace unos nueve mil años. De ahí, se habría propagado en sucesivas oleadas tanto hacia el este, donde subsiste en las lenguas índicas, iranias y armenias, como hacia el oeste y el continente europeo. Puesto que en la terminología lingüística se suele emplear el elemento inicial *proto-* para referirse a lenguas ancestrales para las que no tenemos documentación directa, esta lengua se llama **protoindoeuropeo.** La palabra **indoeuropeo** se usa a veces también en este sentido, pero más comúnmente como adjetivo, v. gr., para hablar de las lenguas indoeuropeas.

La familia indoeuropea suele dividirse en las ramas siguientes (omitiendo las ramas extintas y algunas menores):

- Germánica: alemán, inglés, holandés, frisón, danés, noruego, sueco, islandés (440 millones de hablantes)
- Índica: hindi, urdu, bengalí, gitano (378 millones)
- Eslava: ruso, checo, eslovaco, esloveno, serbo-croata, macedonio, búlgaro, ucraniano, bielorruso, polaco (250 millones)
- Irania: farsi, curdo (73 millones)
- Celta: galés, irlandés, bretón (12 millones)
- Helénica: griego (10 millones)
- Itálica (670 millones; ver abajo)

La rama itálica

Se calcula que los primeros hablantes de la rama itálica de la familia indoeuropea llegan a la Península Itálica ca. 1000 aC. Hablantes del latín y del falisco, otra lengua muy próxima, se establecen en el centro de la Península alrededor de su futura capital, Roma. Más tarde llegan hablantes de otras variedades itálicas: los oscos, que pueblan el sur, y los umbros, que se establecen al noreste de Roma. Con la creciente importancia de Roma, el latín termina siendo la única lengua hablada en la Península para el año 100 dC.

En cierto momento de su historia, se desarrolla en latín un tipo especial de bilingüismo llamado **diglosia.** Es decir, la lengua

BILINGÜISMO Y DIGLOSIA

Tradicionalmente se consideró que las únicas personas verdaderamente bilingües eran las que dominaban ambas lenguas al nivel de un hablante nativo, en todos los contextos. Al descubrir que este concepto elimina a la gran mayoría de las personas que cotidianamente manejan dos lenguas, los lingüistas han optado por relajar este requisito. Ahora se sabe que, para la mayoría de los bilingües, una de sus lenguas es dominante y la otra subordinada, y que en un hablante dado puede variar mucho el grado de competencia en cada lengua: puede ser fuerte en las dos lenguas, fuerte en una y débil en otra, o incluso mediana en ambas. El bilingüismo surge en casi todos los casos donde hay contacto entre grupos lingüísticos, por ejemplo, a uno y otro lado de una frontera política (como la frontera entre México y los Estados Unidos) o donde ha habido una afluencia de inmigrantes o invasores.

En un principio, la diglosia se conceptualiza como una variante del bilingüismo en la que una persona o comunidad lingüística utiliza dos variantes *de una misma lengua:* una (la variante "alta" de la lengua) para los contextos más elevados de la vida pública, como la educación, el comercio y la literatura; la otra (la variante "baja") para los contextos más coloquiales, como la familia y las amistades. Hay muchos ejemplos de este tipo de diglosia en la historia lingüística, incluyendo el que hemos destacado aquí entre el latín escrito o clásico y el latín hablado o vernáculo. También existen situaciones diglósicas de este tipo en el mundo de hoy, por ejemplo entre el árabe clásico y los "dialectos" árabes nacionales, y entre el alemán estándar y las modalidades locales suizas.

En la actualidad, el uso del término *diglosia* se ha modificado, eliminando la condición de que se trate de dos modalidades de la misma lengua. Desde esta perspectiva modificada, se puede afirmar que el español participa de relaciones diglósicas con otras lenguas en muchas partes del mundo, como en Hispanoamérica —donde subsiste como lengua "alta" con relación a las lenguas indígenas— y en Estados Unidos, donde desempeña el papel de lengua "baja" con respecto al inglés.

desarrolla dos variedades bien definidas —una "alta" y otra "baja"— destinadas a usarse en situaciones muy distintas. La forma alta de la lengua (llamada *sermō urbānus* 'habla urbana') se enseña en las escuelas y se utiliza en los registros más formales, en particular en la escritura. La forma baja (*sermō rusticus, plebeius, quotidiānus, vulgaris* 'habla rústica, popular, cotidiano, vulgar'), en contraste, ni se enseña ni se escribe, pero todos la emplean en el curso de la vida cotidiana. Es a partir de esta forma popular del latín —que se suele denominar *latín hablado* o *latín vulgar*— que surgen las llamadas lenguas románicas[5] (romances, neolatinas), con 570 millones de hablantes en la actualidad. Entre los miembros de esta familia figuran el español, francés, italiano, portugués, gallego, catalán, occitano, rumano, sardo y romanche.

Genealogía del español

Ahora que se han explicado los conceptos claves de la lingüística genética—como las familias lingüísticas, los cognados y el método comparativo—y se han retratado las diferentes ramas de la familia indoeuropea, en particular la itálica con sus descendientes románicas, estamos finalmente en condiciones de presentar la genealogía del español. En el esquema se presenta la familia de lenguas a que pertenece el español y su lugar en ella, así como la línea de descendencia por la que el protoindoeuropeo ha ido convirtiéndose paulatinamente en español. Es notable el gran número de protolenguas intermedias que hace falta postular. Poco después de la desintegración del Imperio Romano habría surgido en la Península Ibérica una entidad lingüística a la que llamamos **protoiberorromance**. Se trataría de una variante del protorromance occidental —ahora claramente distinguible del protogalorromance y del protoitalorromance— que ya presentaría una estructura dialectal notable, con el protocatalán en el este, el protohispanorromance en el

---

5. Rafael Cano Aguilar (1992:39) explica que la palabra *romance* deriva de la expresión adverbial latina *fabulāre romānicē* 'hablar al modo del mundo romano' (en contraposición al mundo bárbaro). Más tarde *romance* se emplea para designar a todas las lenguas vernáculas así emparentadas.

Genealogía del español

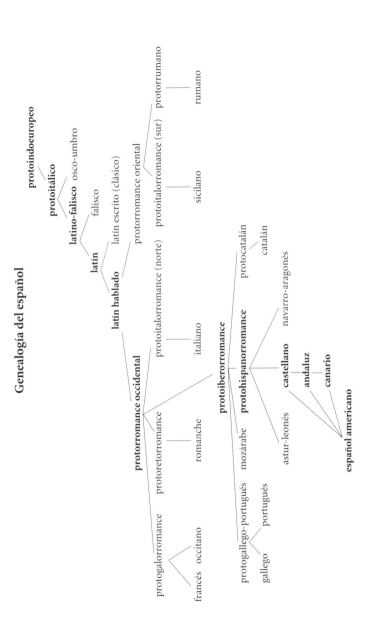

centro[6] y el protogallego-portugués en el oeste, si bien a estas alturas todas estas modalidades seguirían siendo mutuamente comprensibles. Un par de siglos más tarde comienza la diferenciación de los dialectos hispanorromances, que en el oeste se semejan, lógicamente, al gallego y en el este al catalán. En el centro nace el castellano, que no hay que calificar de protolengua, porque de él disponemos de una cantidad considerable de testimonios a partir del siglo XIII.[7] Del castellano se desarrolla en su momento el andaluz, y de ahí el canario, dialectos que, junto con el castellano, contribuyen a la fisonomía actual del español americano.

....

Preguntas

1. ¿En qué sentidos no es lo mismo una familia de lenguas que una familia de personas?

2. ¿Por qué se suele decir que el latín es una lengua muerta? ¿En qué sentido es acertada esta aseveración y en qué sentido no?

3. En la introducción dijimos que el organismo lingüístico que actualmente se denomina español tiene varios milenios de vida. ¿En qué sentido es cierto esto?

4. Explique el concepto del "árbol genealógico". ¿Qué factor determina si un árbol genealógico dado está muy o poco ramificado?

5. ¿Para qué sirve el método comparativo? ¿Cómo funciona? ¿Qué complicaciones supone?

6. ¿Cuáles de las palabras siguientes serían aptas para una lista de posibles cognados? Explíquese en cada caso: *banana, ojo, piel, aerosol, chimpancé, esquí, agua, tierra, jefe, etiqueta, cuatro, chacal, suegra, sobrina, diente, garaje, vitrina, uña, frío.*

7. ¿Qué significa la "reconstrucción" de una protolengua? ¿Qué método puede emplearse para llevar a cabo tales reconstrucciones?

6. Algunos estudiosos (p. ej. Harris 1988:6) consideran ser "hispanorromances" todas las lenguas iberorrománicas menos el catalán. El mozárabe surge en el sur hacia el siglo VIII.

7. Otros testimonios, menos abundantes, aparecen ya a partir del siglo X.

8. Compare los términos *indoeuropeo* y *protoindoeuropeo*.

9. Haga un lista de seis de las ramas indoeuropeas más importantes, junto con una o más lenguas correspondientes.

10. Reproduzca la genealogía del español a partir del protoindoeuropeo.

11. ¿En qué difiere el protoiberorromance del protohispanorromance?

12. ¿Qué relaciones genéticas existen entre el castellano y las lenguas o dialectos siguientes: húngaro, vasco, catalán, inglés, griego, rumano, mozárabe, chino, asturiano?

Historia externa de la Península Ibérica hasta el siglo XIII

En este capítulo estudiamos los sucesos de carácter sociopolítico y cultural que han sido factores determinantes de la configuración lingüística en la Península Ibérica. Veremos que los romanos no fueron los primeros en establecerse en este espacio geográfico, y que tampoco fueron los últimos. Sin embargo, la llegada de los romanos y la subsiguiente romanización de la Península son indudablemente factores dominantes en su historia lingüística, puesto que la lengua que introdujeron los romanos hace más de dos milenios sigue hablándose actualmente en casi todos los rincones de la Península. Casi mil años después de la irrupción romana, la Península sufre otra invasión —la de los musulmanes— que influye de manera casi igualmente profunda en la configuración lingüística de la zona. Si bien la invasión romana explica el que en la Península se hablen actualmente lenguas románicas, es la segunda de las incursiones la que determina que la lengua nacional de España sea el castellano y no otra de las variedades románicas ibéricas.

La Península Ibérica antes de la llegada de los romanos

A continuación hacemos una enumeración de algunos pueblos paleohispánicos, o sea, pueblos que habitan la Península Ibérica antes de la llegada de los romanos. Identificamos su probable procedencia, la región donde históricamente se encuentran sus asentamientos (ver mapa 1), la época en que viven allí y, finalmente, lo más notable de su contribución lingüística al español actual.

- **Iberos.** Este pueblo habita una zona de considerable extensión desde el sur de Cataluña por el litoral mediterráneo hasta Murcia, además del valle del Ebro (río llamado antiguamente Íber, de donde *ibero*). Estos asentamientos datan del comienzo de los tiempos históricos. Como no se ha podido descifrar las inscripciones que tenemos de la lengua ibérica, se desconoce su procedencia genética, aunque un análisis fonológico de las inscripciones parece indicar que no es ni indoeuropea ni vasca.[1] Por la misma razón, no se ha podido identificar reliquias léxicas en español cuya procedencia de la lengua de los iberos sea segura. Son de *posible* origen ibero palabras pertenecientes a la vida doméstica y rural como *barro, charco, gordo, manteca, perro* y *tamo*.

- **Celtas.** Sabemos por hallazgos arqueológicos que ya para el siglo VI aC los celtas —pueblo indoeuropeo que por un tiempo habita casi la totalidad del continente— se establecen en Galicia y Portugal. Más tarde, penetran la meseta central y partes de Navarra y Aragón, zona esta última en que grupos célticos adoptan costumbres y elementos culturales iberos, aunque no su lengua: los llamados "celtíberos" siguen hablando celta. Dos palabras celtas para 'fortaleza', a saber *briga* y *dunum*, sobreviven como elementos de **topónimos** (nombres propios de lugar) hoy en día: aquélla se encuentra en *Coimbra* (ant. *Conimbriga*), nombre de una importante ciudad portuguesa, ésta en *Navardún*, nombre de un pueblo de la provincia de Zaragoza. También se supone de origen celta una serie de palabras que se refieren a aspectos concretos de la naturaleza, como el nombre de la planta narcótica *beleño*, y de la vida material —*cama, carro, cerveza, camino* y, en particular, *braga*, que corresponde al celta *braca*, prenda característica de este pueblo que tanto difiere de la túnica romana.

---

1. Según Echenique Elizondo y Martínez Alcalde 2000:29: "Hoy parece ser más sólida la tesis según la cual vasco e ibérico comparten elementos comunes por razón de una relación cultural en el pasado, que aquella otra defensora de una filiación genética entre ambos."

- **Fenicios.** El pueblo semítico que se conoce por este nombre se establece en la Península Ibérica ya en el siglo VIII aC, un siglo después de fundar en el norte de África su ciudad más importante, Cartago, de donde su otro nombre común, cartagineses. (Del nombre latino para los habitantes de esta ciudad —*Poenus,* del gr. *Phoinix*— deriva *púnico,* adjetivo con que se suele aludir a los cartagineses.) A su lengua debemos varios nombres de lugar, como *Cádiz* (< *gádir* 'recinto amurallado'), *Málaga* (< *málaka* 'factoría'), *Cartagena* 'la nueva Cartago', e incluso quizá el de *Hispania,* cuya base fenicia significa 'tierra de conejos' (Lapesa 1981:15).

- **Griegos.** Este pueblo de marineros y comerciantes disputa con los cartagineses las zonas comerciales del sur y este de la Península desde los albores de la historia. Su esfera de influencia más importante se ve en los topónimos que ha dejado, sin duda nombres de factorías o instalaciones portuarias suyas, como *Ampurias* (gr. *empórion* 'centro de comercio marítimo') y *Alicante* (cuya raíz contiene el gr. *leukós* 'luz'). El griego, desde luego, es indoeuropeo.

- **Vascos.** Como en el caso de los iberos, se desconoce la fecha de llegada de este pueblo a la Península. A diferencia de todos los demás, siguen habitando la región en la actualidad como etnia y cultura diferenciada. La lengua de los vascos (llamada vasco, vascuence o euskera) es de origen desconocido, aunque seguramente no indoeuropeo. Hoy en día se habla en las comunidades autónomas del País Vasco y Navarra, y en el departamento francés Pyrénées-Atlantiques. Sin embargo, la presencia de numerosos topónimos de indiscutible origen vasco en una zona extensa indica que el territorio vasco era mucho mayor antiguamente. Fuera de la toponimia, la contribución vasca al léxico español ha sido escasa. Entre los préstamos de más interés figuran *boina,* nombre de la gorra típica de los vascos, *izquierdo,* que suplanta a *siniestro* (lat. *sinister* 'izquierdo') cuando éste se hace peyorativo, *cencerro,* versión española de una onomatopeya vasca, y *pizarra,* proveniente del vasco *lapitz-arri* 'piedra de pizarra'.

La romanización de la Península Ibérica

A mediados del siglo III aC, el poder de Roma se extiende por toda la Península Itálica, pero no más allá de ella. Su dominio en la cuenca del Mediterráneo comienza con la primera guerra púnica (es decir, contra los cartagineses), que estalla en 264 cuando éstos ocupan la ciudad siciliana de Massana, y termina en 241 cuando los romanos consiguen hacer capitular al enemigo después de una larga guerra terrestre alrededor de esta ciudad. Como resultado de esta guerra, Roma anexiona Sicilia, Cerdeña y Córcega, y los cartagineses se comprometen a indemnizar a los romanos con una gran cantidad de oro.

La necesidad de pagar esta indemnización trae consigo, indirectamente, la segunda guerra púnica, porque, con el fin de compensar estas pérdidas, los cartagineses deciden conquistar y explotar Hispania, territorio donde antes sólo habían buscado comercio. Estos esfuerzos llegan a su apogeo cuando el general cartaginés Aníbal emprende una conquista militar sistemática de la Península, al principio contra los pueblos de la meseta central y luego, en 219, contra la ciudad de Sagunto, cuyos habitantes son aliados de Roma. Tras ocho meses de asedio, cae esta ciudad, desencadenando al mismo tiempo la segunda guerra entre las dos grandes potencias. En 218, Aníbal, dejando tropas en Hispania, atraviesa los Pirineos y luego los Alpes con un ejército formado por cincuenta mil hombres (de los cuales muchos son mercenarios hispanos), nueve mil caballos y treinta y siete elefantes. Por las dificultades del viaje, el número de soldados se ve reducido a veintiséis mil al llegar a Italia, pero aun así Aníbal consigue derrotar a las fuerzas romanas en diversas ocasiones durante su campaña, que dura varios años. No obstante, ya para 209 se ve en dificultades y tiene que abandonar sus esfuerzos definitivamente cuando los romanos, tras haber tomado Cartagena y Cádiz en 206, atacan y conquistan la capital púnica, Cartago, en 202. Como indemnización por esta guerra los cartagineses tienen que pagar aún más oro, entregar su flota y ver anexionado por los romanos todo su territorio exterior: Hispania y la costa de África. Medio siglo más tarde, al ver que los cartagineses van recuperando su poder comercial y militar, Roma ataca a Cartago de nuevo, como parte de la tercera guerra púnica (149–146 aC), que termina con la destrucción total de la ciudad y la absoluta supremacía romana en el Mediterráneo.

La derrota de los cartagineses significa que los romanos ya no tienen que disputar el dominio de Hispania con otra potencia colonizadora. No significa, sin embargo, que hayan podido apoderarse de la Península sin oposición. La conquista romana de este territorio comienza en 218 con la llegada de las fuerzas romanas a Ampurias, pero no se completa hasta 199 años más tarde, en el año 19 aC.

La resistencia a la dominación romana en Hispania varía mucho de región a región (ver mapa 2). En las costas mediterráneas y andaluzas y en el valle del Betis (hoy conocido como Guadalquivir), la imposición de la autoridad y cultura romanas es intensa y temprana (197 aC). Poco tiempo después, se consolida el dominio del valle del Ebro. La mayor parte del interior de la Península se ve conquistada durante una campaña militar romana que transcurre entre 155 y 133 aC, terminando las incursiones con la caída de la principal ciudad celtíbera, Numancia. Los romanos consiguen doblegar a los pueblos de la Cordillera Cantábrica en una campaña que dura de 29 a 19 aC, bajo el mando de Agripa (Fear 2000:31). Aun así, la dominación de los romanos no llega nunca a ser muy fuerte en el norte de la Península, donde pueblos como los astures, los cántabros y los vascones resisten durante largo tiempo la imposición de las costumbres romanas, incluida su lengua. Es significativo que sea ésta la zona donde varios siglos más tarde se desarrolla el romance castellano.

En el resto de la Península, sin embargo, el proceso de romanización, si bien lento y difícil, es completo. Se impone no sólo la lengua —traída por soldados, colonos y administradores— sino también la organización civil y militar, el derecho, la educación, las técnicas agrícolas e industriales, el sistema de carreteras, e incluso, hasta cierto punto, la religión (Lapesa 1981:55; Dietrich y Geckeler 1990:124).

Una vez apaciguadas las regiones y conquistados los pueblos, la romanización prosigue sin coacciones ni esfuerzos sistemáticos de parte de los romanos (Kulikowski 2004:8–9). Bastan las estructuras sociales y políticas que erigen para asegurar el gradual desplazamiento de las lenguas y costumbres locales. El factor principal en este proceso es el prestigio del latín como lengua imperial. La necesidad que tienen los pueblos indígenas de comunicarse con los agentes del nuevo poder dominante, y las ventajas económicas que conlleva el trato libre con ellos, fomentan el aprendizaje del latín. Entre otros factores figuran la educación y el servicio militar obligatorio, que intensifican el contacto con el latín y lo establecen como *lingua franca* entre gente de variada procedencia. Aun así, como señala Rafael Lapesa (1981:56), la imposición del latín es gradual, con un período más o menos largo de bilingüismo.

Es lícito suponer que el desplazamiento lingüístico que tiene lugar en este momento histórico en la Península Ibérica es perfectamente comparable a los muchos casos paralelos que pueden observarse en la actualidad, producto de encuentros entre lenguas subalternas y dominantes (notablemente en las Américas, donde hay contacto entre el español y lenguas indígenas en el sur, y entre el español y el inglés en el norte). La rapidez con que se desarrolla el proceso de desplazamiento depende de la intensidad de los contactos, pero en general se procede de un **monolingüismo** en la lengua tradicional a un bilingüismo que al principio se intensifica pero que al final suele desembocar en otro estado de monolingüismo en la nueva lengua. El proceso opera generalmente por generaciones: los jóvenes se ajustan cada vez más a las nuevas circunstancias, utilizando en más contextos la lengua de prestigio y en menos la lengua tradicional. Al morir la última generación de hablantes monolingües de la lengua tradicional, se extingue con ellos la necesidad de mantener un bilingüismo que con el tiempo se hace cada vez menos útil.

El fin del Imperio Romano

A partir del siglo III dC comienza a desintegrarse el Imperio Romano, por varias razones, todas interrelacionadas. En primer lugar, una serie de medidas que toma la administración romana tiene el efecto de destruir la clase media de agricultores en Italia. Las principales de estas medidas son el establecimiento de un servicio militar obligatorio, por el que los agricultores tienen que abandonar sus tierras durante varios años, y la imposición de impuestos cada vez más elevados para financiar el mantenimiento de hasta 400.000 soldados en las provincias. Como resultado, los ciudadanos romanos se ven forzados a vender o ceder sus tierras a un pequeño grupo de familias ricas —los latifundistas— que prefieren comprar esclavos[2] antes que ofrecer trabajo a sus compatriotas libres. En segundo lugar, ya en fecha temprana se hace tradición la corrupción en el gobierno y la burocracia romanos, como resultado de la cual los bienes del pueblo tienden a acumularse en manos de políticos y burócratas. En tercer lugar, como los romanos no consiguen establecer un mecanismo para la elección de nuevos emperadores, se multiplican las guerras civiles. Con la consiguiente inestabilidad política, el poder se transfiere al ejército, que termina eligiendo emperador a quien más le ofrece. Al mismo tiempo, se desatiende la obligación de mantener el orden y el bienestar públicos, con lo cual se recrudecen la violencia y la delincuencia en las calles.

Debilitado por tantos problemas internos, el Imperio pierde la voluntad y el dinamismo necesarios para seguir resistiendo las presiones externas, sobre todo las que ejercen los pueblos germánicos que a partir del siglo III dC vienen a ser preocupantes. La estrategia de tratar de disminuir esta presión reclutando a los guerreros germanos como mercenarios es desacertada, porque al mismo tiempo hace disminuir la fidelidad militar a Roma. La debilidad del Imperio resulta evidente cuando, en 410 dC, los visigodos, bajo Alarico, consiguen saquear Roma. La fecha que se suele citar para la caída del Imperio es 476, cuando el general Odoacro depone al último emperador. La negativa de las fuerzas romanas estacionadas fuera de la Península Itálica a reconocer la autoridad de Odoacro marca el fin de un imperio que ha durado casi cinco siglos.

La invasión visigótica

La Península Ibérica, muy importante para el Imperio Romano pero al mismo tiempo muy lejos de su centro, también siente la presión de las incursiones de los bárbaros germánicos. En 409, por ejemplo,

2. Procedentes, en su mayoría, de las regiones conquistadas por los ejércitos romanos.

varias tribus germánicas, entre las que destacan los suevos y los vándalos, penetran las defensas romanas y consiguen sembrar el terror en partes de Galicia y Andalucía (región cuyo nombre puede derivarse de *Vándalo*) durante varios años. En este caso las autoridades romanas se muestran capaces de resolver el problema, pues inducen a sus viejos adversarios, los visigodos, a ahuyentar a sus hermanos germánicos con la promesa de tierras en el sur de Galia (hoy llamada Francia) alrededor de Tolosa. Los visigodos logran este objetivo en 416, y para 419 ya se ven instalados en sus nuevos territorios, desde donde en 451 ayudan a los romanos a derrotar al ejército huno comandado por Atila.

Lo que no pueden prever los romanos es la llegada a Galia de los francos, bajo Clodovico, quienes consiguen poner en fuga a los visigodos en 507. Conocedores de la Península Ibérica por las incursiones que han ido llevando a cabo allí durante casi un siglo (Barton 2004:13), los visigodos no dudan en buscar refugio allí, estableciéndose primero, según W. D. Elcock (1975:233), en Barcelona y luego definitivamente en Toledo (ver mapa 3). Desde aquí logran someter a sus rivales políticos —los suevos en Galicia, los vascos en el norte y la nobleza romana en el sur— para el año 629.

A pesar de su dominio político de la región, al principio los visigodos no ejercen mucho influjo sobre la cultura esencialmente romana de la Península: primero, por ser pocos (probablemente unos 200.000 frente a varios millones de iberorromanos, según Alatorre 1989:66), y segundo, por ser culturalmente tan diferentes. Si bien es verdad que los visigodos se romanizan mucho durante los varios siglos de contacto con los romanos (a partir de 268 aC en la Península Balcánica) —hasta el punto de adoptar el uso de la lengua latina en sus documentos oficiales— para la población romana siguen siendo bárbaros, gente espantosa y sin cultura. Más importante aún es la diferencia religiosa: mientras que los hispanos adoptan el catolicismo de la Iglesia Romana, los visigodos persisten en su fidelidad a los preceptos del arrianismo, doctrina que niega la divinidad de Jesús. Debido a esta diferencia, las autoridades visigóticas prohíben al principio el matrimonio entre los dos grupos. El rey visigótico Recaredo da el primer paso hacia la unidad de los dos pueblos cuando en 589 abandona el arrianismo en favor del catolicismo, y a mediados del siglo VII se promulga una ley común para los dos pueblos, el Forum Judicum, que más tarde servirá de base para muchos fueros medievales.

En vista de la brevedad del reino visigótico (507–711), la falta de intensidad de sus contactos con los habitantes romanos de Hispania, y su ya bastante avanzada romanización (se estima que ya para el siglo VII se extingue la lengua visigótica), no sorprende el que el influjo de su lengua sobre el latín hablado de la región sea escaso y casi exclusivamente de tipo léxico. En realidad, el efecto más significativo de su presencia en la Península es el de aislar el romance ibérico de las variedades románicas habladas en las regiones vecinas del antiguo Imperio. Según Cano Aguilar (1992:39), "Las invasiones de los pueblos llamados bárbaros por los romanos tuvieron consecuencias decisivas para la historia política, cultural y lingüística de la Europa occidental. Con ellos terminó el Imperio Romano y se pusieron las bases de una nueva organización, feudal y nacional, que ocupó toda la Edad Media y originó con el tiempo las nuevas realidades nacionales."

En cuanto a la contribución lingüística concreta del visigótico al romance ibérico, son dignos de mencionar **antropónimos** (nombres propios de persona) como Fernando, Ramiro, Alfonso y Elvira, además de topónimos como Godos, Revillagodos, Gudillos, Godones, etc. De tipo **apelativo** (nombres comunes) son *ganso, aya, ropa,* y también hay verbos, entre los que figuran *ganar, brotar* y *agasajar* (Elcock 1975:234–35). Al gótico se debe también la introducción del sufijo *-engo* (< *-ingôs*), originariamente **patronímico,** o sea, aplicado al nombre de pila del padre para producir un apellido.[3]

En realidad, la mayoría de las palabras españolas de origen germánico no datan del período de contacto con los visigodos sino de otras épocas anteriores y posteriores a este momento histórico. De gran importancia es el caudal de germanismos que se cuelan en el latín hablado de los siglos IV y V a través del contacto intenso entre los romanos y las tribus germánicas que viven a lo largo de la frontera noroccidental del Imperio. A estos contactos se debe la introducción de una serie de palabras que se encuentran en prácticamente todas

---

3. Para la historia de *-engo*, ver Pharies 1990:87–126.

las lenguas románicas occidentales. Del germánico *suppa* 'sopa', tenemos el fr. *soupe*, el occ., cat., esp., port. *sopa*, y el it. *zuppa;* de *bank* 'banco', tenemos el fr., occ., cat. *banc*, esp, port., it. *banco.* Otras palabras de este tipo: *harpa, fango, tregua, guerra, blanco.* También es fuente de palabras de origen germánico el francés antiguo, lengua que en los siglos XII y XIII aporta gran número de préstamos originariamente fráncicos al español, cf. *barón, varón, blandir, bruñir, buque, estandarte, flecha* y *guante* (Penny 2002:264).

La invasión musulmana

Es irónico que, apenas aprobado el matrimonio entre visigodos e iberorromanos a mediados del siglo VII, el reino visigótico llegue a su fin, cuando en 711 un ejército musulmán irrumpe en Andalucía y, encontrando poquísima resistencia entre la población hispanogoda que de buena gana se ve liberada de la crueldad e incompetencia de los reyes godos, en siete años consigue someter casi la totalidad de la Península. El nombre del primer general de los musulmanes, Tariq, ha quedado inmortalizado en el nombre de la peña desde donde se emprende la invasión, Gibraltar (< ar. *ğabal* 'monte' + *Tariq*), antes conocida bajo el nombre Calpe (Elcock 1975:288). Los musulmanes penetran incluso hasta Tours, en Francia, pero ahí sufren una derrota aplastante a manos de los francos en 732. Viendo frustrada su cruzada de islamizar toda Europa, se retiran a España, donde consiguen establecer una brillante civilización que durante varios siglos eclipsa a la europea en casi todos sus aspectos.

La presencia de tantos arabigohablantes durante tanto tiempo transforma la fisonomía lingüística de la Península y afecta profundamente a la naturaleza de la lengua española. Su influencia es de carácter doble. En el plano lingüístico, provoca la adopción de miles de vocablos al léxico del hispanorromance. En el plano histórico-político, pone en marcha los acontecimientos por los que finalmente, entre todas las variedades iberorrománicas que se concentran en el norte de la Península, es el castellano el que logra establecerse como dialecto dominante en una región de la Península que un día reclamará el nombre de España.

Es indudable que, a pesar del estatus oficial del árabe en la Hispania musulmana, el iberorromance de la época sigue siendo la lengua dominante en la vida cotidiana. Esto se debe a varios factores. En primer lugar, el número de invasores y, más tarde, de colonos musulmanes es pequeño en comparación con la población románica que desde hace siglos habita el territorio. Cano Aguilar (1992:44) calcula que para el año 756 habrían llegado unos sesenta mil musulmanes a vivir en una sociedad de cuatro millones de hispanos. En segundo lugar, como las fuerzas invasoras que se apoderan del territorio vienen sin mujeres, es de esperar que los hijos nacidos de los inevitables matrimonios mixtos hayan aprendido hispanorromance en casa con sus madres hispanas. Tercero, durante los primeros siglos de su dominación, los musulmanes se muestran muy tolerantes hacia la cultura de sus súbditos no islámicos, exigiendo solamente el pago de un impuesto personal.

Con el descubrimiento de las jarchas (ver ladillo), tenemos pruebas de que en el siglo X se sigue hablando una variedad romance en la Hispania musulmana, y que esta lengua se considera apta en los círculos literarios musulmanes para la expresión lírica de las pasiones amorosas. Por todas estas razones, el bilingüismo que inevitablemente se desarrolla en la región no conduce a un nuevo monolingüismo arábigo, sino que se estabiliza, haciéndose un rasgo fundamental de la sociedad hispanoárabe. La eventual extinción de esta variedad sureña del iberorromance —llamada **mozárabe,**[4] término que también se aplica a sus hablantes— se debe tanto a la política de represión lingüística de parte de los musulmanes fundamentalistas que detentan el poder en Al-Ándalus (nombre que dan los musulmanes a la Península Ibérica) en el siglo XI, como a la asimilación de los mozárabes por los pueblos del norte una vez puesta en marcha la Reconquista.

Ya mencionamos que el fruto más patente de los siglos de contacto con el árabe lo representan los muchos **arabismos** (préstamos tomados del árabe) admitidos por el castellano. No está claro, sin

---

4. Préstamo de una palabra árabe que significa 'el que se hace semejante a los árabes'.

UNA VARIEDAD IBERORROMÁNICA EXTINTA: EL MOZÁRABE

Como señala nuestra tabla genealógica del español, el mozárabe es una de la variedades románicas —al igual que el gallego-portugués, el hispanorromance y el catalán— que evolucionan directamente del protoiberorromance. Se trata de la modalidad hablada por la población hispanolatina en el momento de la invasión musulmana, modalidad que muy pronto, a raíz de las condiciones políticas impuestas por los invasores, se ve forzada a una diglosia más o menos intensa con el árabe hispánico. Puesto que entre los mozárabes cristianos, como entre los cristianos del norte, la lengua de cultura sigue siendo el latín, son pocos los testimonios que tenemos de esta variedad oral. La fuente principal es la jarcha, estribillo de dos a cuatro versos escrito en romance, que aparece al final de un género de canción lírica llamado *moaxaja*. Generalmente, las jarchas presentan la voz de una enamorada que lamenta la ausencia de su amado. Dado que la moaxaja es un género árabe, las palabras mozárabes se escriben mediante el alfabeto árabe, cuya falta de caracteres vocálicos presenta graves dificultades de lectura y comprensión. Consideremos, por ejemplo, la jarcha siguiente de finales del siglo XI, que aquí vemos transcrita al alfabeto latino, en mozárabe y traducida al castellano actual (tomada de García Gómez 1975:86–87):

TRANSCRIPCIÓN	MOZÁRABE	CASTELLANO ACTUAL
mw sīdī 'ibrāhīm	*mew sidi 'Ibrahim*	Dueño mío Ibrahim,
y' nw'mn dlŷ	*ya nuemne dolže*	oh nombre dulce,
f'nt myb	*fen-te mib*	vente a mí
dy njt.	*de nojte.*	de noche.
In nwn š nwn k'rš	*In non, si non keríš*	Si no, si no quieres,
yrym tyb	*yire-me tib*	iréme a ti
grmy 'wb	*gar-me 'a 'ob*	dime adónde
'frt.	*a fer-te.*	a verte.

Aquí son notables el arabismo *sidi* 'dueño' y el mozarabismo *garir* 'decir'. En la gramática destacan los pronombres *tib* y *mib*, que reflejan respectivamente lat. *tibi* y *mihi* (influido analógicamente por *tibi*) y la forma verbal de futuro *yire* 'iré', ya completamente gramaticalizada. Para más información sobre el mozárabe, ver Galmés de Fuentes 1983, y para las jarchas, ver, además de García Gómez, Corriente 1997.

embargo, cómo fueron transmitidos todos estos préstamos. Robert Hall (1974:94) cree que el mozárabe —lengua que lleva siglos en contacto con el árabe— sirve de puente entre las dos lenguas al ser absorbido por el castellano durante la Reconquista.[5] Cano Aguilar (1992:52), en cambio, parece ver dos vías de **transmisión:** "El árabe actuó como **superestrato** (lengua dominante) del romance andalusí, y como **adstrato** (lengua vecina) de los otros romances peninsulares". Reconoce, en otras palabras, que el bilingüismo no es la única vía por la que pueden pasar palabras de una lengua a otra. También el prestigio de una cultura superior puede ser suficiente para que se adopten préstamos —como en el caso de los muchos italianismos que pasan al vocabulario español durante el Renacimiento— sin que haya una situación de bilingüismo intenso entre las dos lenguas.

Los **lexemas** arábigos acogidos en el léxico castellano se concentran en varios campos semánticos, como los siguientes:

- administración: *alcalde, alguacil, barrio*
- militar: *alcázar, almirante, rehén*
- vivienda: *alcoba, alquiler, azotea, zaguán*
- agricultura: *aceituna, acequia, arroz, algodón, alubia, azúcar, naranja, zanahoria*
- artesanía: *albañil, alfarero, alfiler, badana*
- comercio: *aduana, almacén, arancel, fanega, maravedí*
- topónimos: *Cáceres, Guadalquivir, Guadarrama, Madrid*

Es interesante preguntarse cuál habría sido el destino lingüístico de la Península Ibérica si los musulmanes no hubiesen intervenido

---

5. Escribe Hall: "The Romance-speaking population of 'Mozárabes' were the chief channel of transmission for Arabic loans into Spanish. As the Reconquista proceeded southwards, speakers of Castilian took over from Mozarabic many words which had been borrowed from Arabic." Está de acuerdo Coloma Lleal (1990:189–90): "Esos arabismos se introdujeron, fundamentalmente, por vía oral, a menudo a través de los mozárabes ya intensamente arabizados, y reflejan los rasgos del árabe hispánico. . . Sólo un reducido número de arabismos procede directamente del árabe clásico: se trata de términos cultos, transmitidos por tradición libresca, sobre todo a través de la obra del escritorio alfonsí."

en su historia de forma tan tajante. Sabemos que —salvo caso de una invasión de otra parte— se hablaría una o varias lenguas románicas allí, descendientes del iberorromance que se habla en 711 bajo los visigodos. Como los visigodos tienen su capital en Toledo, es posible que regiones periféricas pudieran haberse diferenciado lingüísticamente, quizá en el noroeste (zona que queda aislada bajo los suevos) y en el noreste (zona expuesta a la influencia del galorromance). Lo más probable, en este caso, sería que el dialecto central de la corte visigótica formase el núcleo de la lengua nacional después que se estableciese una nación moderna.

La Reconquista

Hemos dicho que los musulmanes conquistan "casi" la totalidad de la Península Ibérica (ver mapa 4), y en esto estriba su gran error (Collins 1999:314), pues aunque la gran mayoría de los hispanos se resigna a aceptar la dominación musulmana, restos de la corte visigótica consiguen refugiarse en Asturias, más allá de la Cordillera Cantábrica. Desde este pequeño y aislado rincón se emprende una campaña de defensa —capitaneada por el legendario rey asturiano Pelayo (muerto en 737)— contra las fuerzas musulmanas que paulatinamente se convierte en una sistemática reconquista de las tierras usurpadas.[6] Los sucesores de Pelayo, conocidos como los reyes de León, consiguen apoderarse de tierras cada vez más extensas en su expansión hacia el sur, expulsando a los habitantes musulmanes y remplazándolos con sus propios colonos. En el siglo X se deja vislumbrar por primera vez una región en la parte alta del Ebro cuyas muchas fortalezas construidas para proteger a León contra las incursiones islámicas le dan el nombre de Castilla,[7] o sea, 'tierra de castillos o fortalezas'. Los habitantes de esta región, los castellanos,

---

6. Aquí sigo la narrativa de Barton (2004:31–88) y www.countryreports.org/history/estoc.aspx?countryid=225&countryName=Spain (18.5.2004).

7. *Castilla* deriva del lat. *castella,* forma plural de *castellum* 'cuartel', 'campamento militar', que a su vez es forma diminutiva de *castrum* 'fortaleza'. Este origen, que destaca la pequeñez de las fortificaciones, muestra el carácter originario de Castilla como último reducto en la defensa contra los bárbaros.

se destacan por su civilización excéntrica, tosca y cuasi-democrática, conformada por las duras condiciones de guerra casi constante y, quizá, sus relaciones con los igualmente excéntricos y aguerridos vascos.

Es de suponer que el romance hablado en esta región es igualmente rústico y excéntrico. Ya mencionamos que la romanización es menos intensa en esta zona que en otras partes de la Península. Además, de todas las zonas de la Península, es ésta la que resiste con más éxito la hegemonía de los visigodos y de los musulmanes. Habrán aprendido un latín algo simplificado, quizá influido durante largo tiempo por otras lenguas habladas en la zona, como el vascuence. El romance que surge de este latín evoluciona luego sin la influencia de una fuerte tradición culta.

Ya en 981 se establece Castilla como condado independiente, bajo el legendario Conde Fernán González, y sólo veintitrés años más tarde, en 1004, consigue el rango de reino (ver mapa 5). Es durante esta época cuando el ritmo de la Reconquista llega a su apogeo, en parte por la disolución política del califato de Al-Ándalus, que se desintegra en pequeños reinos denominados "taifas" que difícilmente pueden defenderse de los agresores del norte. Ya en 1085 las incursiones cristianas consiguen liberar a Toledo (ver mapa 6), y en 1212, en la épica batalla de Las Navas de Tolosa (Jaén), una fuerza militar constituida por los ejércitos combinados de Castilla, Navarra y Aragón consigue derrotar a los Almohades, un grupo de musulmanes bereberes que a mediados del siglo XII había invadido Andalucía para unificar las taifas e introducir un Islam más fundamentalista. Con esta victoria los reinos del norte acaban definitivamente con la resistencia musulmana, y en poco tiempo consiguen establecer su dominio sobre el sur (ver mapa 7): toman todas las ciudades occidentales importantes, como Córdoba (1236), Jaén (1246), Sevilla (1248), Cádiz (1265) y Jerez (1265). El reino de Granada consigue mantenerse como entidad independiente, pero a costa de convertirse en tributario de Castilla, reino que por otra parte absorbe a León bajo el rey Fernando III el Santo en 1230.

Las diferentes fases de la Reconquista, que suelen caracterizarse como el despliegue de un abanico o el progresivo martilleo de una cuña, están representadas gráficamente en los mapas 4–7. Muestran cómo el engrandecimiento territorial de Castilla se logra mayoritariamente a costa de los musulmanes, pero también de los reinos de León y Aragón, cuyos propios logros en la Reconquista languidecen por un exceso de control central. Según Paul Lloyd (1987:176–77) y Simon Barton (2004:64), Castilla consigue tomar la iniciativa sobre los reinos vecinos por el carácter popular de su empresa, que ofrece a gente humilde pero talentosa y ambiciosa la oportunidad de librarse de las estructuras feudales, mejorando económica y socialmente.

En vista de todo lo anterior, es evidente que los tres acontecimientos claves en la historia lingüística de España son la introducción del latín de parte de los romanos, la invasión musulmana que acaba con la primacía del iberorromance de los visigodos, y la Reconquista, a través de la cual un dialecto aislado y periférico del norte de la Península consigue propagarse hacia el sur y establecerse como lengua dominante en grandes partes de ella. Es concebible que sin la invasión musulmana y la reacción guerrera que suscita, Castilla y el dialecto castellano habrían quedado muy lejos de los centros culturales y políticos de la Península.

El auge del castellano

Sabemos que ya desde la época imperial existe una situación diglósica en las zonas de habla románica: frente al latín hablado o popular —una lengua viva y en constante evolución— existe otra modalidad de la lengua, estática, arcaica y utilizada casi exclusivamente para la escritura. Aunque este sistema bipartito funciona bien durante casi un milenio, finalmente el peso de tantos siglos de bifurcación lingüística obliga a los pocos hablantes alfabetizados a reconocer que las dos modalidades ya no son mutuamente comprensibles.[8] La incomprensibilidad del latín escrito para el pueblo preocupa de forma especial a los eclesiásticos, quienes ven puesta en peligro su misión de instruir a los fieles y, en algunos casos, su capacidad para reivindicar fondos públicos. De ahí surge

---

8. R. Wright (1982) es la máxima autoridad en esta cuestión.

la práctica —antes impensable— de redactar documentos en romance.[9] Esto explica el que muchas de las obras tempranas escritas
en castellano tengan una temática religiosa, como el muy temprano
Auto de los reyes magos (1150), una pieza teatral no litúrgica, la *Vida
de Santa María Egipcíaca* (1210), traducción de un original francés,
y varias obras de Gonzalo de Berceo, como su *Vida de San Millán*
(1240), redactada con el fin de reclamar pagos públicos a su monas-
terio, el de San Millán. Pero también pretensiones más mundanas
llevan a la creación de obras escritas en lengua romance. En el nivel
culto, se destacan en este sentido *Razón de amor con los denues-
tos del agua y el vino* (1210), una obra que cabe dentro de la lírica
trovadoresca tan asiduamente practicada en Provenza y Francia, y
dos poemas épicos sobre aspectos de la historia clásica, el *Poema de
Alexandre* (1201) y el *Libro de Apolonio* (1235). En el nivel popular,
se destaca el *Poema de Mio Cid* (ca. 1200), epopeya que retrata de
forma inexacta pero sumamente emocionante la historia de esta
gran figura de la historia temprana de Castilla.

Ray Harris-Northall (1999) apunta que, ya durante el reinado
de Fernando III (1230–52), el vernáculo castellano suplanta al latín
como lengua más frecuentemente usada en la cancillería real. Cree
que este desplazamiento es una consecuencia del acusado nivel de
actividad bélica que se vive durante esta etapa de la Reconquista.
Harris-Northall (pág. 162) teoriza que, ya al principio de esta época,
es probable que todos los documentos sean redactados en lengua
vernácula antes de ser sometidos a un proceso de latinización para su
promulgación definitiva. Con el tiempo y las complicaciones de ad-
ministrar el reino desde el campo de batalla, se prescinde de este proceso, aunque por un tiempo se sigue utilizando latín en las fórmulas
iniciales y finales de los documentos. De esta manera, para finales
del reinado de Fernando III, el castellano se convierte en la lengua
oficial *de facto* de la cancillería real. Bahner (1966:29), señalando el
hecho que el francés —vernáculo del vecino del norte— no se ve ele-
vado a esta función hasta 1539, tres siglos más tarde, identifica otros

9. Según Lleal (1990:133), "En el Concilio de Tours (813), se discutió la conveni-
encia de utilizar la lengua 'vulgar' en las homilías, porque si se pronunciaban en (. . .)
latín (. . .), el pueblo no entendía nada."

factores de índole social y política que pueden haber contribuido a la transición del latín al castellano: "Había que buscar una lengua oficial que uniera a españoles, mozárabes, judíos y musulmanes. Y teniendo en cuenta las circunstancias políticas y culturales de aquella época, ésta sólo podía ser la 'lengua castellana'."

El castellano medieval alcanza su apogeo en la corte de Alfonso X el Sabio (1252–84), que se convierte en un centro de intensa actividad científica y literaria en la que el mismo rey participa, reuniendo a equipos de historiadores, hombres de ciencia, traductores e incluso juglares para producir un grupo de obras que brilla tanto por su cantidad y calidad como por su variedad.

En el género de la historiografía, destaca la *Estoria de España,* de la que se han tomado la mayoría de los ejemplos medievales citados en *Breve historia.* Hay una obra jurídica, las *Siete Partidas,* además de obras científicas como el *Lapidario* (sobre mineralogía) y el *Libro de las cruces* (sobre astronomía). El papel del rey varía entre el de poeta —es autor de las *Cantigas de Santa María,* una narrativa escrita en gallego con alabanzas o "loores" intercaladas— y el de corrector de estilo. Como ha señalado Lapesa (1981:240), en 1276 el monarca resuelve corregir el estilo del *Libro de la Ochava Esfera,* para lo cual "tollo las razones que entendio eran sobejanas et dobladas et que non eran en castellano drecho, et puso las otras que entendio que complian; et cuanto en el lenguaje, endreçolo el por sise".[10] Este **castellano drecho,** según María Teresa Echenique Elizondo y María José Martínez Alcalde (2000:55), consiste en una ortografía sólidamente establecida, una sintaxis más elaborada y un léxico enriquecido. Aclaran también que, en lo que atañe a las obras científicas alfonsíes, la versión castellana se ve al principio más bien como puente entre un original árabe, traducido al castellano por traductores generalmente judíos, y una versión final en lengua latina, "pero paulatinamente la versión castellana fue convirtiéndose en el centro capital de interés de forma tal que, al propio tiempo, la lengua misma se constituía en el objetivo principal del scriptorium alfonsí"

10. Traducción: "Quitó las expresiones que entendió eran superfluas y duplicadas y que no estaban escritas en castellano castizo, y puso otras más adecuadas; y en cuanto al lenguaje, lo corrigió él mismo."

(75–76). El enorme logro de la escuela alfonsí es que, cuando llega a su fin, "la prosa castellana quedaba definitivamente creada. La enorme gimnasia que supone la obra alfonsí la había convertido en vehículo de cultura, cumpliendo así el generoso afán de divulgación expuesto en el prólogo del *Lapidario:* lo mandó 'trasladar de arauigo en lenguaie castellano porque los omnes lo entendiessen meior et se sopiessen del mas aprovechar'"[11] (Lapesa 1981:245–46).

....

Preguntas

1. ¿Dónde, cuándo y cómo figuran los pueblos siguientes en la historia de la Península Ibérica, y en la historia del castellano en particular?

iberos	romanos	celtas	visigodos	fenicios
suevos	griegos	árabes	cartagineses	vascos

2. ¿Bajo qué circunstancias pasa la Península Ibérica a ser parte del Imperio Romano?
3. Describa el proceso por el cual los romanos establecen su dominio sobre la Península Ibérica.
4. Describa el proceso por el cual el latín sustituye a las lenguas indígenas habladas en la Península Ibérica.
5. ¿Qué factores contribuyen a la "caída" del Imperio Romano?
6. Se puede decir que los visigodos invaden la Península Ibérica dos veces. Explíquese.
7. Caracterice la contribución lingüística del gótico al castellano actual. ¿A qué factores se debe la poca influencia que tuvo el gótico sobre el iberorromance?
8. ¿Cuáles son las fuentes de palabras germánicas en el léxico español?
9. Caracterice la contribución estrictamente lingüística del árabe al iberorromance.

11. "Traducir al árabe en lengua castellana para que los hombres lo entendiesen mejor y supiesen aprovecharse más de él."

10. ¿En qué sentido es la invasión musulmana un acontecimiento clave en la historia lingüística de la Península Ibérica?

11. ¿Cuáles son los eventos y fechas claves de la Reconquista?

12. ¿Cuáles son los tres acontecimientos claves en la historia lingüística de España? Explique la importancia de cada uno de ellos.

13. ¿Por qué se establece el castellano como lengua oficial *de facto* de la cancillería alfonsí —suplantando a la lengua latina— en fecha tan temprana?

14. Identifique y caracterice las obras que en fecha temprana (siglos XII y XIII) se escriben en lengua castellana.

15. ¿Cuál es el papel del rey Alfonso X el Sabio en la historia del castellano?

La lengua latina

Como ya vimos, la lengua española actual no es más que la más reciente en una serie infinita de etapas en la evolución de un organismo lingüístico que existe desde más allá de los albores de la civilización. En el momento en que se vislumbra por primera vez este organismo, es la lengua de un grupo de aldeas a ambos lados del río Tíber en el centro de Italia, que después forman el núcleo de la ciudad de Roma. A raíz de la importancia de esta ciudad y el imperio que de ella nace, el latín se establece como la lengua de cultura por excelencia en Europa durante un período de más de un milenio. Los muchos textos redactados en latín a lo largo de esta época representan un tesoro incomparable para los estudiosos de la lingüística histórica, en especial para los que se especializan en la historia lingüística de las lenguas románicas. Nos proporcionan la posibilidad de comparar varias etapas de la vida de este organismo, y de dejar que nos enseñen —en cierta medida libres de la necesidad de depender de una protolengua reconstruida— qué principios han determinado su evolución en todos sus componentes.

Puesto que los capítulos siguientes se ocupan de la descripción de la evolución lingüística del castellano, es imprescindible establecer aquí, al comienzo, las características lingüísticas de la lengua que sirve de punto de partida para esta evolución. Por lo tanto se presentan aquí, después de una breve caracterización histórica de la lengua, los principales rasgos fonológicos, morfológicos y sintácticos del latín.

Etapas en la historia del latín

Debido a la existencia de una serie de palabras compartidas entre las ramas itálica, germánica y celta de la familia indoeuropea, se postula una época durante la cual la población que eventualmente se escinde en estas tres ramas forma un grupo homogéneo en Europa central, hablando una lengua que podría denominarse "proto-itálico/germánico/celta." Más tarde, poco antes del siglo X aC, una parte de esta población se encamina hacia Lacio, región centrooccidental de la Península Itálica donde después se funda Roma.[1]

El PERÍODO PRELITERARIO termina y el PRECLÁSICO comienza en el siglo III aC, con la traducción al latín de la *Odisea* de Homero por un esclavo griego llamado Livio Andrónico. La influencia del griego es evidente entre los autores de esta época, como Plauto y Terencio. En el plano político, Roma se establece como poder dominante en toda la Península.

El auge de la literatura romana, en el PERÍODO CLÁSICO, 100–14 aC, coincide con la consolidación del poder político romano en la cuenca del Mediterráneo. Datan de esta época las obras de los autores más brillantes de la literatura latina, como Cicerón, Salustio, Catulo, Virgilio, Horacio y Ovidio.

Poco después de la fundación del Imperio Romano en 27 aC y la consiguiente propagación de la lengua latina por toda Europa y África del Norte, comienza el declive de la literatura latina durante el llamado PERÍODO POSCLÁSICO (14 aC–200 dC). También durante este período se hace patente el desarrollo de una diglosia entre las modalidades hablada y escrita de la lengua. Esta tendencia se agudiza en el PERÍODO TARDÍO (200–600 dC), de tal modo que para finales de esta etapa quizá sea justificable hablar de dos lenguas distintas, el latín tardío por una parte y el protorromance por otra. También es importante subrayar la creciente heterogeneidad del latín durante este período. Es de suponer que el latín es

1. Aquí seguimos www.orbilat.com/Languages/Latin/index.html (14.1.04).

marcadamente diferente en cada región donde se habla, debido a factores como la presencia de lenguas indígenas, la fecha y grado de romanización, clase social y procedencia geográfica de los colonizadores romanos, y contacto con las lenguas de pueblos invasores. Sabemos por una noticia del historiador romano Elio Espartiano que cuando el emperador hispano Adriano pronuncia un discurso ante el Senado en el siglo II dC, es tan marcado su acento regional que provoca la hilaridad de los senadores.

Durante el PERÍODO MEDIEVAL o bajo (siglos VII al XIII), siguen coexistiendo las dos modalidades de la lengua, una viva, dinámica y hablada, y otra artificial, estática y escrita. Es probable que, al principio de esta época, los hablantes no hayan sido muy conscientes de esta divergencia, viendo en ella una cuestión más bien de diferencia de registro que de lengua. Más tarde, sin embargo, la práctica de redactar todo documento escrito en el latín arcaico deja de ser sostenible, y comienzan a aparecer textos de todo tipo en lengua vernácula. Ya mencionamos en el capítulo anterior algunas de las obras escritas en romance en este momento tan decisivo.

Ante el florecimiento de la escritura en vernáculo, el latín escrito queda relegado a la esfera de la religión y al uso como *lingua franca* entre los diplomáticos y estudiosos de la época. Es verdad que durante el PERÍODO DEL RENACIMIENTO (siglos XIV–XVI) algunos autores —entre ellos Petrarca en Italia y Thomas More en Inglaterra— se proponen el proyecto de recobrar en sus obras literarias la gloria del latín del período clásico, imitando a los mejores autores de aquella época, pero ya para el siglo XVIII no se usa el latín en la diplomacia, y para el XIX, comienzo del PERÍODO CONTEMPORÁNEO, se deja de usar como lengua de instrucción en las universidades. El latín pierde su última función importante en el siglo XX, cuando se permite por primera vez el uso de las lenguas vernáculas en la liturgia católica.

Fonología

VOCALES. El latín en su forma común o clásica tiene diez **fonemas** vocálicos, cinco largos y cinco breves, distribuidos de la forma siguiente:

	ANTERIOR	CENTRAL	POSTERIOR
cerrada	/i:/ /i/		/u:/ /u/
media	/e:/ /e/		/o:/ /o/
abierta		/a:/ /a/	

El carácter **fonémico** o funcional del rasgo de duración entre las vocales breves y las largas se confirma por una serie de **pares mínimos,** o sea, pares de palabras de significado diferente que difieren en un sólo fonema (Lloyd 1987:71):

/i:/	*fīdēs* 'confiarás'		/i/	*fidēs* 'fe'
/e:/	*lēvis* 'suave'		/e/	*levis* 'leve'
/a:/	*mālum* 'manzana'		/a/	*malum* 'malo' (ac. sg.)
/o:/	*ōs* 'boca'		/o/	*os* 'hueso'
/u:/	*fūris* 'ladrón' (gen. sg.)		/u/	*furis* '(tú) rabias'

A este elenco de vocales añadimos tres **diptongos** (conjunto de dos elementos vocálicos que se pronuncian en una sola sílaba) relativamente comunes: /oj/ (ortografía: *œ* u *oe*), /aj/ (*œ* o *ae*) y /aw/ (*au*). Los segmentos que acompañan a las vocales fuertes en estos diptongos, [j] y [w], suelen denominarse **semivocales** o **semiconsonantes.**

CONSONANTES. A continuación presentamos el inventario de consonantes latinas. Es notablemente sencillo. En cuanto al **modo de articulación,** faltan las **africadas;** en cuanto al **punto de articulación,** las palatales; y en cuanto a la **sonoridad,** las **fricativas** sonoras. Por otra parte, se nota la presencia, en muchos casos, de homólogos **geminados** (aquí indicados entre paréntesis y ejemplificados más abajo).

	BILABIAL	LABIO-DENTAL	DENTAL	ALVEOLAR	VELAR	GLOTAL
oclusiva sorda	p(p)		t(t)		k(k)	
oclusiva sonora	b		d(d)		g(g)	
fricativa		f(f)		s(s)		h
nasal	m(m)			n(n)		
lateral				l(l)		
vibrante				r(r)		

Algunos estudiosos añaden una consonante oclusiva labiovelar sorda /kʷ/, pero parece más lógico analizarla como /k/ seguida de la labiovelar /w/.

En algunos casos, también entre las consonantes, es funcional el rasgo de duración, como se deduce de pares mínimos como los siguientes (Lloyd 1987:79):

aditus	'acceso'	*additus*	'añadido'
catus	'hábil'	*cattus*	'gato'
ager	'campo'	*agger*	'terraplén'
casa	'choza'	*cassa*	'vacía' (f. sg.)
caleō	'estar caliente'[2]	*calleō*	'tener experiencia'
ferum	'salvaje' (ac. sg.)	*ferrum*	'hierro'
anus	'vieja hechicera'	*annus*	'año'

Ortografía y pronunciación

La ortografía latina es en gran parte fonémica, es decir, la lengua se escribe como se pronuncia. Sin embargo, presenta algunas dificultades para el hispanohablante que aspire a una pronunciación auténtica.

- Hay que distinguir entre vocales largas y breves. Como esto no se indica en la ortografía de la época, hay que buscar los valores en un diccionario o utilizar una edición moderna del texto en cuestión en que las vocales largas vayan marcadas del siguiente modo: ā ē ī ō ū.
- Asimismo hace falta distinguir entre consonantes simples y geminadas, diferencia que sí va marcada ortográficamente, pero que suele ser olvidada por los hablantes del español, si bien no por los del italiano, lengua que todavía mantiene esta distinción.
- La letra *c* siempre representa la oclusiva velar sorda /k/, ej. *cēra* 'cera' [kéːra].
- La letra *g* siempre señala la oclusiva velar sonora /g/, ej. *genus* 'estirpe' [génus].

---

2. En la tradición filológica latina, se suele citar la forma de primera persona singular de un verbo en lugar del infinitivo.

- La letra *v* se pronuncia [w], ej. *vacca* 'vaca' [wákka].
- La letra *i* en posición inicial ante otra vocal representa la consonante [j], ej. *iustus* 'justo' [jústus].

Tampoco indica la ortografía latina la acentuación de las palabras, y la identificación de la misma también exige un conocimiento de la duración vocálica, como veremos. Ahora, el lugar de acentuación de las palabras latinas no es variable, lo cual implica que la acentuación no es fonémica, como lo es en español, cf. series como *término, termino, terminó*. Sin embargo, resulta importante para nosotros saber dónde recae normalmente el acento en latín ya que esto tiene repercusiones importantes para el desarrollo fonológico.

Evidentemente, la cuestión de la acentuación no atañe a las palabras monosilábicas: *hic* 'este', *tam* 'tan', *grex* 'grey', *sīc* 'así'. Aparte de éstas, no hay palabras **agudas** (acentuadas en la última sílaba) en latín: lo normal es que el acento recaiga sobre la penúltima sílaba, es decir, que las palabras sean **llanas** (paroxítonas, acentuadas en la penúltima sílaba). Esto comprende, lógicamente, toda palabra bisilábica: *grandis* 'grande', *liber* 'libro', *contrā* 'contra', *nāsus* 'nariz', *rubor* 'rojez'.

La acentuación de palabras de tres o más sílabas se determina por la naturaleza de la penúltima sílaba.

- Si la penúltima sílaba es larga, la palabra es llana. Una sílaba es larga si su vocal es larga por naturaleza (p. ej. en los casos de *currēbāmus* 'corríamos', *recitāre* 'recitar', *octāvus* 'octavo') o es diptongo (*concaedēs* 'montones de ramas cortadas'), o si está **trabada**, o sea, terminada en consonante (*quadrāgintā* 'cuarenta', *invictus* 'invencible', *ancilla* 'criada', *epigramma* 'inscripción').
- Si la penúltima sílaba es breve, la palabra es **esdrújula** (acentuada en la antepenúltima sílaba): *curriculum* 'carrera (a pie, en carro)', *gracilitās* 'delgadez', *grammaticus* 'gramático', *decuriō* 'decurión, oficial que mandaba diez caballeros', *insipiens* 'necio'.

Nótese que en el silabeo latino, a diferencia del español, cada vocal es silábica. La penúltima sílaba de *decuriō*, entonces, es *ri*; en *insipiens*, *pi*. Ambos ejemplos tienen cuatro sílabas. Excepciones: los diptongos *ae, oe* y *au*, que equivalen a vocales largas: *incaenō* 'cenar en', *incautus* 'incauto', ambas llanas. En *longinquitās* 'distancia' [longínkwitas] se considera que [kwi] no constituye un diptongo, por lo cual resulta esdrújula la palabra.

Muestra textual. A continuación se presenta un texto latino (el inicio de los *Commentāriī dē bellō Gallicō* 'Comentarios sobre la guerra de las Galias', la obra más importante de César), acompañado de una transcripción fonémica interlineal que servirá para ilustrar algunas de las pautas explicadas más arriba. (Ver el análisis morfosintáctico de este mismo texto al final del capítulo para una traducción al español.)

> *Gallia est omnis dīvīsa in partēs trēs, quārum ūnam incolunt Belgae, aliam*
> /gállia est ómnis di:wí:sa in párte:s tre:s | kwá:rum ú:nam ínkolunt bélgaj | áliam/
> *Aquītānī, tertiam quī ipsōrum linguā Celtae, nostrā Gallī appellantur.*
> /akwi:tá:ni: | tértiam kwi: ipsó:rum língwa: kéltaj | nóstra: gálli: appellántur/
> *Hī omnēs linguā, institūtīs, lēgibus inter sē differunt.*
> /hi: ómne:s língwa: | institú:ti:s | lé:gibus ínter se: dífferunt/
> *Gallōs ab Aquītānīs Garumna flūmen, ā Belgīs Matrona et Sēquana dīvīdit.*
> /gállo:s ab akwi:tá:ni:s garúmna flú:men | a: bélgi:s mátrona et sé:kwana di:wí:dit/
> *Hōrum omnium fortissimī sunt Belgae.*
> /hó:rum ómnium fortíssimi: sunt bélgaj/

Morfología nominal

SUSTANTIVOS. La **morfología nominal** latina (es decir, el estudio de los componentes y las funciones de los sustantivos, pronombres y adjetivos) opera fundamentalmente mediante un **sistema casual,** es decir, a base de desinencias que señalan la función gramatical (**caso**) del elemento nominal en cuestión. Así, en la oración *amīcus venit* 'el amigo viene', la desinencia *-us* de *amīcus* 'amigo' indica que esta palabra tiene la función de sujeto, mientras que en la oración *amīcum videō* 'veo al amigo', la desinencia *-um* de *amīcum* indica que sirve de complemento directo del verbo.

A continuación se enumeran los seis casos del latín, junto con su función sintáctica principal.

- **nominativo,** que denota sujeto de la oración: *amīcus venit* 'el amigo viene'
- **genitivo,** que denota posesión, sin que sea necesaria una preposición: *pater amīcī est* 'es el padre del amigo'
- **dativo,** que denota complemento de objeto indirecto de un verbo: *Caesar dōnum amīcō dat* 'César da el regalo al amigo'
- **acusativo,** que denota complemento de objeto directo de un verbo: *amīcum videō* 'veo al amigo'
- **ablativo,** caso regido por numerosas preposiciones, que denota una serie de relaciones semánticas como instrumento, lugar y compañía: *cum amīcō veniunt* 'vienen con un amigo'
- **vocativo,** empleado para dirigirse directamente a alguien: *audī, amīce* 'oye, amigo'

Hay una serie de complicaciones que dificultan el manejo del sistema casual del latín. En primer lugar, tenemos el **sincretismo,** o sea, la concentración de dos o más funciones gramaticales en una sola desinencia casual. Entre los ejemplos aducidos, se nota que una desinencia casual sincrética, *-ō*, señala tanto dativo como ablativo en singular. El problema se agudiza cuando añadimos las formas de plural:

nom.	*amīcī*
gen.	*amīcōrum*
dat.	*amīcīs*
ac.	*amīcōs*
ab.	*amīcīs*
voc.	*amīcī*

Ahora constatamos que la forma *amīcī* tiene tres funciones: genitivo singular, nominativo plural y vocativo plural. La forma *amīcīs*, a su vez, señala el plural tanto del dativo como del ablativo. Esto quiere decir que cuando se da una forma sincrética en una oración, hace falta examinar el contexto gramatical de la forma para deducir de cuál de las múltiples funciones se trata. Por ejemplo, en la oración *Caesar dōnum amīcō dat*, interpretamos *amīcō* como dativo, porque evidentemente *Caesar* es el sujeto de la oración y *dōnum* es el complemento de objeto directo. Resulta fácil suponer en este caso que le está dando el regalo a alguien, o sea, a un complemento de objeto indirecto, al amigo. Falta una preposición que pudiera regir el ablativo, y tampoco es posible interpretar al amigo como instrumento o lugar. (Claro que no siempre resulta tan fácil este proceso. Véase más abajo para una descripción de algunas de las complicaciones adicionales.)

Las desinencias de *amīcus* citadas arriba valen para muchos sustantivos más, o sea, constituyen un **paradigma** o modelo de desinencias casuales aplicable a todos los miembros de una clase de sustantivos. Éstos, a su vez, pueden ser clasificados según su género. La gran mayoría de los sustantivos de la clase de *amīcus* son masculinos, como *animus -ī* 'alma, espíritu'.[3] Hay una subclase de sustantivos masculinos cuya forma nominativa termina en *-r* y no en *-us*, cf. *ager, agrī* 'campo', *cancer -crī* 'cangrejo', *liber -brī* 'libro', *magister -trī* 'maestro'. Las diferencias de género constituyen una segunda dificultad; la presencia de subclases, una tercera.

La cuarta gran complicación en el manejo del sistema casual del latín es el hecho de que el paradigma de *amīcus* sea sólo uno de cinco paradigmas vigentes en la lengua latina. Esto quiere decir que, para asignar la desinencia casual adecuada a un sustantivo en un contexto dado, hay que saber, además del caso deseado, a qué paradigma o clase de sustantivos pertenece. Estos paradigmas suelen llamarse **declinaciones,** y son los equivalentes nominales de las **conjugaciones** verbales. Las declinaciones adicionales entrañan, a su vez, las mismas dificultades que vimos en el caso de la de *amīcus*: hay sincretismo, diferencias de género y subclases dentro de la misma declinación.

---

3. En los diccionarios, los sustantivos latinos van citados con las formas nominativa y genitiva de singular—aquí *animus, animī* (o abreviado, *animus -ī*). Este sistema resulta necesario porque ciertas terminaciones de nominativo corresponden a varias declinaciones. La terminación *-us*, por ejemplo, se usa en varias declinaciones: *animus -ī* (segunda), *tempus -oris* (tercera), *frūctus -ūs* (cuarta). Y no es siempre masculino: algunos sustantivos en *-us*, principalmente nombres de árboles, son femeninos, como *fāgus -ī* 'haya', *fraxinus -ī* 'fresno', *pīnus -ī* 'pino'.

A continuación se muestran de manera abreviada las formas de las cinco declinaciones latinas junto con una lista de sustantivos declinados según cada paradigma.

Primera

	lūna -ae f. 'luna'
SG.	
nom.	lūn-a
gen.	lūn-ae
dat.	lūn-ae
ac.	lūn-am
ab.	lūn-ā
PL.	
nom.	lūn-ae
gen.	lūn-ārum
dat.	lūn-īs
ac.	lūn-ās
ab.	lūn-īs

EJEMPLOS ADICIONALES

femeninos: *aqua -ae* 'agua', *barba -ae* 'barba', *casa -ae* 'choza', *fēmina -ae* 'mujer', *fenestra -ae* 'ventana', *fīlia -ae* 'hija', *fortūna -ae* 'fortuna, suerte', *fossa -ae* 'fosa', *lingua -ae* 'lengua', *mēnsa -ae* 'mesa', *puella -ae* 'muchacha', *rosa -ae* 'rosa', *terra -ae* 'tierra'

masculinos: *agricola -ae* 'agricultor', *incola -ae* 'habitante', *nauta -ae* 'marinero', *pīrāta -ae* 'pirata', *poēta -ae* 'el que hace (algo)', 'poeta'

Segunda

	lupus -ī m. 'lobo'	puer -ī m. 'muchacho'	oppidum -ī n. 'pueblo'
SG.			
nom.	lup-us	puer	oppid-um
gen.	lup-ī	puer-ī	oppid-ī
dat.	lup-ō	puer-ō	oppid-ō

ac.	lup-um	puer-um	oppid-um
ab.	lup-ō	puer-ō	oppid-ō

PL.

nom.	lup-ī	puer-ī	oppid-a
gen.	lup-ōrum	puer-ōrum	oppid-ōrum
dat.	lup-īs	puer-īs	oppid-īs
ac.	lup-ōs	puer-ōs	oppid-a
ab.	lup-īs	puer-īs	oppid-īs

EJEMPLOS ADICIONALES

femeninos: *fāgus -ī* 'haya', *fraxinus -ī* 'fresno', *pīnus -ī* 'pino'

masculinos: *amīcus -ī* 'amigo', *animus -ī* 'alma', *campus -ī* 'campo', *cervus -ī* 'ciervo', *equus -ī* 'caballo', *fīlius -iī* 'hijo', *lectus -ī* 'cama', *oculus -ī* 'ojo', *populus -ī* 'pueblo, nación', *vīcīnus -ī* 'vecino'

neutros: *dōnum -ī* 'regalo', *labrum -ī* 'labio', *pōmum -ī* 'manzana', *templum -ī* 'templo'

Tercera

	lūx, lūcis f. 'luz'	cīvis -is m. 'ciudadano'	rector -ōris m. 'guía'	mare -is n. 'mar'
SG.				
nom.	lūx	cīv-is	rector	mar-e
gen.	lūc-is	cīv-is	rectōr-is	mar-is
dat.	lūc-ī	cīv-ī	rectōr-ī	mar-ī
ac.	lūc-em	cīv-em	rectōr-em	mar-e
ab.	lūc-e	cīv-e	rectōr-e	mar-ī
PL.				
nom.	lūc-ēs	cīv-ēs	rectōr-ēs	mar-ia
gen.	lūc-um	cīv-ium	rectōr-um	mar-ium
dat.	lūc-ibus	cīv-ibus	rectōr-ibus	mar-ibus
ac.	lūc-ēs	cīv-ēs	rectōr-ēs	mar-ia
ab.	lūc-ibus	cīv-ibus	rectōr-ibus	mar-ibus

EJEMPLOS ADICIONALES

femeninos: *lēx, lēgis* 'ley', *lībertās -ātis* 'libertad', *māter -tris* 'madre', *nātiō -ōnis* 'nación', *nox, noctis* 'noche', *pars, partis* 'parte', *sitis -is* 'sed', *soror -ōris* 'hermana', *urbs, urbis* 'ciudad'

masculinos: *doctor -ōris* 'maestro', *dux, ducis* 'guía', 'caudillo', *homō -inis* 'hombre', *hostis -is* 'enemigo', *leō, leōnis* 'león', *mīles, mīlitis* 'soldado', *mōns, montis* 'montaña', *pater -tris* 'padre', *rēx, rēgis* 'rey'

neutros: *caput, capitis* 'cabeza', *cor, cordis* 'corazón', *corpus -oris* 'cuerpo', *flūmen -minis* 'río', *iter, itineris* 'viaje', *nōmen -inis* 'nombre', *opus, operis* 'obra', *tempus -oris* 'tiempo'

Cuarta

	frūctus -ūs	genū -ūs
	m. 'fruto'	n. 'rodilla'

SG.

nom.	frūct-us	gen-ū
gen.	frūct-ūs	gen-ūs
dat.	frūct-uī	gen-ū
ac.	frūct-um	gen-ū
ab.	frūct-ū	gen-ū

PL.

nom.	frūct-ūs	gen-ua
gen.	frūct-uum	gen-uum
dat.	frūct-ibus	gen-ibus
ac.	frūct-ūs	gen-ua
ab.	frūct-ibus	gen-ibus

EJEMPLOS ADICIONALES

femeninos: *acus -ūs* 'aguja', *domus -ūs* 'casa', *manus -ūs* 'mano'
masculinos: *arcus -ūs* 'arco (para flechas)', *gradus -ūs* 'paso', *lacus -ūs* 'lago', *metus -ūs* 'miedo', *senātus -ūs* 'senado'
neutros: *cornū -ūs* 'cuerno'

Quinta

	rēs -ēī
	f. 'cosa'

SG.

nom.	rēs
gen.	rē-ī
dat.	rē-ī

ac.   re-m

ab.   rē

PL.

nom.   rēs

gen.   rē-rum

dat.   rē-bus

ac.   rē-s

ab.   rē-bus

EJEMPLOS ADICIONALES

femeninos: *fidēs, fidēī* 'fe', *māteriēs -ēī* f. 'materia', *spēs, spēī* 'esperanza', *speciēs -ēī* 'aspecto'

masculinos: *diēs, diēī* 'día'

Intentemos, pues, algunas oraciones sencillas utilizando estos sustantivos junto con los verbos *videt* 've' y *dat* 'da'. Si un ciudadano ve a un muchacho, diremos *cīvis puerum videt*, donde *cīvis* está en caso nominativo y *puerum* en acusativo. En el caso contrario diremos *puer cīvem videt* 'el muchacho ve al ciudadano' (*puer*, nominativo; *cīvem*, acusativo). Para decir que un hombre le da una cosa a un lobo, formularemos *homō rem lupō dat* (*homō*, nominativo; *rem*, acusativo; *lupō*, dativo), y si la luna da luz al pueblo, diremos *lūna lūcem oppidō dat* (*lūna*, nominativo; *lūcem*, acusativo; *oppidō*, dativo).

ADJETIVOS. Los adjetivos latinos se declinan según los mismos paradigmas y principios, pero de forma simplificada. En primer lugar, no hay adjetivos que se declinen según la cuarta y quinta declinaciones. Segundo, las formas de un tipo muy común de adjetivo —ejemplo: *magna* (f.), *magnus* (m.), *magnum* (n.) 'grande'— suponen dos declinaciones: la primera, para las formas femeninas, es igual a la primera sustantiva, y la segunda, para las masculinas y neutras, es igual a la segunda sustantiva:

	1ª DECL	2ª DECL	2ª DECL
	F.	M.	N.
SG.			
nom.	*magn-a*	*magn-us*	*magn-um*
gen.	*magn-ae*	*magn-ī*	*magn-ī*

dat.	magn-ae	magn-ō	magn-ō
ac.	magn-am	magn-um	magn-um
ab.	magn-ā	magn-ō	magn-ō

PL.

nom.	magn-ae	magn-ī	magn-a
gen.	magn-ārum	magn-ōrum	magn-ōrum
dat.	magn-īs	magn-īs	magn-īs
ac.	magn-ās	magn-ōs	magn-a
ab.	magn-īs	magn-īs	magn-īs

EJEMPLOS ADICIONALES

altus -a -um 'alto', *antīquus -a -um* 'antiguo', *bellus -a -um* 'gracioso, agradable', *bonus -a -um* 'bueno', *clārus -a -um* 'claro', *dignus -a -um* 'digno', *dūrus -a -um* 'duro', *falsus -a -um* 'falso', *ferus -a -um* 'salvaje', *grātus -a -um* 'grato', *infirmus -a -um* 'débil', *invictus -a -um* 'invicto, invencible', *laetus -a -um* 'alegre', *malus -a -um* 'malo', *multus -a -um* 'mucho', *novus -a -um* 'nuevo', *Rōmānus -a -um* 'romano', *sānus -a -um* 'sano, bien de salud', *tantus -a -um* 'tan grande'

Un grupo importante de adjetivos de la tercera declinación sigue el modelo de *fortis* 'fuerte' (que difiere de la tercera declinación sustantiva únicamente en la forma ablativa singular).

	F. & M.	N.
SG.		
nom.	fort-is	fort-e
gen.	fort-is	fort-is
dat.	fort-ī	fort-ī
ac.	fort-em	fort-e
ab.	fort-ī	fort-ī

PL.		
nom.	fort-ēs	fort-ia
gen.	fort-ium	fort-ium

dat.   *fort-ibus*   *fort-ibus*
ac.   *fort-ēs*   *fort-ia*
ab.   *fort-ibus*   *fort-ibus*

EJEMPLOS ADICIONALES

brevis -e 'breve', 'corto', *facilis -e* 'fácil', *gravis -e* 'pesado', *humilis -e* 'bajo', 'humilde', *intelligēns, intelligentis,* 'inteligente', *lēnis -e* 'suave', *omnis -e* 'todo', *potēns, potentis* 'poderoso', *similis -e* 'semejante'

Los adjetivos concuerdan con sus referentes nominales en género y número (igual que en español), pero también caso, aunque mantienen siempre su propia declinación. Ejemplos:

a. Susantivo de 1ª o 2ª declinación, adjetivo de 3ª declinación

    Puer fortis est. 'El muchacho es fuerte.'
    Puella fortis est. 'La muchacha es fuerte.'
    Puer rosās amicō fortī dat. 'El muchacho da las rosas al amigo fuerte.'
    Puer dōnum grave puellīs fortibus dat. 'El muchacho da el regalo pesado a las muchachas fuertes.'

b. Sustantivo de 3ª declinación, adjetivo de 1ª o 2ª declinación

    Rēx altus est. 'El rey es alto.'
    Māter alta est. 'La madre es alta.'
    Urbem magnam videō. 'Veo la ciudad grande.'
    Puer cīvibus altīs dōnum dat. 'El muchacho da el regalo a los ciudadanos altos.'

PRONOMBRES. Aquí abordaremos solamente los pronombres personales (*yo, tú, él, lo, la,* etc.). El asunto se complica por el hecho de que el latín careciera de pronombres de tercera persona. Para remediar esta falta, se echa mano de uno de los muchos pronombres demostrativos, como *hic* 'éste', *ille* 'aquél', *is* 'éste', *īdem* 'el mismo', *ipse* 'él mismo'. Aquí nos limitamos a presentar la declinación de *ille,* junto con las de los pronombres de primera y segunda persona. Al mismo tiempo, hay que subrayar el hecho de que en latín, igual que en español, el uso de los pronombres personales de sujeto es opcional. En las dos lenguas su presencia en una oración suele indicar una intención de enfatizar o aclarar.

	1ª P.	2ª P.	3ª P.		
			M.	F.	N.
SG.					
nom.	*ego*	*tū*	*ille*	*illa*	*illud*
gen.	*meī*	*tuī*	*illīus*	*illīus*	*illīus*
dat.	*mihi*	*tibi*	*illī*	*illī*	*illī*
ac.	*mē*	*tē*	*illum*	*illam*	*illud*
ab.	*mē*	*tē*	*illō*	*illā*	*illō*
PL.					
nom.	*nōs*	*vōs*	*illī*	*illae*	*illa*
gen.	*nostrum, nostrī*	*vestrum, vestrī*	*illōrum*	*illārum*	*illōrum*
dat.	*nōbīs*	*vōbīs*	*illīs*	*illīs*	*illīs*
ac.	*nōs*	*vōs*	*illōs*	*illās*	*illa*
ab.	*nōbīs*	*vōbīs*	*illīs*	*illīs*	*illīs*

EJEMPLOS

ego tibi (vōbis) librōs dō 'yo te (os/les) doy libros', *tū mē non capiēs* 'tú no me capturarás', *amīcī nōbīscum vīvere non possunt* 'los amigos no pueden vivir con nosotros'.

Morfología verbal

A diferencia de la morfología nominal, la **morfología verbal** latina no es tan radicalmente distinta de la española. En latín, igual que en español, existen los modos indicativo, subjuntivo e imperativo, las voces activa y pasiva, los verbos impersonales, los verbos irregulares, y los mismos factores de persona, número, tiempo y aspecto que determinan las conjugaciones.

Sin embargo, el sistema verbal latino difiere del español en algunos puntos clave.

- El latín tiene cuatro conjugaciones en vez de las tres del español (*-ar, -er, -ir*). Aquí se presentan los paradigmas del presente de indicativo de las cuatro conjugaciones latinas, correspondientes a los infinitivos de presente activo *amāre* 'amar', *dēbēre* 'deber', *cēdere* 'ceder', y *audīre* 'oír'.

	1ª CONJ.	2ª CONJ.	3ª CONJ.	4ª CONJ.
1ª p., sg.	*am-ō*	*dēb-eō*	*cēd-ō*	*aud-iō*
2ª p., sg.	*am-ās*	*dēb-ēs*	*cēd-is*	*aud-īs*
3ª p., sg.	*am-at*	*dēb-et*	*cēd-it*	*aud-it*
1ª p., pl.	*am-āmus*	*dēb-ēmus*	*cēd-imus*	*aud-īmus*
2ª p., pl.	*am-ātis*	*dēb-ētis*	*cēd-itis*	*aud-ītis*
3ª p., pl.	*am-ant*	*dēb-ent*	*cēd-unt*	*aud-iunt*

- El latín no dispone de todos los tiempos verbales existentes en español. En el indicativo, falta el condicional (*amaría*) y las formas perfectivas del presente (*ha amado*), pretérito anterior (*hubo amado*) y condicional (*habría amado*). En el subjuntivo, falta el perfectivo de presente (*haya amado*).
- En la mayoría de los tiempos, la **voz pasiva** se expresa mediante una forma verbal sintética. Por ejemplo: 'es amada' se traduce *amātur* y 'será amada' *amābitur*. Sólo en determinados tiempos, el perfecto y el pluscuamperfecto, se expresa mediante una perífrasis verbal "*esse* 'ser' + participio de perfecto pasivo": así, 'fue amada' se expresa como *amāta est* y 'había sido amada' por *amāta erat*.
- Algunos verbos —llamados **deponentes**— tienen, a pesar de su forma pasiva, un significado activo, cf. el verbo *hortārī* 'exhortar', cuya forma de presente (de tercera persona singular de indicativo) es *hortātur* 'él/ella exhorta' y de futuro *hortābitur* 'él/ella exhortará', cuando por su forma se esperarían aquí los significados 'es exhortado' y 'será exhortado'.

Sintaxis

En los siguientes puntos se presentan algunas diferencias sintácticas entre el latín y el español.

- El orden de palabras es más libre en latín. Los sujetos no se colocan necesariamente antes de los complementos, y los adjetivos no se ubican necesariamente al lado de sus referentes.

La explicación de esta situación es que el latín sustituye con su morfología nominal muchas de las reglas sintácticas que rigen el orden de palabras en español. Veamos un ejemplo: *dōna puellārum videō laetārum* 'veo los regalos de las muchachas alegres' (literalmente: 'los regalos de las muchachas veo alegres'). Como el verbo *videō* aparece en forma de primera persona singular (igual que en español, es opcional el pronombre *ego* 'yo'), *dōna* tiene que ser acusativo, a pesar de aparecer en posición inicial. De los dos sustantivos *dōna* y *puellārum*, sólo este último, a pesar de su posición, puede ser el referente del adjetivo genitivo *laetārum*, a juzgar por su concordancia en términos de género, número y caso.

- A pesar de lo expuesto arriba, hay que agregar que el verbo latino tiende a colocarse en posición final. Las excepciones a esta tendencia corresponden a estrategias estilísticas, por ejemplo, el querer resaltar alguna palabra más de lo normal. En la oración citada más arriba, por ejemplo, se destaca más de lo normal la importancia de las palabras *dōna* y *puellārum* por sus respectivas posiciones inicial y final de oración.

- La **subordinación** (donde en oraciones de dos cláusulas, una —la subordinada— depende lógica y gramaticalmente de la otra, la principal) se efectúa en latín de varias maneras, por ejemplo con las conjunciones subordinantes *ut* 'para que' (*hoc facit ut urbem capiat* 'hace esto para capturar la ciudad'), *sī* (*sī id facit, prūdens est* 'si lo hace, es prudente') y sobre todo, *quod* (*doleō quod remansī* 'siento que me haya quedado'). También existe una construcción subordinante que opera sin conjunción, la llamada **oración de infinitivo no concertado.** En estos casos, después de verbos de lengua y entendimiento como *dīcō -ere* 'decir', *putō -āre* 'considerar' y *crēdō -ere* 'creer', se suele expresar el sujeto de la clásula subordinada en acusativo, y el verbo en infinitivo, como en *putō illōs hominēs sine amīcīs miserōs esse* 'creo que aquellos hombres son infelices sin amigos', construcción paralela a la del inglés: "I consider those men to be miserable without friends".

- El llamado **ablativo absoluto** es una construcción cuasi-independiente que se relaciona con el verbo principal de otra oración en cuanto a tiempo, condición, causa o circunstancia.

Está integrado por un nombre en ablativo que funciona como sujeto y, generalmente, un participio en ablativo que actúa como predicado. Ejemplo: *Nuntiō missō, dux dormīvit per nocte* 'mandado el mensajero, el caudillo durmió toda la noche', *Hannibale mortuō, rēs pūblica salva est* 'muerto Aníbal, la república está a salvo', *Omnibus parātīs, familia discessit ad urbem* 'todo preparado, la familia partió para la ciudad'.[4]

Análisis de texto

Con el fin de ilustrar el funcionamiento de algunos de los aspectos de la gramática latina retratados en este capítulo, presentamos aquí un análisis morfológico interlineal del mismo extracto de *Comentāriī dē bellō Gallicō*, indicando sentido, declinación (menos cuando la palabra es irregular en este sentido, como *hic* 'este'), caso, género, número, conjugación y voz.

Gallia	*est*	*omnis*	*dīvīsa*	*in*	*partēs*	*trēs*
Galia	está	toda	dividida	en	partes	tres
1ª decl.	irreg.	3ª decl.	1ª decl.		3ª decl.	
nom. f. sg.		nom. f. sg.	nom. f. sg.		ac. f. pl.	

quārum	*ūnam*	*incolunt*	*Belgae,*	*aliam*	*Aquītānī,*
de las que	una	habitan	belgas	otra	aquitanos
	1ª decl.	3ª conj.	1ª decl.	1ª decl.	2ª decl.
gen. f pl.	ac f. sg.	voz act.	nom. m. pl.	ac. f. sg.	nom. m. pl.

tertiam	*quī*	*ipsōrum*	*linguā*	*Celtae,*
tercera	quienes	de ellos mismos	lengua	celtas
1ª decl.		2ª decl.	1ª decl.	1ª decl.
ac. f. sg.	nom. m. pl.	gen m. pl.	ab. f. sg.	nom. m. pl.

nostrā	*Gallī*	*appellantur.*
nuestra	galos	son llamados
1ª decl.	2ª decl.	1ª conj.
ab. f. sg.	nom. m. pl.	voz pas.

4. Ejemplos tomados del sitio web dl.ket.org/latin2/grammar/ ablativeabsolute.htm (19.1.2004).

Hī	omnēs	linguā,	institūtīs,	
Estos	todos	lengua	instituciones	
3ª decl.	3ª decl.	1ª decl.	2ª decl.	
nom. m. pl.	nom. m. pl.	ab. f. sg.	ab. n. pl.	

lēgibus	inter	sē	differunt.	
leyes	entre	sí	difieren	
3ª decl.			irreg.	
ab. f. pl.		ac. m. pl.	voz act.	

Gallōs	ab	Aquītānīs	Garumna	flūmen,
galos	de	aquitanos	Garona	río
2ª decl.		2ª decl.	1ª decl.	3ª decl.
ac. m. pl.		ab. m. pl.	nom. f. sg.	nom. n. sg.

ā	Belgīs	Matrona	et	Sēquana	dīvīdit.
de	belgas	Marne	y	Sena	divide
	1ª decl.	1ª decl.		1ª decl.	3ª conj.
	ab. m. pl.	nom. f. sg.		nom. f. sg.	voz act.

Hōrum	omnium	fortissimī	sunt	Belgae.
estos	todos	los más valientes	son	belgas
3ª decl.	3ª decl.	3ª decl.	irreg.	1ª decl.
gen. m. pl.	gen. m. pl.	nom. m. pl.	voz act.	nom. m. pl.

(*Traducción:* Toda la Galia está dividida en tres partes, de las cuales habitan una los belgas, otra los aquitanos y la tercera los que en su lengua se llaman celtas y en la nuestra galos. Todos estos difieren entre sí por el idioma, las costumbres y las leyes. El río Garona separa a los galos de los aquitanos, y el Marne y el Sena los separan de los belgas. De todos éstos son los más valientes los belgas.)

Entre los aspectos notables de este extracto se cuentan:

- concordancia en cuanto a género (f.), número (s.) y caso (nom.) entre *Gallia, omnis* y *dīvīsa*
- los adjetivos *ūnam, aliam, tertiam,* cuyo referente es el acusativo *partem* (del sustantivo femenino *pars, partis* 'parte'), cuya forma plural es *partēs*
- el ablativo instrumental en *linguā* 'por medio de su lengua' y *nostrā* 'por medio de la nuestra'

- la forma pasiva *appellantur,* presente de indicativo de *appellō -āre* 'llamar'
- la tendencia a poner el verbo al final, cf. *appellantur, differunt, dīvīdit*

....

Preguntas

1. Caracterice los períodos en la historia de la lengua latina en cuanto a fechas y sucesos lingüísticos y externos.
2. ¿Cómo se sabe que la duración es rasgo distintivo de las vocales latinas?
3. Compare el inventario consonántico del latín con el del español. ¿Cuáles son las diferencias principales?
4. Haga una transcripción fonémica de las oraciones latinas siguientes, indicando asimismo acentuación:

    a. *Habēmus senātus cōnsultum in tē, Catilīna, vehemēns et grave.*

    b. *At nōs vīcēsimum iam diem patimur hebēscere aciem hōrum auctōritātis.*

    c. *Vīvis, et vīvis nōn ad dēpōnendam, sed ad cōnfirmandam audāciam.*

    d. *Cupiō in tantīs reī pūblicae perīculīs mē nōn dissolūtum vidērī.*

5. ¿Cómo se acentúan las palabras bisilábicas latinas? ¿y las trisilábicas?
6. ¿Cuáles son los seis casos latinos, y qué función o funciones tiene cada uno?
7. Defina y contraste los términos siguientes: *caso, desinencia casual, declinación, paradigma.*
8. En la primera declinación sustantiva latina, la terminación *-ae* señala tanto genitivo y dativo singular como nominativo plural. ¿Cómo se llama este fenómeno? ¿Cómo se puede distinguir entre los varios significados?
9. ¿Cuáles son las cuatro complicaciones que dificultan el manejo del sistema casual latino?

10. Utilizando la tabla de declinaciones, más la preposición *in* 'en' (que rige el caso ablativo) y los verbos *dat* 'da', *dant* 'dan', *videt* 've', *vident* 'ven', *venit* 'viene', *habet* 'tiene', *est* 'es', 'está' y *sunt* 'son', 'están', traduzca las oraciones siguientes al latín.

    a. *El amigo ve al muchacho en el campo.*
    b. *El rey da el regalo al ciudadano.*
    c. *La ciudad del rey tiene ciudadanos.*
    d. *El amigo del muchacho ve las chozas de la ciudad.*
    e. *El cuerpo del ciudadano está en el campo.*
    f. *Los amigos de los ciudadanos dan los cuernos a los hijos de los reyes.*
    g. *Los frutos de los campos están en la ciudad.*
    h. *Los ciudadanos de la ciudad ven el río.*
    i. *Los amigos ven los regalos del rey, los cuerpos de los ciudadanos y los frutos de los campos.*

11. Utilizando los mismos materiales más las tablas de declinaciones adjetivas, traduzca las oraciones siguientes al español.

    a. *Puer magnus venit.*
    b. *Puer fortis venit.*
    c. *Homō puerō magnō frūctum dat.*
    d. *Homō puerō fortī frūctum dat.*
    e. *Altus homō intelligentī cīvī magna dōna dat.*
    f. *Urbs laetōrum cīvium inter magnōs montēs est.*
    g. *Magnōs frūctūs in magnā urbe videt.*
    h. *Cornū occidit magnō ferus cervus equōs infirmōs.*
    i. *Dat dōna magna amīcīs potentibus in urbe invictā.*

12. Utilizando el pronombre demostrativo *ille* 'aquel' para los pronombres de tercera persona, traduzca las oraciones siguientes al latín (teniendo en cuenta que los pronombres de sujeto son opcionales):

    a. *Aquélla ve la ciudad.*
    b. *Aquél me ve.*
    c. *Aquéllas te ven.*
    d. *Tú ves aquéllas.*

e. *Yo te doy aquéllas (dō).*

f. *Tú me das aquéllas (dās).*

13. ¿Cómo son las formas pasivas de los verbos en latín? ¿Qué son los verbos deponentes?

14. ¿Qué fenómenos sintácticos ilustran las oraciones siguientes?

a. *Crēdō rēgem amīcum meum esse.* 'Creo que el rey es amigo mío.'

b. *Hostibus occisīs, dux in oppidum it.* 'Matados los enemigos, el caudillo entra en el pueblo.'

c. *Magna dat intelligentī puerō dōna homō altus.* 'El hombre alto da grandes regalos al chico inteligente.'

Del latín al castellano medieval: Fonología

La naturaleza del cambio fonológico

Todas las observaciones hechas en el capítulo 1 sobre el cambio lingüístico en general —su inexorabilidad, su dependencia de la heterogeneidad de la lengua, su carácter esencialmente social y gradual— se aplican también al cambio fonológico en particular. El cambio específicamente fonológico es el tipo que más ha interesado a los estudiosos, quizá por ser el menos obvio y, por consiguiente, más enigmático. A nadie se le escapan los neologismos (*internet, web*) ni los cambios gramaticales (*pienso de que tienes razón* 'pienso que tienes razón'), y casi todos somos conscientes de las dudas morfológicas (*hemos frito/freído los huevos*). Pero la gran mayoría de los cambios fonológicos pasan inadvertidos, o no dejan más que una vaga impresión. La capacidad de percibir y describir adecuadamente cambios fonéticos requiere una formación científica que abarque estudios de tipo articulatorio. Los lingüistas suelen ser los primeros, pues, en darse cuenta de los cambios fonológicos en marcha, como la despalatalización actual de la /tʃ/ castellana ([nótse] por [nótʃe]), o, en su momento, del **ensordecimiento** (pérdida de sonoridad) de la /r̄/ caribeña ([pér̄o] por [péro]) y de la /ʒ/ rioplatense ([ʃó me ʃámo] por [ʒó me ʒámo]).

Cabe también distinguir entre los cambios puramente fonéticos y los fonológicos o fonémicos. Los cambios que acabamos de citar, por ejemplo, no tienen implicaciones fonémicas, porque no afectan a las oposiciones significativas entre estos sonidos y otros del sistema consonántico. En cambio, la confluencia que comúnmente se denomina **yeísmo,** donde [λ] se convierte en [j], sí afecta el sistema fonémico, porque supone la pérdida de toda la serie de oposiciones en que participa el fonema /λ/, en particular, con /j/, cf. *halla* y *haya*, *callo* y *cayo*. En estos casos se habla de la **confluencia** (también llamada **fusión** o **desfonologización,** ingl. *merger*) de fonemas. También se da el caso opuesto, donde un sólo fonema se divide en dos, fenómeno denominado **escisión** (o **fonologización,** ingl. *split*), por ejemplo en el caso del lat. /k/, cuyos resultados en castellano incluyen /k/ (lat. *casa* > esp. *casa* [kása]) y /θ/ (lat. *cēra* [ke:ra] > esp. *cera* [θéra]).

Es imprescindible abordar un aspecto más del cambio fonológico, a saber, el hecho de que los cambios de este tipo ocupan un espacio limitado en el tiempo. Es decir, los cambios fonológicos entran en vigor en cierto momento, se propagan por el léxico y por la comunidad lingüística, y luego dejan de ser vigentes. Por ejemplo, más abajo veremos que durante el período protohispanorromance la [t] **intervocálica** del latín cambia a [δ] (lat. *cantātu* > esp. *cantado* [kaṇtáδo]) como parte de un cambio más general conocido como **lenición.**[1] Sabemos que la vigencia de la lenición caduca antes del siglo XIII, porque en ese siglo entran en el vocabulario español **latinismos helénicos** (préstamos griegos en latín que pasan por vía culta al romance) cuya -*t*- intervocálica no se ve afectada por este cambio: *anatomía, catarro, poeta, átomo*. Es necesario tener en cuenta los límites temporales de los cambios fonológicos cuando se intenta seguir la evolución de las palabras en el tiempo. Esto se ve en la **derivación** o evolución histórica de algunas palabras. Por ejemplo, sabemos que, en la evolución fonética de *ajo* [áxo] a partir del lat. *aliu*, hay una temporada en castellano medieval cuando se pronuncia [áλo]. Más tarde, este [λ] se transforma en [ʒ], dando [áʒo]. También se sabe que la geminada [ll] del lat. *caballu* 'caballo de carga' cambia a [λ] en cierto momento, dando [kaβáλo]. Pero si [áλo]

---

1. Los lectores más perspicaces observarán que la desinencia de *cantātu* (como la de *aliu* más abajo y las de muchas otras palabras citadas en este capítulo) no corresponde a ninguna de las terminaciones casuales latinas citadas en el capítulo 4. Esto se debe a que la desinencia de *cantātu* es resultado de una amalgama de formas no nominativas. Este aspecto de la evolución morfológica de las formas nominales del latín hablado se explica más extensamente en el capítulo 6.

termina pronunciándose [áxo] en castellano moderno, ¿por qué no decimos [kaβáxo] también? La única solución es suponer que el primero de los cambios se completa antes de comenzar el segundo. En otras palabras, para cuando la [ll] de *caballu* se convierte en [λ], ya no está vigente el cambio [λ] > [ʒ], con lo cual se sigue pronunciado *caballo* con la lateral palatal.

Los casos citados involucran cambios secuenciales. Es decir, termina uno antes de que comience el próximo. Esto no quiere decir que no sea posible que dos o más cambios ocurran simultáneamente. La mayoría de los casos de confluencia vocálica enumerados más abajo, por ejemplo, se dan más o menos al mismo tiempo, y es muy probable que algunos de los primeros cambios consonánticos se hayan realizado contemporáneamente. En estos casos, el orden resulta ser irrelevante, ya que los cambios dan el mismo resultado no obstante el orden en que se apliquen a la forma latina. Sólo cuando el orden de aplicación de los cambios produce resultados diferentes resalta la importancia de determinar el orden relativo de los cambios.

Los cambios fonológicos más importantes de la época románica

En este apartado se presentan algunos de los cambios fonológicos a través de los cuales palabras como *aliu* y *caballu* vienen a pronunciarse en castellano medieval como como *ajo* [áʒo] y *caballo* [kabáλo]. No insistimos en explicar todos los cambios que ha habido, por ser demasiado numerosos. Incluso la descripción completa pero perfectamente sucinta que da Penny al respecto ocupa setenta y seis páginas de su libro (2002:34–110). Nos limitamos, pues, a una selección de los cambios más importantes, si bien incluimos otros menos importantes cuando sean necesarios para ciertas derivaciones. Los cambios incluidos aparecen aquí en orden cronológico.[2]

---

2. Aquí nos limitamos a la descripción de cambios en los segmentos fonológicos, pero también hubo importantes alteraciones en el sistema prosódico. Sobre todo se estima que en el siglo III dC la acentuación cuantitativo-musical del latín, basada en la duración de las vocales y sílabas, fue sustituida por un sistema de acentuación basado en la intensidad (Lapesa 1981:76).

Principales cambios fonológicos hasta el castellano medieval

1. Pérdida de [m] final
2. Pérdida de [h] inicial
3. Confluencias vocálicas
4. Desvelarización de [w] (> [β])
5. [e] en hiato > [j]
6. [t] y [k] ante [j] (> [tʃ]) > [ts]
7. [k] ante vocales anteriores (> [tʃ]) > [ts]
8. Pérdida de vocales intertónicas (primera fase)
9. Palatalización de consonantes velares agrupadas
10. Asimilación de ciertos grupos consonánticos
11. Palatalización de consonantes ante [j]
12. Diptongación
13. Cambio de [f] inicial a [h]
14. Rehilamiento de [ʎ] en [ʒ]
15. Lenición
16. Palatalización de [l] y [n] geminadas
17. Palatalización de [kl], [pl], [fl] en posición inicial
18. Pérdida de vocales intertónicas (segunda fase)
19. Pérdida de [t], [d], [k] finales
20. Pérdida de [e] final
21. Ajuste de grupos consonánticos
22. Prótesis ante [s] agrupada inicial

van en orden cronológico

Seguimos la práctica ya tradicional de separar el análisis de los cambios vocálicos del de los consonánticos, sin olvidar que en no pocos casos aquéllos pueden ser determinantes para éstos, como cuando de un hiato se produce una semivocal [j] que luego palataliza una consonante contigua (v. gr., cambio 6 más abajo).

CAMBIOS VOCÁLICOS. En lo que sigue estudiamos una serie de seis cambios importantes que afectan primordialmente a las vocales de la lengua. Los cambios, enumerados según su lugar en la **cronología** u orden temporal del conjunto de los cambios, son los siguientes.

3. Confluencias vocálicas. Ya en el latín hablado occidental de la época imperial se produce una serie de cambios vocálicos que resulta verdaderamente asombrosa en su magnitud. Se trata de un conjunto de confluencias por las cuales los trece fonemas vocálicos del latín (/a e i o u/, breves y largas, más los tres diptongos) se reducen a siete en posición **tónica** o acentuada, a cinco en posición **átona** o inacentuada (inicial y final), y a tres en posición **intertónica** (o sea, átona, ni inicial ni final). Los cambios están reflejados en los esquemas a–c.

(a) tónicas

(b) átonas iniciales y finales[3]

(c) intertónicas

Ejemplos[4]

DE LAS TÓNICAS

LAT.   ESP.

fīlia   > *hija*
sĭte   > *sed*
cēra   > *cera*
pœna   > *pena*
bĕne   > [bɛn] (> *bien*)
fĕrru   > [heřo] (> *hierro*)
cāru   > *caro*

---

3. Más tarde [i] > [e] y [u] > [o] en posición final.
4. Ver cambios 8 y 18 para las vocales intertónicas.

ma̱nu > *mano*
bo̱nu > [bóno] (> *bueno*)
o̱ssu > [ɔ́so] (> *hueso*)
flo̱re > *flor*
ca̱usa > *cosa*
bu̱cca > *boca*
dū̱ru > *duro*

DE LAS ÁTONAS INICIALES

hī̱bernu > *invierno*
pli̱cāre > *llegar*
sē̱cūru > *seguro*
se̱niōre > *señor*
a̱mīcu > *amigo*
co̱rticea > *corteza*
do̱lōre > *dolor*
su̱specta > *sospecha*
mū̱tāre > *mudar*

DE LAS ÁTONAS FINALES

vēnī̱ > **vini* (> *vine*)
Iovi̱s > *jueves*
patrē̱s > *padres*
mūtāre̱ > *mudare* (> *mudar*)
cantā̱s > *cantas*
filia̱ > *hija*
cito̱ > cast. med. *cedo* 'pronto'
cantō̱ > *canto*
sēcūru̱ > *seguro*
manū̱s > **manus* (> *manos*)

Quizá lo más notable en esta transformación es la pérdida del carácter distintivo de la duración vocálica. Ahora las vocales, en todo contexto, se distinguen únicamente por su timbre, cambio que entre las vocales tónicas precisa la utilización de un nuevo grado de abertura, el de las vocales medias abiertas, anterior ([ɛ]) y posterior ([ɔ]), que más tarde se diptongan (ver cambio 12).

5. *[e] en hiato > [j].* Aludimos arriba a los cambios vocálicos que afectan al consonantismo. Ya en la historia temprana del latín hablado existe una fuerte tendencia a reducir a una semivocal [j] las vocales [i] y [e] en **hiato,** o sea, en contacto con una vocal perteneciente a otra sílaba. Como se ve por los equivalentes castellanos de los ejemplos citados, la presencia de [j] en estos contextos lleva a la palatalización —y en algunos casos, transformación ulterior— de las consonantes precedentes. Ejemplos:

vīnea [wí:nea] > [wínja] (> esp. *viña* [βíɲa])
lancea [lánkea] > [lánkja] (> cast. med. *lança* [lántsa])
puteu [púteu] > [pótjo] (> cast. med. *pozo* [pódzo])
fāgea [fágea] > [fágja] (> cast. med. *faya* [hája])

8. *Pérdida de vocales intertónicas (primera fase).* Hemos indicado arriba que los muchos fonemas vocálicos latinos quedan reducidos a sólo tres —/e/, /a/ y /o/— en posición intertónica. Cabe agregar que en dos momentos históricos posteriores —uno bastante temprano y el otro después de la lenición— dos de estas vocales, /e/ y /o/, se pierden en este contexto.[5] Según Lloyd (1987:113–14), en la primera fase tienden a perderse estas vocales en contacto con /r/ y /l/, y a veces con /n/ o /s/. Se suele atribuir su pérdida a la introducción en el latín hablado de un fuerte **acento espiratorio,** que tiene el efecto secundario de incrementar la diferencia entre vocales tónicas y átonas, de forma que aquéllas se pronuncian más largas y éstas más breves. Algo semejante pasa en el inglés americano dialectal, donde, por ejemplo, *ridiculous* puede pronunciarse [rədíkləs][6] (donde una vocal átona se pierde y otras dos se centralizan). En cambio, por su

---

5. Harris-Northall (1990) se opone a la idea de que la pérdida de intertónicas haya ocurrido en dos fases. Para él, se trata de una tendencia unitaria que a lo largo de varios siglos se aplica a un número cada vez mayor de contextos fonéticos.

6. Aquí [ɪ] es una vocal media cerrada anterior, y [ə] es una vocal media cerrada central.

mayor sonoridad, /a/ se mantiene incluso aquí, como se ve en el ejemplo *orphanu > huérfano*. Ejemplos de la pérdida de /e/ y /o/:

temporānu > *temprano*
sōlitāriu > *soltero*
populu > *pueblo*
asinu > *asno*
consūtūra > *costura*

11. *Diptongación de [ɛ́] y [ɔ́]*. Después del inicio de la fuerte tendencia palatalizadora en las consonantes, pero antes de la lenición (para las cuales ver más abajo), el esquema vocálico del iberorromance, que ya hace tiempo se ha reducido a las cinco vocales paradigmáticas /aeiou/ en posición átona, también se reduce a cinco en posición tónica, cuando las vocales medias abiertas [ɛ́] y [ɔ́] se diptongan, convirtiéndose —en castellano— en [jé] y [wé] respectivamente. A diferencia de otras lenguas románicas occidentales como el francés y el italiano, la **diptongación** castellana se da en sílabas tanto **libres** (terminadas en vocal) como trabadas (terminadas en consonante).

Ejemplos de [ɛ́] > [jé]:
bene > *bien*
metu > *miedo*
ferru > *hierro*
tempus > *tiempo*

Ejemplos de [ɔ́] > [wé]:
bonu > *bueno*
rota > *rueda*
ossu > *hueso*
solidu > *sueldo*

18. *Pérdida de vocales intertónicas (segunda fase)*. En algunos casos, está claro que tuvo que operar la lenición antes de perderse la vocal intertónica, porque de otra manera, se habría dado, por ejemplo, la derivación *bonitāte* > **bontate > **bontad:

Ejemplos:

LENICIÓN	PÉRDIDA DE INTERTÓNICA

bonitāte > *(bonedade)* > *bondad*

catēnātu > *(cadenado)* > *(cadnado)* > *candado*

comite > *(cuemede)* > *cuende* (var. *conde*)

līmitāre > *(limedare)* > *lindar*

20. Pérdida de [e] final. Ya en los siglos X y XI (Penny 2002:58), se pierde [e] final tras la mayoría de las consonantes simples en castellano:

pāne > *pan*

mare > *mar*

mercēde > *merced*

En cambio, se conserva tras grupos consonánticos finales:

parte > *parte*

viride > *verde*

comite > *conde*[7]

CAMBIOS CONSONÁNTICOS. Ahora presentamos una lista de los cambios consonánticos más importantes que intervienen entre la fase propiamente latina y la del castellano medieval. Vistos individualmente, los numerosos cambios pueden dar la impresión de ser muy complejos, pero la gran mayoría de ellos son manifestaciones de unas pocas tendencias generales, que presentamos aquí a modo de introducción.

Los cambios suelen ser motivados por ciertas tendencias universales, como la de esforzarse lo menos posible, la de ajustar combinaciones difíciles de articular, la de organizar los sonidos de forma sistemática, etc.

---

7. En castellano medieval es común la pérdida de *-e* incluso en este contexto, cf. *grand* 'grande', *delant* 'delante', *art* 'arte'. Según Lloyd (1987:320–21), esta tendencia se debe al prestigio de bilingües galorrománicos que en esta época tienen cargos eclesiásticos importantes en España. Al disminuir este prestigio en el siglo XIV, también se hace rara la apócope en estos contextos.

La tendencia a reducir el esfuerzo articulatorio, por ejemplo, es la causa inmediata de muchos de los cambios de la lista. Aquí, la **asimilación** es el principio fundamental, pues implica una reducción en la energía dada a una secuencia fonética. Esto se ve muy claramente en la simplificación de una serie de grupos consonánticos (cambio n° 10), pero su máxima manifestación es el conjunto de cambios que se agrupan bajo el término *lenición* (n° 15). Este término, que significa 'debilitamiento', se emplea para denotar la reducción del esfuerzo con que se pronuncia la serie oclusiva en el contexto intervocálico. Los cambios muestran cómo en cada caso la fuerza de la oclusión disminuye para adaptarse a su contorno vocálico. Una [b] es más "vocálica" que una [p], por ejemplo, por ser la sonoridad un rasgo "esencial" de las vocales.

El segundo grupo de cambios consonánticos importantes también se debe a la asimilación, pero difícilmente pueden clasificarse como ejemplos de lenición, porque los sonidos que resultan en estos casos —todos los cuales implican la **absorción** de [j] por alguna consonante— no se debilitan, sino que se refuerzan. Se trata de la creación de toda una serie de consonantes palatales. Uno de los mecanismos que desencadena la oleada de palatalizaciones iberorrománica es el cambio vocálico. Ya apuntamos más arriba que el tercero de los cambios vocálicos, el cambio de [e] en hiato a [j], ocasiona muchas palatalizaciones (ver n°s 6 y 11). El otro cambio vocálico que conduce a la creación de consonantes palatales es la pérdida de intertónicas. Por ejemplo, gran número de las consonantes palatales que se producen en iberorromance se deben a la asimilación de una consonante velar a otra consonante más anterior con que está agrupada. En el caso de [kl], grupo producido en posición intervocálica por la pérdida de una vocal (*apicula* 'abeja' > *[apékla]), el punto de articulación velar de [k], al adaptarse al alveolar de [l], se adelanta hacia la región palatal, donde se aproxima finalmente a [j]. El grupo [jl] resultante sufre otro proceso de asimilación, quedando absorbida la [j] en [l] para producir la lateral palatal [λ] (n° 9).

Aparte de la lenición y la **palatalización,** hay una miscelánea de cambios consonánticos que responden a diversas motivaciones. La pérdida de consonantes finales, como la de la [m] latina (n° 1) y la de

[tdk] romances (nº 19), responde, seguramente, a la tendencia a reducir el esfuerzo. La simplificación o reorganización de grupos consonánticos (nᵒˢ 21 y 22) se debe probablemente al ajuste de combinaciones difíciles de articular. En otros casos la motivación del cambio es más difícil de identificar, cf. la desvelarización de [w] en [β] (nº 4), y el cambio de [f] inicial latina en [h] (nº 13).

	Bilabial	Labiodental	Dental	Alveolar	Palatal	Velar	Glotal
oclusiva sorda	p		t			k	
oclusiva sonora	b		d			g	
africada sorda			**ts**		**tʃ**		
africada sonora			**dz**				
fricativa sorda		f	s		ʃ		h
fricativa sonora	β		z		ʒ		
nasal	m			n	**ñ**		
lateral				l	**λ**		
vibrante				rr̄			

En general se puede afirmar que los cambios consonánticos entre el latín y el castellano medieval se caracterizan por una serie de escisiones fonológicas que tienen el efecto de aumentar el número de fonemas. Compárese, en este sentido, el inventario consonántico del latín (pág. 56) con el del castellano medieval. Se nota, por una parte, la ausencia de las consonantes geminadas típicas del latín, pero por otra, aún más notablemente, la incorporación del modo africado y el punto palatal de articulación, que juntos resultan en la génesis de numerosas consonantes, indicadas arriba en letra negrilla. Finalmente, también surge [z] como homólogo sonoro de [s].

Ahora estamos en condiciones de repasar nuestra lista de cambios consonánticos, también enumerados en orden cronológico.

1. Pérdida de [m] final. Se pierde ya en el primer siglo aC. En las palabras monosilábicas, [m] se pierde en algunos casos (*iam* > *ya* y *sum* > cast. med. *so* 'soy') y se mantiene en otros como [n] (*quem* > *quien, tam* > *tan* y *cum* > *con*).

2. Pérdida de [h] inicial. Este cambio también data del primer siglo aC. Ejemplos: *homō* [ómo:] 'hombre', *habēre* [abé:re] 'tener'.

4. Desvelarización de [w] (> [β]). El lat. [w] pierde su elemento velar para producir [β] en fecha muy temprana, quizá para integrarse mejor con las demás consonantes bilabiales. Ejemplo: *vacca* [wákka] > [βákka], *clāve* [klá:we] > [kláβe].

6. [t] y [k] ante [j] (> [tʃ]) > [ts]. Tanto [t] como [k] se palatalizan ante [j], produciendo respectivamente [t'j] y [k'j] (donde el diacrítico ' indica palatalización). Hay una confluencia de los dos en la fase [tʃ], antes de despalatalizarse en [ts]:[8]

> *puteu* [púteu] > [póteo] > [pótjo] > [pót'jo] > [pótʃo] >
> [pótso] (> cast. med. *pozo* [podzo])
> *lancea* [lánkea] > [lánkja] > [lánk'ja] > [lántʃa] > cast. med.
> *lança* [lántsa]

7. [k] (>[tʃ]) > [ts] ante vocales anteriores. Igual que ante [j], [k] (pero no [t]) se palataliza ante las vocales anteriores (palatales) tónicas [é], [é] e [í], produciendo [tʃ], sonido que luego se despalataliza en [ts]:

> *caecu* [kájku] > [kéku] > [k'éku] > [tʃéku] > cast. med. *ciego*
> [tsjégo] 'ciego'
> *cēra* [ké:ra] > [kéra] > [k'éra] > [tʃéra] > cast. med. *cera*
> [tséra] 'cera'
> *circa* [kírka] > [kérka] > [k'érka] > [tʃérka] > cast. med. *cerca*
> [tsérka]

9. Palatalización de consonantes velares en grupo interior. Ya explicamos el proceso asimilador mediante el cual el punto de articulación de [k] y [g] se anterioriza ante consonantes alveolares en grupos interiores, como en [kl] > [jl]. La pérdida vocálica que cambia [apíkula] 'abeja' en [apékla], por ejemplo, produce el grupo [kl], que termina produciendo *abeja* en el castellano medieval, por el proceso siguiente:

---

8. Es notable que la despalatalización de [tʃ] en [ts] sea de nuevo un cambio en marcha de varios dialectos del español actual, en los cuales *noche* se pronuncia aproximadamente [notse].

[kl] > [jl] > [λ]: *apicula* [apék'la] > [apéjla] > [apéλa]
(> [apéʒa] > cast. med. *abeja* [abéʒa])

[ks] > [js] > [ʃ]: *dīxī* [díːksi:] > [díjse] > [díʃe] (cast. med. *dixe* 'dije')

[kt] > [jt] > [tʃ]: *strictu* [stríktu] > [stréjto] > [estrétʃo] (cast. med. *estrecho*)

[gn] > [jn] > [ñ]: *ligna* [lígna] > [léjna] > [léña] (cast. med. *leña*)

[gl] > [jl] > [λ]: *tēgula* [téːgula] > [tégola] > [tégla] > [téjla] > [téλa] (> cast. med. *teja* [téʒa])

10. Asimilación de ciertos grupos consonánticos. Hay una serie de asimilaciones tempranas que, en algunos casos, tienen como producto consonantes geminadas:

[ps] > [ss]: *ipse* > *esse*
[pt] > [tt]: *septem* > *[sétte]* > *siete*
[mb] > [mm]: lat. tard. *palumba* > *[palómma]* > *paloma*

En otros casos, el producto es simple:

[ns] > [s]: *mēnsa* > *mesa*
[mn] > ([nn] >) [ñ]: *autumnu* > *otoño*

11. Palatalización de [l] y [n] ante [j]. Entre las primeras palatalizaciones debidas al cambio 5 se encuentran las siguientes:

aliu [áliu] > [áleo] > [áljo] > [áλo] (> cast. med. *ajo* [áʒo])
vīnea [wíːnea] > [βínja] > [βíña] (cast. med. *viña*)

13. Cambio de [f] inicial a [h]. Ya en la prehistoria del castellano (siglo X), la [f] inicial tiende a transformarse en [h]: [faríːna] > [harína], [fíːku] > [hígo]. Esta pronunciación se mantiene hasta el siglo XVI, cuando [h] se pierde. La costumbre de escribir estas palabras con *f* inicial continúa hasta el siglo XV, cuando se generaliza *h*, ortografía todavía vigente. Nótese que [f] inicial se conserva ante [r] (*frīgidu* > *frío*), [w] (*fonte* > *fuente*) y a veces, [l] (*flōre* > *flor*).

14. *Rehilamiento*[9] *de [λ] en [ʒ].* La [λ] producida por los cambios 9 y 11 se rehila en el castellano primitivo, produciendo [ʒ], cf. los anteriormente citados casos de *apicula* (> [abéλa]) > cast. med. *abeja* [abéʒa], *tēgula* (> [téλa]) > cast. med. *teja* [téʒa] y *aliu* (> [áλo]) > cast. med. *ajo* [áʒo]. Veremos más tarde cómo este sonido se convierte en [ʃ] y luego en [x] en el español del siglo XVII.

15. *Lenición.* Se trata de un cambio que afecta sobre todo a la serie de oclusivas del latín hablado en el contexto intervocálico,[10] y supone una reducción en la energía invertida en su articulación. El resultado de esta reducción es complejo.

En primer lugar, las oclusivas sonoras se hacen fricativas y en algunos casos se pierden:

[b] > [β]: *cibu* [kíbu] > cast. med. *cevo* [tséβo]

[d] > [δ] (> [Ø]): *crūdu* [krúdu] > *crudo* [krúδo], *sedēre* [sedé:re] > cast. med. *seer* [seér], *quadrāgintā* [kwadra:gínta:] > cast. med. *quaraenta* [kwaraénta])

[g]>[γ] (>[Ø]): *plāga* [plá:ga]>*llaga* [λáγa], *lēgāle* [le:gá:le]> *leal* [leál], *pigritia* [pigrítia] > cast. med. *pereza* [perédza]

En segundo lugar, las oclusivas sordas se sonorizan. Parece que la tendencia debilitadora dura lo suficiente para que sigan perdiendo fuerza hasta hacerse también fricativas como en el caso anterior, pero no hasta perderse:

[p] > [b] > [β]: *cūpa* [kú:pa] > [kúba] > *cuba* [kúβa]), *capra* [kápra] > [kábra] > *cabra* [kaβra]

[t] > [d] > [δ]: *catēna* [katé:na] > [kadéna] > *cadena* [kaδéna]), *patre* [pátre] > [pádre] > *padre* [páδre]

[k] > [g] > [γ]: *sēcūru* [se:kú:ru] > [segúro] > *seguro* [seγúro], *socru* [sókru] > [swégro] > *suegro* [swéγro]

9. El rehilamiento se define como la producción de una vibración en el punto de articulación que se suma a la de las cuerdas vocales. Acústicamente, es equivalente a una estridencia intensificada (Hartman 1992:434).

10. Este cambio afecta también a las oclusivas agrupadas ante [l] y [r] como -*tr*-, -*kl*-, etc.

Finalmente, las oclusivas geminadas se hacen simples:

[pp] > [p]: *cuppa* [kúppa] > *copa* [kópa]
[tt] > [t]: *gutta* [gútta] > *gota* [góta]
[kk] > [k]: *siccu* [síkku] > *seco* [séko]

Algunos estudiosos consideran que también deben incluirse aquí cambios parecidos que se observan en sonidos no oclusivos. Por ejemplo, la reducción de las geminadas [ss] y [mm] implica una reducción de energía perfectamente paralela a la de los ejemplos oclusivos:

[ss] > [s]: *ossu* [ɔ́ssu] > cast. med. *huesso* [wéso]
[mm] > [m]: *flamma* [flámma] > *llama* [ʎáma]

A veces se achacan a la lenición cambios que producen sonidos más **marcados,** es decir, menos comúnes o normales, que los sonidos originales, como cuando se sonorizan en posición intervocálica las fricativas y africadas sordas:

[s] > [z]: *rosa* [rósa] > cast. med. *rosa* [r̄óza]
[ts] > [dz]: *lūcēs* [lú:ke:s] > *[lútses] > cast. med. *luzes* [lúdzes]
[f] > [β]: *prōfectu* [pro:féktu] > *provecho* [proβétʃo]

16. Palatalización de [l] y [n] geminadas. Después de terminada la vigencia del cambio 14 ([ʎ] a [ʒ]), [ʎ] se produce de nuevo en la lengua cuando se palataliza [ll]: *caballu* [kabállu] > *caballo* [kaβáʎo]. Paralelamente se palataliza [nn]: *annu* [ánnu] > *año* [áño].

17. Palatalización de [kl], [pl], [fl] en posición inicial. Ya describimos más arriba el proceso por el cual el grupo [kl] produce [jl] y luego [ʎ] por asimilación en grupos interiores. Prácticamente en el mismo momento en que [ll] se palataliza (cambio 16), este grupo [kl] se palataliza también en posición inicial, en casos como *clāve* [klá:we] > *llave* [ʎáβe]. Al mismo tiempo, se palatalizan los grupos iniciales [pl] (*plānu* [plá:nu] > *llano* [ʎáno]) y [fl] (*flamma* [flámma] > *llama* [ʎáma]). Como no hay explicación independiente para la palatalización de estos dos grupos, supone Lloyd (1987:225) que se

trata de una generalización analógica motivada por el paralelismo que se siente entre estos grupos tan semejantes.

19. Pérdida de [t], [d], [k] finales. [t] subsiste como desinencia verbal, por lo menos como grafía, hasta el siglo XII (*fābulat* > *hablat* > *habla*). También se pierden [d] (*ad* > *a*) y [k] (*dīc* > *di*).

21. Ajuste de grupos consonánticos. Como resultado de la segunda fase de la pérdida de intertónicas (cambio 18), surge una serie de grupos consonánticos difíciles de articular. Estos se ven simplificados, reorganizados, o complementados para aliviar este problema. Es común que se resuelva el problema mediante la **epéntesis,** como en el caso de *hombro* ([húmeru] > [ómero] > *[ómro] > [ómbro]) y en el de *hombre*, donde la epéntesis va precedida de una **disimilación** (donde uno de dos sonidos similares se modifica para diferenciarse del otro): ([hómine] > [ómne] > *[ómre] > [ómbre]. También es común la **metátesis** (*cumulu* [kúmulu] > *[kómlo] > *colmo* [kólmo]) y la asimilación (*comite* [kómite] > [kɔ́mde] > cast. med. *cuende* [kwéɳde]).

22. Prótesis ante [s] agrupada inicial. Este cambio parece ser un cambio vocálico, pero en realidad se trata de un cambio en la **fonética sintáctica,** que rige las secuencias fonéticas posibles en la lengua. Los grupos iniciales [sp], [st] y [sk], permitidos en latín, se rechazan ahora, motivando un cambio que desarticula los grupos mediante la prótesis o adición de una vocal inicial [e]:

> *sperāre* [sperá:re] > *esperar* [esperár]
> *stāre* [stá:re] > *estar* [estár]
> *schola* [skɔ́la] > *escuela* [eskwéla]

Las derivaciones fonológicas

Esta lista muy simplificada de cambios fonológicos basta para seguir la evolución de un número apreciable de palabras, en un proceso que se denomina *derivación.* Comenzamos con una forma latina y aplicamos los cambios relevantes en el orden dado, para llegar, al final, a las formas medievales correspondientes. Este ejercicio es, sin duda, algo artificial. Puesto que una derivación secuencial como la aquí propuesta no puede mostrar el solapamiento entre cambios contemporáneos, no se puede mantener que todas las formas intermedias que se dan en la derivación hayan existido en la evolución del latín al castellano medieval. A pesar de esto, consideramos que este tipo de derivación cronológica es una herramienta pedagógica indispensable, pues constituye el mejor método para ilustrar los conceptos fundamentales del cambio fonológico. A continuación se presenta una serie de ejemplos.

FORMAS	Nº DE CAMBIO	EXPLICACIÓN
lat. *vēritāte*		
[weːritáːte]		forma latina
[weretáte]	3	confluencias vocálicas
[βeretáte]	4	[w] > [β]
[βereðáðe]	15	lenición
[βerðáðe]	18	2ª pérdida intertónicas
[βerðáð]	20	pérdida de -*e* final
cast. med. *verdad*		
lat. hispánico *capitia*		
[kapítia]		forma latina
[kapétea]	3	confluencias vocálicas
[kapétja]	5	[e] en hiato > [j]
[kapétsa]	6	[t] ante [j] > [ts]
[kaβédza]	15	lenición
cast. med. *cabeza*		
lat. *populu*		
[pópulu]		forma latina
[pɔ́polo]	3	confluencias vocálicas
[pɔ́plo]	8	1ª pérdida intertónicas[11]
[pwéplo]	12	diptongación
[pwéβlo]	15	lenición
cast. med. *pueblo*		

11. En éste y otros casos resulta irrelevante el momento de la pérdida de la vocal intertónica.

lat. *umbilīcu*
[umbilí:ku]   forma latina
[ombelíko]   3   confluencias vocálicas
[omblíko]   8   1ª pérdida intertónicas
[omblíɣo]   15   lenición
cast. med. *ombligo*

lat. *fīliu*
[fi:liu]   forma latina
[fíleo]   3   confluencias vocálicas
[fíljo]   5   [e] en hiato > [j]
[fíλo]   11   palatalización
[híλo]   13   cambio de [f] inicial a [h]
[híʒo]   14   rehilamiento
cast. med. *fijo* 'hijo'

lat. *strictu*
[stríktu]   forma latina
[strékto]   3   confluencias vocálicas
[strétʃo]   9   palatalización
[estrétʃo]   22   prótesis
cast. med. *estrecho*

lat. *auricula*
[awríkula]   forma latina
[orékola]   3   confluencias vocálicas
[orékla]   8   1ª pérdida intertónicas
[oréλa]   9   palatalización
[oréʒa]   14   rehilamiento
cast. med. *oreja*

lat. *dēlicātu*
[de:liká:tu]   forma latina
[delekáto]   3   confluencias vocálicas
[deleɣáðo]   15   lenición
[delɣáðo]   18   2ª pérdida intertónicas
cast. med. *delgado*

lat. *humeru*

[húmeru]		forma latina
[úmeru]	2	pérdida de [h] inicial
[ómero]	3	confluencias vocálicas
[ómro]	8	1ª pérdida de intertónicas
[ómbro]	21	reorganización de grupos consonánticos (epéntesis consonántica)

cast. med. *ombro*

Las excepciones al cambio fonológico regular

Hemos visto que nuestra lista de veintidós cambios fonológicos que ocurren entre el latín hablado del período clásico y el castellano del siglo XIII sirve para seguir paso por paso la evolución de una serie de palabras—en particular, la de *verdad, cabeza, pueblo, ombligo, fijo, estrecho, oreja, delgado* y *hombro*. Funciona igualmente bien para muchas palabras más, como *isla* (< *īnsula*), *senda* (< *sēmita*), *siete* (< *septem*), *hambre* (< **famine*), *sazón* (< *satiōne*), *recobrar* (< *recuperāre*), *cabo* (< *caput*) y *escoba* (< *scōpa*).

Los cambios citados no sirven, sin embargo, para explicar la evolución de palabras igualmente comunes como *noche* (< *nocte*), *lecho* (< *lectu*), *hoja* [hóʒa] (< *folia*) y *ojo* [óʒo] (< *oculu*). Por ejemplo, siguiendo la evolución de *nocte* por los cambios aducidos, se deriva **nueche en vez de *noche*, porque se espera que se diptongue la [ó] breve (> [ɔ̌]) a [wé]. Esta laguna en los cambios citados se debe a una simplificación que hemos hecho para no complicar demasiado las cosas, omitiendo un cambio llamado **metafonía**. Los cambios aducidos tampoco sirven para derivar *sepa* de *sapiam* ni *obrero* de *operāriu*, porque suprimimos unas metátesis entre vocal y consonante (*sapiam* > [sájpam], *operāriu* > [operájru]) y la confluencia de [aj] en [e] ([sájpam] > [sépa], [operájru] > [operéro]).

Hay tres categorías más de palabras cuya derivación no encaja con nuestra lista de veintidós cambios fonológicos.

TRANSMISIÓN POPULAR CONTRA TRANSMISIÓN CULTA O EX-TRANJERA. En la introducción de este capítulo hicimos hincapié en la duración limitada de los cambios fonológicos. Para ilustrar este hecho, citamos unas palabras que fueron acogidas en la lengua después de terminado el cambio de la lenición, entre ellas, *catarro* y *átomo*. Es evidente que si estas palabras hubiesen existido en la lengua hablada desde el principio, para la época medieval se habrían pronunciado **[kaðáɾo] y, quizá, **[áðmo]. De forma análoga, *objeto*, **latinismo** (préstamo culto del latín) del siglo XVI, habría sido **[oʒétʃo], y las palabras extranjeras *fraile*, **galicismo** (prestamo tomado del francés) del siglo XII y *medalla*, **italianismo** (préstamo tomado del italiano) del siglo XVI, se pronunciarían respectivamente **[frel] y, quizá, **[miáʒa]. Por esta razón tenemos que distinguir entre las palabras transmitidas al castellano por vía culta —los **cultismos** (préstamos tomados del latín o del griego) más los préstamos de otras lenguas vecinas— y las que fueron transmitidas desde el latín hablado por vía popular, palabras que suelen llamarse **patrimoniales.** Hay una tercera categoría, los llamados **semicultismos,** palabras que, aunque transmitidas popularmente, conservan algunos rasgos de sus homólogos latinos, por ser identificadas estrechamente con ellos en algún contexto culto, usualmente religioso. Entre los ejemplos que se podrían citar figura *ángel,* de *angelus* [ángelus], que como palabra patrimonial habría sido **anjo (cf. port. *anjo* 'ángel') y como cultismo, **ángelo. Otro ejemplo: *siglo,* de *saeculum* ([sáikulum]), que como palabra patrimonial habría sido **sejo y como latinismo, **século.

CAMBIOS FONOLÓGICOS INCOMPLETOS. Algunos estudiosos citan, para la categoría de semicultismos, la palabra *cruz,* que como resultado del lat. *cruce* debería ser **croz [kroθ] en español moderno. Sin embargo, Lloyd (1987:27, 182) demuestra que *cruz* figura en una larga lista de palabras en las que la [u] breve latina no da la [o] esperada en castellano, sino [u], cf. *summa > suma, jugu > yugo, mundu > mundo, furtu > hurto* y *sulcu > surco,* algunas de las cuales difícilmente se dejan asociar con un contexto eclesiástico. Se trata, pues, de un cambio fonológico incompleto, que no llega a propagarse por todo el vocabulario antes de extinguirse. Otros cambios incompletos en castellano: el de [fl] inicial, que da [λ] en algunos casos (*flamma > llama*), pero también [fl] (*flōre > flor*) y [l] (*flaccidu > lacio*), y el de [ó] seguida de una consonante nasal, que se diptonga a veces (*fonte* > *fuente*), a veces no (*monte* > *monte, homine* > *omne*), y a veces sí y no (*comite* > cast. med. *cuende, conde; quōmodo* > *cuemo, como*). Un cambio semejante en la historia del inglés es el de [u:] a [ʊ] en las palabras escritas con *oo* (originariamente [oː]). Para cuando termina este cambio, ha afectado plenamente a palabras como *good* 'bueno', *wood* 'madera', *hood* 'capucha'; ha generado variantes en [ʊ] en *roof* 'techo', *hoof* 'pezuña', *room* 'cuarto', que conviven (a veces dialectalmente) con las formas originales; y no ha afectado en absoluto a otras palabras como *food* 'comida', *brood* 'nidada', y *doom* 'muerte'.

INTERFERENCIA ANALÓGICA. Como veremos repetidamente en el próximo capítulo, cuando estudiemos el cambio morfológico, muchas excepciones al cambio fonológico regular se deben a la operación del cambio **analógico,** por el que la forma de una palabra o

---

LA ORTOGRAFÍA ALFONSÍ

Los primeros escritores que se atreven a escribir en vernáculo tienen que enfrentarse con un problema fundamental, el de encontrar representaciones ortográficas para los sonidos romances que no habían existido en latín clásico. Las primeras soluciones son excéntricas y caóticas, pero gracias a Alfonso X el Sabio se forja, para finales del siglo XIII, una ortografía razonada y regularizada que se mantiene vigente durante varios siglos. En el siguiente cuadro se presentan algunas de las correspondencias medievales entre sonidos y letras.

FONEMA	GRAFÍA(S)	EJEMPLO(S)
/i/	i, y, j	*dia, ymagen, antjguas*
/ts/	c, ç	*cibdat, cabeças*
/dz/	z	*ligereza, fizo*
/z/	-s-	*casa, vicioso*
/s/	s-, -s, -ss-	*siempre, los, fuessen*
/ʃ/	x	*dexassen, dixiemos*
/ʒ/	g, j, i	*ymagen, fijo, meior*
/β/	u, v	*uezinos, vida*
/h/	f-	*fizo, fijo*
/ñ/	nn	*montannas, anno*
/λ/	ll	*llamado, fallamos*

grupo de palabras se ve afectada por la de otra palabra asociada. Frecuentemente, los efectos de la **analogía** se detectan en los paradigmas nominales o verbales. Por ejemplo, aplicando nuestros veintidós cambios a las formas de imperfecto latinas de los verbos en *-āre* (*-ābam, -ābās, -ābat, -ābāmus, -ābātis, -ābant*), esperaríamos ver en castellano *-aba, -abas, -aba,* ***-abamos,* ***-abades, -aban*). El hecho de que se diga en castellano *-ábamos* y *-ábais* se debe, pues, a la regularización del patrón acentual de este tiempo como resultado de una analogía con las demás formas, en todas las cuales va acentuada la sílaba ante [ba]. Otras veces, basta la influencia de una sola palabra fuertemente asociada para efectuar un cambio, como cuando *siniestro*, resultado castellano del lat. *sinistru* 'izquierdo', bajo la influencia de su contrario *diestro* (< *dextru* 'derecho'), aparece con un diptongo fonológicamente inexplicable.

Análisis de texto

Como resumen de los cambios aducidos más arriba, presentamos aquí una transcripción fonética interlineal de prosa castellana del siglo XIII, en particular, del folio 164r de la *Estoria de España* de Alfonso X el Sabio. Van subrayados los sonidos que más distinguen el castellano de esta época del actual.

> *Sobre aquellas nueuas el Çid enuio luego por sus parientes*
> [sóβre akéλas nwéβas el tsíð embjó lwéɣo por sus parjéɲtes]
> *& sus amjgos. Et mostroles lo quel el Rey enuiara dezir,*
> [e sus amíɣos | e mostróles lo kel el ŕéj embjára ðedzír]
> *& dixo les de como non le diera el Rey mas de nueue dias*
> [e díʃo les ðe kómo non le ðjéra el ŕéj más ðe nwéβe ðías]
> *de plazo en quel saliesse de la tierra.*
> [ðe pládzo eŋ kel saljése ðe la tjéŕa]
> *Et que querie saber dellos quales querien yr con el, o quales fincar.*
> [e ke kerjé saβér ðéλos kwáles kerjén ír kon él | o kwáles hiŋkár]
> *Et dixo Aluar Hannez Minnaya: Sennor, todos yremos con uusco, &*
>   *dexaremos Castiella, & ser*
> [e díʃo alβár háñedz miñája | señór tóðos irémos kom búsko | e
>   ðeʃarémos kastjéλa e sér]
> *uos emos uassallos leales. Et esto mismo le dixeron todos los otros,*

[βos émos βasáλos leáles | e ésto mísmo le ðiʃjéroṇ tóðos los ótros]
& quel non desampararien por ninguna guisa.
[e kel nóṇ desampararjém por niŋgúna ɣíza]
El Çid quando les esto oyo gradescio gelo mucho.
[el tsíd kwáŋdo les ésto ojó ɣraðestsjó ʒelo mútʃo]
Et dixoles que si el tiempo uiesse que gelo gualardonarie el muy bien.
[e ðíʃoles ke si el tjémpo βjése ke ʒelo ɣwalarðonarjé él muj βjén]
Otro dia salio el Çid de Viuar con toda su companna.
[ótro ðía saljó el tsíð ðe βiβár koṇ tóða su kompáña]
*Et dizen algunos que cato por agüero, et saliente de Viuar que ouo
corneia diestra,*
[e ðídzen alɣúnos ke kató por aɣwéro | e saljéṇte ðe βiβár ke óβo
kornéʒa ðjéstra]
*et a entrante de Burgos que la ouo siniestra. Et que dixo estonces a sus
amigos* [fol. 164v]
[e a eṇtráṇte ðe βúrɣos ke la óβo sinjéstra | e ke ðíʃo estóṇtses a sus
amíɣos]
& a sus caualleros: Bien sepades por cierto que tornaremos a Castiella
[e a sus kaβaλéros | bjén sepáðes por tsjérto ke tornarémos a
kastjéλa]
con grand onrra & grand ganancia, si dios quisiere.
[koŋ gráṇd ónr̄a e ɣráṇd ganáṇtsja | si ðjós kizjére]
Et pues que entro en Burgos fuesse pora la posada do solie posar,
[e pwes ke eṇtró em búrɣos fwése pora la pozáða ðo soljé pozár]
mas non le quisieron y acoger. Ca el Rey lo enuiara defender
[más non le kizjéron í akoʒér | ka el r̄éj lo embjára ðefeṇdér]
*quel non acogiessen en ninguna posada en toda la uilla, nin le diessen
uianda ninguna.*
[kel non akoʒjésen en niŋgúna pozáða eṇ tóða la βíλa | nin le ðjésem
bjáṇda niŋgúna]

....

Preguntas

1. ¿Qué es la metátesis? ¿Y la epéntesis? Dé ejemplos.
2. Distinga entre los cambios meramente "fonéticos" y los
"fonémicos". Dé ejemplos.

3. Distinga entre las confluencias y las escisiones de fonemas. Dé ejemplos.

4. Según el texto, los cambios "ocupan un espacio limitado en el tiempo". Explíquese, dando ejemplos.

5. Aplique, en el orden dado, los seis cambios vocálicos presentados en este capítulo a las palabras siguientes, de modo que ilustren la evolución vocálica de las mismas:

anniculu > añejo	*fōrma > horma*	*petra > piedra*
apicula > abeja	*humeru > hombro*	*probant > prueban*
asinu > asno	*īnsula > isla*	*ruptu > roto*
auricula > oreja	*lūce > luz*	*satiōne > sazón*
caecu > ciego	*lūmine > lumbre*	*septem > siete*
dente > diente	*malitia > maleza*	*solidu > sueldo*
fābulat > habla	*manica > manga*	*uncia > onça*
famine > hambre	*ossu > hueso*	*vermiculu > bermejo*
ferru > hierro		

6. Los cambios presentados en este capítulo sirven para seguir la evolución de muchas palabras latinas al castellano medieval. Sin embargo, varios grupos de palabras no se dejan explicar así. ¿De qué grupos se trata? ¿En qué sentido son excepcionales? Dé ejemplos.

7. ¿Qué motivos básicos explican la gran mayoría de los cambios consonánticos que tienen lugar entre el latín común y el castellano medieval? Explique cómo están relacionados entre sí los cambios de cada tipo. Dé ejemplos.

8. Aplique, en orden cronológico, los veintidós cambios fonológicos presentados en este capítulo a las palabras siguientes, de modo que ilustren la evolución fonológica de las mismas entre el latín común y el castellano medieval:

aliu > ajo	*capanna > cabaña*	*corticia > corteza*
anniculu > añejo	*caput > cabo*	*cumulu > colmo*
apicula > abeja	*catēnātu > candado*	*decimu > diezmo*
asinu > asno	*clausa > llosa*	*dente > diente*
auricula > oreja	*clave > llave*	*fābulat > habla*
caecu > ciego	*condūxī > conduje*	*famine > hambre*

ferru > hierro	*meliōre > mejor*	*scōpa > escoba*
fōrma > horma	*mēnses > meses*	*scrīptu > escrito*
gutta > gota	*metu > miedo*	*sēmita > senda*
humeru > hombro	*modulāre > moldar*	*septem > siete*
īnsula > isla	*ossu > hueso*	*solidu > sueldo*
līmitāre > lindar	*petra > piedra*	*spōnsu > esposo*
lūce > luz	*probant > prueban*	*stagnu > estaño*
lumbrīce > lombriz	*rēgāle > real*	*taxāre > tajar*
lūmine > lumbre	*romanicē > romance*	*uncia > onza*
malitia > maleza	*ruptu > roto*	*vermiculu > bermejo*
manica > manga	*satiōne > sazón*	

9. Transcriba fonéticamente el texto siguiente según se pronunciaba cuando fue escrito en el siglo XIII.

Et el Rey dixo a grandes bozes ante todos Infantes: esta lid quisiera yo que fuesse en Toledo, mas uos me dixiestes que non teniedes guysado de lo fazer y, et por esto vin yo aqui en este lugar onde uos sodes naturales, et tray comigo estos del Çid. Et ellos en mi fe et en mi verdat vinieron, et por esso desenganno a uos y a uuestros parientes, que lo que con ellos ouieredes que sea por derecho, mas non por otra fuerça nin por otro tuerto. Et si alguno de uos al quisiere mando a mios yernos et a estos otros que yo aqui troxe que luego lo despedaçen en medio daquel campo & que me non demande mas sobrello. Et mucho peso a los Infantes deste mandamiento que el Rey fizo. Et dio el Rey doze caualleros por fieles fijos dalgo et mandoles que les demostrassen los moiones que auien de guardar por que sopiessen do auien a seer uençudos o por do auien de uençer.

Del latín al castellano medieval: Morfología y sintaxis

Interdependencia de los cambios morfológicos y sintácticos

Este capítulo podría titularse "Del latín al castellano medieval: gramática", pues la gramática se entiende tradicionalmente como el estudio tanto de la **morfología,** que atañe a los componentes en que pueden ser analizadas las palabras y sus categorías gramaticales, como de la **sintaxis,** que se ocupa de la colocación de las palabras en las oraciones. Combinamos los dos componentes lingüísticos aquí porque, en la práctica, suelen ser interdependientes. Esta interdependencia se ve claramente en muchos de los temas abordados en nuestro estudio histórico. Por ejemplo, la pérdida de las desinencias casuales nominales conduce a una menor flexibilidad en el orden de palabras, y elimina, al mismo tiempo, la necesidad de concordar los adjetivos en cuanto a caso con sus referentes. Otro ejemplo nominal, el surgimiento de la categoría gramatical de artículo definido, motiva necesariamente la creación de toda una serie de reglas sintácticas. En el sistema verbal, la pérdida de las formas tradicionales del futuro obliga a los hablantes del latín a sustituirlas por una construcción sintáctica basada en el empleo de verbos auxiliares creados mediante un proceso de **gramaticalización,** proceso por el cual una palabra se vacía de significado léxico y toma carácter de puro elemento gramatical.

Veremos en lo siguiente que hay una tendencia general en la evolución morfosintáctica del castellano. Mientras que el latín es una lengua predominantemente **sintética** —en el sentido de que prefiere utilizar la **flexión** (uso de desinencias morfológicas) para señalar categorías gramaticales como género, número, caso, tiempo, modo, etc.— el castellano medieval es una lengua más bien mixta, con un fuerte componente analítico que señala las categorías gramaticales a través de palabras independientes. La sustitución de estructuras sintéticas por estructuras **analíticas** es más acusada en el sistema nominal: para *amīcī*, por ejemplo, se dice en castellano *del amigo;* para *fortior,* se dice *más fuerte.* Si bien el elemento sintético sigue siendo importante en el sistema verbal (la desinencia de *hablo* todavía indica persona, número, tiempo, aspecto y modo), incluso aquí hay sustituciones analíticas: para *amābō,* se dice en castellano medieval *amar e* 'amaré', para *amātur,* se dice *es amado, -a.*

Morfología: Sistema nominal

SUSTANTIVOS. Hay importantes transformaciones en todos los aspectos del sistema sustantivo, sobre todo en las categorías de caso, declinación y género.

Caso. Vimos en el capítulo 4 que la **morfosintaxis** nominal latina funciona fundamentalmente a base de un sistema casual, en el que desinencias nominales se emplean para señalar funciones sintácticas dentro de la oración. En el latín hablado, este sistema experimenta una progresiva degradación, hasta desaparecer completamente antes de la aparición de los primeros documentos escritos en hispanorromance.

Esta degradación tiene dos causas principales, íntimamente interrelacionadas.

En primer lugar, hay indicaciones de que ya desde tiempos tempranos se siente la necesidad en la lengua hablada de complementar e incluso suplantar el sistema casual, porque resulta inadecuado para la comunicación a nivel oral. Aquí figuran dos motivos principales: (1) la dificultad de percibir claramente las desinencias, y (2) el sincretismo, que obliga al oyente a elegir, en muchos casos, entre dos o tres posibilidades para la interpretación correcta de una desinencia dada (ejemplo: *lupō,* forma singular tanto del dativo como del ablativo). La dificultad de comprensión ocasionada por ejemplos como éstos lleva a la adopción de una estrategia general, la de complementar y finalmente sustituir las desinencias casuales por construcciones preposicionales: se emplea *dē* + ablativo en vez del genitivo (*de illōs* 'de ellos' por *illōrum* 'íd.'), *cum* + ablativo o acusativo por el ablativo instrumental (*cum cornū* 'usando el cuerno' por *cornū* 'íd.'), *ad* + acusativo en vez del dativo para indicar complementos verbales (*ad illōs* 'a ellos' por *illīs* 'íd.'). Según Lapesa (1981:71), estas sustituciones se encuentran incluso en el latín más arcaico y en los registros más literarios.

En segundo lugar, algunos de los cambios fonológicos tempranos tienen el efecto de aumentar el sincretismo, es decir, de neutralizar la potencia diferenciadora de las desinencias. Por ejemplo, la pérdida de [m] final del singular del caso acusativo en formas pertenecientes a todas las declinaciones (*lūnam, lupum, lūcem, frūctum, rem*) las hace indistinguibles de otros casos: la forma *lūna,* de la primera declinación, vale ahora tanto para el nominativo como para el acusativo singular, mientras que *lūce,* de la tercera declinación, sirve para marcar, junto con el ablativo singular, también el acusativo singular. Otro factor importante en este sentido son las numerosas confluencias vocálicas. A raíz de esta serie de cambios, por ejemplo, [lópo] viene a representar tanto la forma de acusativo singular *lupu(m)* ([lú:pum] > [lópo]) como las de dativo y ablativo singular *lupō* ([lú:po:] > [lópo]).

Decimos que estas dos causas —la fonológica y la sintáctica— están interrelacionadas porque cada cual da ímpetu a la otra. Lógicamente, la degradación de las desinencias por ciertos cambios fonológicos agrava el sincretismo, intensificando la necesidad de complementar las desinencias con construcciones preposicionales. Al mismo tiempo, la posibilidad de emplear estas construcciones disminuye la importancia de las desinencias en la comunicación de la información sintáctica que antes señalaban sólo ellas. El ejemplo del galorrománico antiguo —en el que se mantuvo el sistema de dos casos hasta bien entrado el siglo XIII— nos hace suponer que en el iberorromance primitivo, el sistema casual se degrada hasta tal punto que distingue solamente entre caso nominativo (también llamado recto) y caso oblicuo, donde este último, basado en el antiguo acusativo (que con su [s] final indica tan claramente el plural en todas las declinaciones), se usa para toda función que no sea la de sujeto o vocativo. En la primera declinación, esto significa que permanecen sólo las formas nominativas *luna* (< *lūna*) y *lune* (< *lūnae*), singular y plural, y las oblicuas *luna* (< *lūna(m)*) y *lunas* (< *lūnās*). Para cuando aparecen los primeros documentos en iberorromance, sin embargo, este sistema ya se ha simplificado aún más, eliminando las formas nominativas y dejando únicamente las oblicuas: *luna* (sg.) y *lunas* (pl.).

Declinación. Los cambios fonológicos y morfológicos aducidos tienen repercusiones muy importantes para las declinaciones. Ya no hay doce formas para cada sustantivo (singular y plural de los casos nominativo, genitivo, dativo, acusativo, ablativo y vocativo) sino solamente dos (singular y plural de la forma oblicua). Pero la reducción es aún mayor: por su semejanza con los sustantivos de la segunda declinación (ej. *lupus*, ahora [lópo]), los de la cuarta declinación —poco numerosos— pierden su carácter separado y se suman a ellos: el acusativo de la cuarta declinación *lacum* 'lago' da [láco] y el plural *lacūs* da [lácos], formas perfectamente paralelas a [lópo], [lópos] de la segunda declinación. Al mismo tiempo, los igualmente escasos sustantivos pertenecientes a la quinta declinación se reparten entre otras declinaciones, ora a la primera (*die[m]* > *día*), ora a la tercera (*facie[m]* > *faz* 'haz').

El resultado de todo lo expuesto es que para los comienzos del hispanorromance sólo quedan tres variedades de sustantivos: los que terminan en -*a*, -*as*, reflejando la primera y quinta declinaciones, los que terminan en -*o, -os*, reflejando la segunda y cuarta, y los que terminan en -*e* (o, a causa de la frecuente pérdida de [e] final, una consonante), -*es*, reliquias de la tercera y quinta declinaciones. Ejemplos: *luna, lunas; lobo, lobos; parte, partes* (*luz, luces*). Tras unos cambios tan radicales, es lógico que ya no se hable de declinaciones en la gramática hispanorrománica.

Género. También sufre un cambio bastante radical el sistema de género: se reduce de tres a dos, perdiéndose el género neutro. Esta pérdida tiene dos causas. En primer lugar, los sustantivos neutros no designan siempre objetos inanimados, como se podría esperar, lo cual implica que no son claramente distinguibles de los demás géneros por su contenido semántico. Los sustantivos neutros latinos pueden referirse a grupos de seres humanos (*vulgus -ī* 'el vulgo', *praesidium -iī* 'guardia, escolta'), al cuerpo humano (*corpus -oris* 'cuerpo') y sus partes (*ōs, ōris* 'boca') y a otras cosas vivas (*pōmum -ī* 'manzana'), y si con frecuencia se refieren a cosas y abstracciones (*remedium -iī* 'remedio'), también lo hacen los sustantivos femeninos (*ratiō -ōnis* 'razón') o masculinos (*rūmor -ōris* 'rumor', 'chisme'). En segundo lugar, el género neutro en singular no se asocia con ninguna forma específica, cf. la diversidad formal mostrada por los sustantivos neutros citados arriba, más los siguientes: *tempus -oris* 'tiempo', *cornū -ūs* 'cuerno', *caput -itis* 'cabeza', *mare -is* 'mar', *nōmen -inis* 'nombre'. Como no hay neutros singulares que terminen en *-a*, es lógico que la mayoría de los neutros se hayan repartido entre las series en *-o, -os* y *-(e), -es*. Entre los sustantivos citados que se transmiten al hispanorromance tenemos, pues, en *-o/-os*, los masculinos *vulgo, cuerpo, remedio, tiempo, cuerno* y *cabo*, y en *-(e)/-es*, los masculinos *nombre* y *mar*.

En contados casos, los sustantivos neutros se transmiten al romance como femeninos. Destaca en este sentido la serie de palabras monosilábicas terminadas en consonante, *mel -lis > miel, sal -is > sal* y *lac -tis > leche* (también *mar -e > mar*, que siempre ha vacilado entre femenino y masculino). La mayoría de los ejemplos de esta categoría se hacen femeninos cuando su forma plural se interpreta erróneamente como singular. Puesto que las formas neutras plurales obligatoriamente terminan en *-a*, existe la posibilidad de confundirlas con las formas de singular de la primera declinación, como *lūna -ae* 'luna', *porta -ae* 'reja', *puella -ae* 'muchacha'. Entre los ejemplos de este tipo que se podrían citar figuran:

> *braza* 'medida de longitud equivalente a 1,6718 metros'
>   (< *bracchia*, pl. de *bracchium -iī* 'brazo')
> *leña* (< *ligna*, pl. de *lignum -ī* 'madera')
> *obra* (< *opera*, pl. de *opus -eris* 'obra')

boda (< *vōta*, pl. de *vōtum -ī* 'voto, promesa')
hoja (< *folia*, pl. de *folium -iī* 'hoja')

Es notable que en todos estos casos subsista un sentido colectivo como reliquia de la pluralidad original: esto está claro en los casos de *leña*, *obra* y *hoja* (que puede significar 'follaje'). En cuanto a *braza*, es la medida de dos brazos, y en una *boda* los novios se hacen promesas recíprocamente.

ADJETIVOS. Por su gran semejanza con las tres primeras declinaciones sustantivas, las declinaciones adjetivas se desarrollan de forma perfectamente paralela a aquéllas. Tomando *altus -a -um* como ejemplo de los adjetivos de primera y segunda declinación, eliminamos primero el componente neutro (*-um*), luego las formas de nominativo (*altus -a*), y nos quedamos únicamente con las formas oblicuas *alta / altas* (femeninas) y *alto / altos* (masculinas). La transformación de los adjetivos de la tercera declinación es análoga: *fortis*, que en sus formas no refleja la diferencia entre masculino y femenino, se reduce a las formas oblicuas *forte / fortes* (> esp. *fuerte / fuertes*).

Cabe repetir aquí, además, que con la reducción del sistema casual adjetivo desaparece la necesidad gramatical de concordar en cuanto a caso con el referente sustantivo.

Un ejemplo muy bueno de la transferencia de complejidad del componente morfológico al sintáctico es la evolución de las formas adjetivas comparativas y superlativas del latín hacia el español. En latín estos grados se indican a través de las desinencias sintéticas *-ior* (neutro *-ium*), para el comparativo, e *-issimus -a -um* para el superlativo. Ejemplos: *fortis* 'fuerte', *fortior* 'más fuerte', *fortissimus* 'el más fuerte'. Como señalan las glosas españolas para estas formas sintéticas, en latín hablado son sustituidas por una construcción sintáctica analítica que se compone, en el caso del comparativo, de los elementos "*más* (< *magis*) + forma positiva del adjetivo" (*más fuerte*), y en el caso del superlativo, de "artículo definido (concordado debidamente con el referente) + *más* + forma positiva del adjetivo" (*el más fuerte, las más fuertes*).

Sólo queda por comentar que algunas de las formas comparativas latinas de uso más frecuente consiguen sobrevivir, a veces al lado de formas analíticas (*mayor = más grande*):

meliōre (comparativo de *bonus*) > *mejor*
maiōre (comparativo de *magnus* 'grande') > *mayor*
pēiore (comparativo de *malus* 'malo') > *peor*
minōre (comparativo de *parvus* 'pequeño') > *menor*

PRONOMBRES. Hemos visto que típicamente las doce formas del paradigma sustantivo se reducen a sólo dos, singular y plural del caso oblicuo. Entre los pronombres, en cambio, se retiene en un grado mucho mayor la categoría de caso, si bien los paradigmas sufren algunas modificaciones bastante importantes. Veamos la suerte de los pronombres personales latinos en las tres categorías de primera, segunda y tercera persona.

Primera persona. Reproducimos aquí el paradigma latino de pronombres de primera persona presentado en el capítulo 4, junto con las formas que ejercen las mismas funciones en castellano medieval.

	PRONOMBRE LATINO	EQUIVALENTE EN CASTELLANO MEDIEVAL
SG.		
nom.	*ego*	*yo*
gen.	*meī*	*de mi*
dat.	*mihi*	*me*
ac.	*mē*	*me*
ab.	*mē*	—
PL.		
nom.	*nōs*	*nos*
gen.	*nostrum, nostrī*	*de nos*
dat.	*nōbīs*	*nos*
ac.	*nōs*	*nos*
ab.	*nōbīs*	—

En singular, *ego* da *yo* etimológicamente. El acusativo/ablativo *mē* también persiste, pero las dos funciones que desempeña ya no son acusativo y ablativo, sino acusativo (*Juan me ve*) y dativo (*Juan me da la carta*). El pronombre de dativo latino, *mihi*, subsiste en la forma medieval *mi*, pero se le asigna una nueva función; ya no sirve de dativo sino de complemento de preposición[1]: cast. med. *para mi, por mi, de mi*. Este último —*de mi*— sustituye al gentivo singular *meī*.

A juzgar por ejemplos como *para mi, por mi*, se esperaría lógicamente que se dijera también **con mi* en vez de *conmigo*. ¿A qué se debe esta anomalía? Como veremos, es uno de los ejemplos que se podrían citar de un fenómeno por el cual los hablantes tratan de "reparar los daños" ocasionados por los cambios fonológicos. Según la explicación de Joel Rini (1992:34–83), en latín, *cum* se combina con el ablativo *mē*, pero normalmente en orden inverso: *mēcum* 'conmigo'. Siguiendo los cambios fonéticos presentados más arriba, [mé:kum] se transforma en [mé:ku] (pérdida de [m] final), luego [méko] (confluencias vocálicas), y finalmente [méɣo] (lenición). Ya a mediados de esta evolución deja de ser reconocible la preposición *cum*, con lo cual se comienza a repetirla al principio: [kum] > [kon] *conmego*, cf. port. med. *comego*. En castellano, ya antes de sus primeras documentaciones, esta forma cambia a *conmigo* por analogía con el pronombre *mi* que se usa con todas las demás preposiciones. Esta misma secuencia de etapas explica además las formas *contigo* y *consigo*. Más tarde, por analogía, se producen las formas plurales *conuusco* (< *con uos*) y *connusco* (< *con nos*), cuya vocal tónica [ú] no ha sido del todo aclarada, pero en todo caso estas formas se pierden ya antes de finales del medievo.

En plural, *nōs* (> cast. med. *nos*) persiste como forma nominativa hasta el siglo XIV, cuando, por analogía con la nueva forma *uosotros* (para la cual ver más abajo), comienza a alternar con *nosotros*. En las funciones oblicuas, *nos* (y luego *nosotros*) actúa de complemento preposicional, mientras que el acusativo *nos* ejerce, igual que en singular, las funciones de acusativo (*Juan nos ve*) y

---

1. El que las preposiciones vayan seguidas de una forma originariamente dativa también es una novedad, pues en latín las preposiciones rigen sólo ablativo (*dē mē, sine mē, prō mē*) o acusativo (*ante mē, contā mē, post mē*).

dativo (*Juan nos da la carta*). El genitivo *nostrum* / *nostrī* y el dativo/ablativo *nōbīs* se pierden.[2]

Segunda persona. También aquí comenzamos con el paradigma latino de pronombres de segunda persona, seguido de los pronombres castellanos correspondientes.

	PRONOMBRE LATINO	EQUIVALENTE EN CASTELLANO MEDIEVAL
SG.		
nom.	*tū*	*tu*
gen.	*tuī*	*de ti*
dat.	*tibi*	*te*
ac.	*tē*	*te*
ab.	*tē*	—
PL.		
nom.	*vōs*	*uos*
gen.	*vestrum, vestrī*	*de uos*
dat.	*vōbīs*	*uos*
ac.	*vōs*	*uos*
ab.	*vōbīs*	—

Evidentemente, aquí los cambios son más extensos. Veamos primero la evolución de los pronombres de caso recto, que se presenta aquí de forma esquematizada:

Sistema pronominal latino de segunda persona

SINGULAR	PLURAL
tū	*vōs*

Sistema vigente en latín tardío y castellano medieval temprano

	SINGULAR	PLURAL
familiar	*tu*	*uos*
formal	*uos*	*uos*

2. La palabra *nuestro* viene de la forma oblicua del adjetivo posesivo *noster -trī*, a saber, *nostrum*.

Sistema del castellano medieval tardío

	SINGULAR	PLURAL
familiar	tu/ uos	uosotros
formal	uuestra merced	uuestras mercedes

La diferencia entre los primeros dos sistemas estriba en la diferenciación entre pronombres formales y familiares en singular. Se teoriza que este cambio puede haber surgido cuando ciertas personas comienzan a referirse a sí mismas con el pronombre *nōs* 'nosotros' en vez de *ego* 'yo', por considerar que representan a un grupo de personas. Lógicamente, a una persona que habla de sí con el pronombre *nōs*, se le responde con *vōs* 'ustedes'. El resultado de este cambio es la creación de un sistema más complejo —igual al del francés moderno— donde la aplicabilidad de *tū* (fr. *tu*) se reduce al singular de los usos familiares, y *vōs* (fr. *vous*) desempeña los usos tanto de plural familiar como de singular y plural formal.

Para finales del medievo surge un nuevo problema, debido a la paulatina erosión de la deferencia comunicada por *uos*. Como consecuencia, *uos* se hace prácticamente sinónimo de *tu* en singular, con lo cual se extiende su aplicabilidad a todas las casillas de segunda persona, una situación que amenaza la distinción familiar/formal. El problema se resuelve de dos maneras. Primero, para distinguir entre *uos* singular y plural, se adopta la estrategia de añadir *otros* para producir la forma más claramente plural *uosotros*.[3] Segundo, para combatir la falta de una distinción clara entre familiar y formal, se abandona el *uos* formal en favor de una serie de nuevos pronombres, como *señoría* y *merced*, pero más frecuentemente *uuestra merced* y su forma plural *uuestras mercedes*. Es irónico que, para finales del siglo XV, haya surgido un sistema en el que *uos* —antiguamente

---

3. Esta solución se encuentra en francés popular también (*vous autres*), y es comparable a la añadidura de *all* al inglés *you* para producir *you all* o *y'all*. Como demuestra Rini (1999:209–21), antes de establecerse *uos otros*, se experimentó con una forma *uos todos* en castellano medieval, más claramente paralela a *you all*. Una vez establecida la nueva forma *uosotros*, se acuña por analogía *nosotros*, a pesar de no ser difícil en primera persona distinguir entre singular (*yo*) y plural (*nos*).

omnipresente— se ve reducido a una sola función, la ejercida por *uosotros*.

Veamos ahora las formas oblicuas, donde los cambios son análogos, pero no idénticos, a los de primera persona. En singular, igual que en el caso de *mi*, el dativo *tibi* (> esp. *ti*) ya no se usa como tal, sino como complemento preposicional (*a ti, para ti, por ti*, etc.; excepción: *contigo*), y el acusativo/ablativo *tē*, en este caso igual que *mē*, asume las funciones de acusativo ("Juan te ve") y dativo ("Juan te da la carta"). Se pierde el genitivo *tuī*. En plural, *vōs* sirve únicamente como acusativo, y no como acusativo/ablativo como en los casos de *mē* y *tē*. Se pierden las variantes genitivas *vestrum, vestrī* y el dativo/ablativo *vōbīs*. En cuanto a *vōs*, tiene una evolución doble. En la nueva función de complemento preposicional, se mantiene durante un tiempo (*a uos, de uos, para uos*) hasta transformarse en *uosotros* (*a uosotros, de uosotros, para uosotros*). En las funciones de acusativo y dativo, adopta la forma abreviada *os* en el siglo XV, cf. *Juan os ve, Juan os da la carta.*

Tercera persona. Vimos en el capítulo 4 que el latín carece de pronombres de tercera persona. Por lo tanto, para referirse a terceras personas, los hablantes del latín se sirven de pronombres demostrativos, utilizando los equivalentes de *éste* por *él,* y los de *ésas* o *aquéllas* por *ellas*. Entre los muchos pronombres demostrativos latinos figuran, por ejemplo, *hic* 'éste', *ille* 'aquél', *is* 'éste', *īdem* 'el mismo' e *ipse* 'él mismo'. En el latín hablado occidental, se forma una nueva categoría de pronombre personal, la de tercera persona, a partir de uno de éstos: *ille*.

Igual que en el caso de *ego* y *tū, ille* tiene su propio paradigma, que se reduce mucho para la etapa del castellano medieval. Veamos primero la evolución de los pronombres de sujeto.

	M.	F.	N.
SG.			
nom.	*ille* > cast. *él*	*illa* > cast. *ella*	*illud* > cast. *ello*
gen.	*illīus*	*illīus*	*illīus*
dat.	*illī*	*illī*	*illī*

ac.	*illum*	*illam*	*illud*
ab.	*illō*	*illā*	*illō*

PL.

nom.	*illī*	*illae*	*illa*
gen.	*illōrum*	*illārum*	*illōrum*
dat.	*illīs*	*illīs*	*illīs*
ac.	*illōs* > cast. *ellos*	*illās* > cast. *ellas*	*illa*
ab.	*illīs*	*illīs*	*illīs*

Repárese en que las formas singulares derivan del nominativo (si hubiera sido del acusativo, diríamos ****ello* [< *illum*] en vez de *él*), mientras que las plurales derivan del acusativo (si hubiera sido del nominativo, diríamos ****elle* > ****él* [< *illī, illae*] en vez de *ellos* y *ellas*). Se pierde la [e] final de *ille*, pero se conserva la [o] final de *illud*, de acuerdo con los cambios vocálicos estudiados en el capítulo 5. No subsisten las formas del genitivo y ablativo.

Del mismo paradigma se derivan también los pronombres llamados **clíticos,** o sea, los que están obligatoriamente ligados a verbos, según el esquema siguiente:

	M.	F.	N.

SG.

nom.	*ille*	*illa*	*illud*
gen.	*illīus*	*illīus*	*illīus*
dat.	*illī* > cast. *le*	*illī* > cast. *le*	*illī*
ac.	*illum* > cast. *lo*	*illam* > cast. *la*	*illud* > cast. *lo*
ab.	*illō*	*illā*	*illō*

PL.

nom.	*illī*	*illae*	*illa*
gen.	*illōrum*	*illārum*	*illōrum*
dat.	*illīs* > cast. *les*	*illīs* > cast. *les*	*illīs*
ac.	*illōs* > cast. *los*	*illās* > cast. *las*	*illa*
ab.	*illīs*	*illīs*	*illīs*

Ninguno de estos pronombres clíticos deriva del nominativo, pues los clíticos en español sólo funcionan como complementos del verbo (caso oblicuo) y no como sujeto (caso recto), cf. *verlas, hablarle*, etc.

En lo fonético, lo más notable es la pérdida de la primera sílaba en todos los casos. Este fenómeno se debe a las diferentes condiciones acentuales con que se usan en la oración los pronombres de sujeto y los de objeto. En el castellano medieval, como en el actual, el uso de los pronombres de sujeto no es obligatorio. En consecuencia, se usan sólo para aclarar, contrastar o enfatizar, por lo cual suelen pronunciarse con intensidad: *él lo hizo, lo dijeron ellas.* En cambio, los clíticos suelen ser prosódicamente átonos, cayendo el énfasis en el verbo, no en el pronombre: *dígale, búsquenlo.* Esta distinción es análoga a la que opera entre el imperativo *dé* y la preposición *de,* entre el verbo *sé* y el pronombre reflexivo *se,* etc. Por lo tanto, los pronombres clíticos se desarrollan atípicamente. *Illās,* por ejemplo, da primero [elas], desgeminándose la [ll]; luego [las], por pérdida de la vocal inicial.

En el aspecto gramatical, lo notable en los pronombres clíticos es la supervivencia de las formas del dativo, cuyo desarrollo en el entorno átono da, según la tabla, *le* (< *illī*) en singular y *les* (< *illīs*) en plural. La tabla no explica, sin embargo, el hecho de que tanto *le* como *les* se vean sustituidos por *se* en combinación con los pronombres clíticos de complemento directo: *Juan se lo da a María, Juan se las presenta a María y Elena.* Esta anomalía se debe al desarrollo fonético regular. De las combinaciones *illī* + *illum* (*illam, illōs, illās*) se produce, por evolución fonética, el desarrollo siguiente: (1) [illi: illum] > [illi: illu] (pérdida de [m] final), (2) [elli ello] (confluencias vocálicas), (3) [elljello] ([i] en hiato > [j]), (4) [ljelo] (reducciones por ser palabra átona), (5) [ʎelo] (palatalización de [l] ante [j]) y (6) [ʒelo] (rehilamiento). Esta última etapa es la del castellano medieval, etapa en que suele representarse ortográficamente como *ge lo* o *gelo.*[4] Más tarde, en el siglo XVI,[5] esta construcción, ahora etimológicamente aislada, se identifica con construcciones reflexivas como *se lo comió, se lo imagina,* con lo cual *ge lo* se convierte en *se lo.* La explicación que se suele dar para esta anomalía, según la cual es supuestamente difícil de pronunciar la secuencia *le* + *lo,* se

---

4. No hay equivalente medieval del plural *illīs* + *illum.*

5. Hayward Keniston (1937:73) dice de *ge lo* que "no examples of its use have been noted after 1530".

desmiente por un lado por la existencia de la palabra *lelo* 'tonto', y por otro por oraciones como *Voy a decirle lo lelo que es,* donde [lelo] aparece dos veces seguidas.

También es notable, ya en el castellano medieval, el uso de la forma dativa *le* por el acusativo *lo* cuando se refiere a seres humanos masculinos. Este fenómeno, llamado **leísmo,** se extiende desde la Edad Media hasta el castellano hablado actualmente en el norte de España. A continuación se presentan unos ejemplos medievales del fenómeno, donde en no pocos casos *le* aparece en forma apocopada (por pérdida de [e] final) y ligada a otra palabra:

> *y este segundo Hercules llamaron le por sobrenombre Sanao* 'y a
> este segundo Hércules le llamaron por sobrenombre Sanao'
> *amauan le todos* 'le amaban todos'
> *ellos tomaron le estonce e leuaron le antel rey Leomedon* 'ellos le
> tomaron entonces y le llevaron ante el rey Leomedon'
> *e uenciol Annibal e fuxo Senpronio a Roma* 'y Aníbal le venció y
> Sempronio huyó a Roma'
> *de cuemo lidiaron los Scipiones con Magon hermano de Annibal*
> *& cuemol prisieron* 'de cómo pelearon los Escipiones con
> Magón, hermano de Aníbal, y cómo le tomaron prisionero'
> *e a Magon enuiol preso a Roma con otros omnes onrados* 'y a
> Magón le envió preso a Roma con otros hombres honrados'

Finalmente, notamos la supervivencia de los pronombres neutros *ello* y *lo.* Estos dos pronombres difieren de los demás por no tener antecedentes sustantivos (ya no hay sustantivos neutros en español). Como consecuencia, *ello* y *lo* se han adaptado para referirse, no a sustantivos, sino a asuntos no enteramente conceptualizados, especificados o determinados, en oraciones como *lo de tu suegra* (Garcés Gómez 2002).

ARTÍCULOS. Como sabemos, el latín funciona perfectamente sin artículos:

> *Puerīs līberīs frūctum dat* 'da el/un fruto a los/unos muchachos
> libres'
> *Amīcōs videō* 'veo a los/unos amigos'

La explicación histórica del uso anómalo de *se* en el sentido de 'le' y 'les' es muy compleja: primero, la secuencia latina *illī illu* sufre una serie de cambios fonéticos que producen *ge lo* ([ʒe lo] en castellano medieval); segundo, *ge lo* se confunde con *se lo* —cuyo primer elemento es reflexivo (*se lo lleva, se lo lava*)— en el español del siglo XVI. Dada esta complejidad, no debe sorprendernos que haya surgido otra explicación más sencilla, pero completamente falsa, que hoy en día goza de una aceptación casi universal en el mundo de habla española. Según esta explicación, *se lo* sustituye a *le lo por razones de eufonía. Es decir, se alega que la secuencia fonética [le lo] es poco natural en español, o incluso que suena mal.

Según Montrose Ramsey (1902:196), por ejemplo, *se* sustituye *le* "para evitar la coincidencia de dos sílabas breves con *l-* inicial" ("to avoid the concurrence of two short syllables beginning with *l*"). Incluso la gramática más reciente de John Butt y Carmen Benjamin (1988:126) menciona esta explicación: "Este fenómeno se achaca tradicionalmente a la cacofonía de las mútiples eles" ("This phenomenon is traditionally explained by the cacophony of too many *l*'s"). Una búsqueda en la web rinde comentarios como los siguientes:

> "Utilizamos *se* cuando el complemento indirecto acompaña a un complemento directo en forma de pronombre personal *lo, la, los, las,* para evitar la cacofonía de *le lo / le la,* etc."

> "Para no decir frases como *le la, le lo, le las, le los,* que suenan mal y son incorrectas, decimos *se la, se lo, se las, se los.*"

> "Se cambia *le lo* a *se lo* para evitar el trabalenguas que resulta de las dos palabras breves consecutivas con *l-* inicial. Para convencerse de esto, diga rápidamente *les las* y luego *se las.* ¿No ve que es más fácil decir *se las*? ("The reason for changing *le lo* to *se lo* is merely to avoid the tongue-twisting effect of two short consecutive words that begin with the letter *l*. To demonstrate this, first quickly say *les las* and then quickly say *se las*. See how much easier it is to say *se las*?")

El gran poeta y filólogo venezolano Andrés Bello (1951:946) contradice la explicación estilística cuando, al comentar la pérdida del antiguo *ge lo*, añade que "lo mejor hubiera sido sin duda adoptar,

> **UN MITO LINGÜÍSTICO** *(continuación)*
> para el dativo oblicuo, las combinaciones *le lo, le la* (. . .), nada ingratas al oído."
>
> Efectivamente, nuestro contraejemplo *voy a decirle lo lelo que es*, en el que se pronuncia sin dificultad una secuencia de cuatro sílabas breves con [l] inicial (cf. otros ejemplos como *dile lo que piensas, dile lo mucho que lo quieres, dile lo antes posible*), muestra que la explicación tradicional es un mito.

En latín, cuando se necesita precisar más a qué o a quién se refiere, se utiliza uno de los adjetivos demostrativos:

Hic frūctus magnus est 'este fruto es grande'
Iste rēx fortis est 'ese rey es valiente'
Ille homō potēns est 'aquel hombre es poderoso'

Con el tiempo, igual que en el caso de los pronombres personales de tercera persona, se concentra este uso en el demostrativo *ille* en el latín hablado occidental,[6] y su uso incrementa de tal forma que termina perdiendo su valor demostrativo para convertirse en mero artículo definido.

La derivación de las formas del artículo definido castellano a partir de las del paradigma latino de *ille* se representa en la tabla siguiente:

	M.	F.	N.
SG.			
nom.	*ille* > cast. *el*	*illa* > cast. *ela* > *el, la*	*illud* > cast. *lo*
gen.	*illīus*	*illīus*	*illīus*
dat.	*illī*	*illī*	*illī*
ac.	*illum*	*illam*	*illud*
ab.	*illō*	*illā*	*illō*
PL.			
nom.	*illī*	*illae*	*illa*
gen.	*illōrum*	*illārum*	*illōrum*

6. Única excepción, el mallorquín medieval, cuyo artículo femenino *sa* procede de *ipsa*.

dat.	*illīs*	*illīs*	*illīs*
ac.	*illōs* > cast. *elos* > *los*	*illās* > cast. *elas* > *las*	*illa*
ab.	*illīs*	*illīs*	*illīs*

También igual que en los pronombres personales de sujeto, las formas de singular del artículo definido se derivan del nominativo, y las de plural, del acusativo. La explicación para la abreviación de las formas del artículo es igual que en el caso de los pronombres clíticos: los artículos definidos son partículas de empleo exclusivamente gramatical, por lo cual no se enfatizan: ***yo quiero <u>los</u> cuadernos.* En plural, este proceso de abreviación es igual al de los pronombres clíticos, cf. *illōs* > *elos* > *los,* e *illās* > *elas* > *las.* En singular, como parten de las formas nominativas, los resultados son *ille* > *el, illa* > *ela* > *el / la, illud* > *lo.* Lo verdaderamente notable aquí es que haya sido la segunda sílaba la que se perdiera en la forma masculina, pues si su evolución hubiese sido paralela a la de *illa* e *illud,* habría dado ***le.* La forma neutra *lo* se usa en contextos donde no corresponde a ningún referente en particular, cf. *lo bueno de la situación, lo que tú dices,* etc.

Otro fenómeno interesante que atañe a los artículos es el uso de la forma aparentemente masculina *el* ante ciertos sustantivos femeninos en español moderno. Nótese en la tabla citada que los resultados del demostrativo nominativo femenino *illa* son *el* y *la.* En otras palabras, en el castellano, uno de los **alomorfos** (variantes de morfema) femeninos del artículo definido es *el.* Incluso hasta entrado el siglo XVI, se suele emplear este alomorfo ante cualquier sustantivo femenino que comienza por una vocal. Véanse los casos siguientes, tomados del *Poema de Mio Cid*:

saco el pie <u>del estribera</u> (38) 'sacó el pie del estribo'
en mano trae desnuda <u>el espada</u> (471) 'trae la espada desnuda en
    la mano'
ca fecha es <u>el arrancada</u> (609) 'porque se ha ganado la batalla'
assi fera lo de Siloca, que es <u>del otra</u> part (635) 'así hará lo de
    Jiloca, que está en el otro lado'
e grande es <u>el almofalla</u> (660) 'y grande es el ejército'
e tanxo <u>el esquila</u> (1673) 'y dio la voz de alarma'
salios le de <u>sol espada</u> (1726) 'se le escapó de bajo su espada'

aun uea el ora que uos meresca dos tanto (2338) 'espero poder
pagarle el doble algún día'

Después del siglo XVI, se impone el sistema moderno, según el cual
el uso del femenino *el* se limita a los sustantivos femeninos que
comienzan por [á] tónica, como *águila, agua* y *hambre*.

En cuanto al artículo indefinido, deriva de las formas acusativas
de *ūnus* 'uno': m. s. *ūnu[m] > uno*, f. *ūna[m] > una*, m. pl. *ūnōs >
unos*, f. pl. *ūnās > unas*. Las formas de plural se usan ya en latín de
forma parecida, cf. *similitudines ūnārum rerum* 'semejanzas de unas
cosas'.

Morfología: Sistema verbal

Hemos visto que en su evolución hacia el castellano medieval, el
sistema nominal latino vive una transformación fundamental: las
cinco declinaciones nominales se reducen a tres, los tres géneros
se reducen a dos, y el sistema casual se pierde casi completamente
(menos en algunas formas pronominales). En cambio, el sistema
verbal del latín llega al castellano medieval en gran parte intacto.
Igual que sus homólogos latinos, los verbos castellanos se conjugan
según las categorías de persona (primera, segunda, tercera), número
(singular, plural), modo (indicativo, subjuntivo, imperativo), aspecto (imperfectivo, perfectivo) y tiempo (presente y pretérito, entre otros). No obstante, sí hay un número irreducible de cambios,
causados por varios factores, como la ya aludida tendencia hacia
una morfología más analítica, más el cambio fonológico y las medidas que se toman para "reparar" las irregularidades que produce.
En este apartado, tras un comentario sobre este último tema, inves-
tigaremos tres de las categorías más importantes de estos cambios, a
saber, las que atañen a las conjugaciones, la voz pasiva y los tiempos.

EL CAMBIO ANALÓGICO. Ya citamos varios ejemplos de los efectos
del cambio analógico. En el sistema nominal, este tipo de cambio
—por el que la forma de una palabra se ve alterada por influjo de
otra u otras con que está asociada— explica la acuñación de *nosotros*
(en lugar de *nos,* debido al influjo de *vosotros*), de *conmigo* (en vez de

*conmego, fruto del influjo de *mi*), de *connusco* (en vez de *con nos*, por influencia de *conmigo*), de *siniestro* (en vez de *senestro*, por influencia de *diestro*) y del moz. *mib* (cf. cast. med. *mi*, por influencia del lat. *tibi*). En el sistema verbal, citamos el ejemplo de formas como *amábamos*, *amábais*, cuyos **étimos** (o sea, los vocablos latinos de los que proceden, *amābāmus* y *amābātis*) hacen esperar **amabámos*, **amabádes*.

El sistema verbal del castellano ofrece un sinfín de ejemplos adicionales de alteración fonética de formas verbales por analogía. En este sentido, consideremos las formas de las segunda y tercera conjugaciones latinas, representadas por *dēbeō, dēbēre* 'deber' y *cēdō, cēdere* 'ceder':

	2ª CONJ.	3ª CONJ.
1ª p., sg.	*dēbeō*	*cēdō*
2ª p., sg.	*dēbēs*	*cēdis*
3ª p., sg.	*dēbet*	*cēdit*
1ª p., pl.	*dēbēmus*	*cēdimus*
2ª p., pl.	*dēbētis*	*cēditis*
3ª p., pl.	*dēbent*	*cēdunt*

Como veremos abajo, estas dos conjugaciones se combinan para formar una sola en hispanorromance. Esta unión requiere, sin embargo, varios ajustes. En el caso de la segunda conjugación, el proceso se limita a la forma de primera persona singular, cuya desinencia *-eō* se sustituye analógicamente por *-ō*, para concordar con la forma correspondiente de los verbos de la tercera (y de la primera, *amō* 'yo amo'). En la tercera conjugación cambian todas las formas de plural, pues la de primera persona habría producido quizá **cendos* ([ké:dimus] > [kédemos] > [tsédmos] > [tséndos], con una metátesis paralela a la de *catēnātu > candado*) y la de tercera **cedon*. El hecho de que digamos hoy en día *cedemos* y *ceden* (en vez de **cendos* y **cedon*) se debe a los efectos de un tipo de cambio analógico llamado **nivelación** (ingl. *leveling*) por el que las formas de un paradigma se regularizan por influjo mutuo. En este caso fueron determinantes formas como *dēbēmus* (> debemos) y *dēbent* (> deben).

Otro ejemplo es *plicāre*, que da, como resultado normal, *llegar* en español. Por ser regulares, son fáciles de explicar las formas del presente de indicativo: *plicō* > *llego*, *plicās* > *llegas*, etc. Pero, ¿qué hay de las formas de subjuntivo? Siguiendo las pautas de cambio fonológico, se esperaría que el resultado de *plicem* (forma de primera persona singular) fuese **llez en vez de *llegue*. Del mismo modo, se esperaría, de *plicēmus*, **llecemos en vez de *lleguemos*. Está claro que se ha remodelado el paradigma del subjuntivo analógicamente sobre el modelo del indicativo.

Los efectos del cambio analógico se harán patentes repetidamente en los apartados siguientes.

LAS CONJUGACIONES. En castellano, las cuatro conjugaciones latinas se reducen a tres cuando se combinan la segunda y la tercera. Reproducimos aquí las conjugaciones presentadas en el capítulo 4 para los infinitivos *amāre* 'amar', *dēbēre* 'deber', *cēdere* 'ceder' y *audīre* 'oír', junto con los paradigmas castellanos correspondientes.

Conjugaciones latinas

	1ª CONJ.	2ª CONJ.	3ª CONJ.	4ª CONJ.
1ª p., sg.	*amō*	*dēbeō*	*cēdō*	*audiō*
2ª p., sg.	*amās*	*dēbēs*	*cēdis*	*audīs*
3ª p., sg.	*amat*	*dēbet*	*cēdit*	*audit*
1ª p., pl.	*amāmus*	*dēbēmus*	*cēdimus*	*audīmus*
2ª p., pl.	*amātis*	*dēbētis*	*cēditis*	*audītis*
3ª p., pl.	*amant*	*dēbent*	*cēdunt*	*audiunt*

Conjugaciones castellanas

	1ª CONJ.	2ª CONJ.	3ª CONJ.
1ª p., sg.	*amo*	*debo, cedo*	*oigo*
2ª p., sg.	*amas*	*debes, cedes*	*oyes*
3ª p., sg.	*ama*	*debe, cede*	*oye*
1ª p., pl.	*amamos*	*debemos, cedemos*	*oímos*
2ª p., pl.	*amades* > *amáis*	*debedes* > *debéis*	*oides* > *oís*
		cededes > *cedéis*	
3ª p., pl.	*aman*	*deben, ceden*	*oyen*

La semejanza entre los dos paradigmas es asombrosa. La mayoría de las formas latinas citadas son perfectamente relacionables a las castellanas a través de los cambios fonológicos estudiados en el capítulo 5. Como acabamos de ver, las que no se dejan explicar así (v. gr. *dēbeō* y *cēdunt* frente a *debo* y *ceden*) se deben a los efectos de la analogía. Lo mismo puede decirse del infinitivo *cēdere*, que si se hubiese desarrollado normalmente habría dado **cedre (o **cer o **cerde).

Además de la confluencia de la segunda y tercera conjugaciones, el asunto se complica por el hecho de que muchos verbos pertenecientes a estos grupos hayan cambiado de conjugación. Esto no es tan evidente en el caso de los verbos de la primera conjugación latina (*-āre*), que pasan a la primera castellana (*-ar*), y los de la cuarta latina (*-īre*), que pasan a la tercera castellana (*-īr*). Sin embargo, muchos verbos de la segunda (*-ēre*) y tercera (*-ere*) conjugaciones latinas sí cambian de conjugación, ora a la primera (*-ar*), ora a la tercera (*-ir*) castellanas. Ejemplos:

Segunda latina (*-ēre*) a primera castellana (*-ar*): *torrēre* > *torrar*
Tercera latina (*-ere*) a primera castellana (*-ar*):
    minuere > *menguar, mēiere* > *mear*
Segunda latina (*-ēre*) a tercera castellana (*-ir*): *fervēre* > *hervir*,
    putrēre > *pudrir, rīdēre* > *reír*
Tercera latina (*-ere*) a tercera castellana (*-ir*): *fugere* > *huir*,
    parere > *parir, recipere* > *recibir*.

LA VOZ PASIVA. Ya se explicó en el capítulo 4 que la voz pasiva se expresa en latín mayormente de forma sintética, es decir, mediante una base verbal y una desinencia que comprende dos o más morfemas. Véanse, por ejemplo, las formas pasivas de tiempo presente indicativo correspondientes a nuestros verbos regulares:

	1ª CONJ.	2ª CONJ.	3ª CONJ.	4ª CONJ.
1ª p., sg.	*amor*	*dēbeor*	*cēdor*	*audior*
2ª p., sg.	*amāris*	*dēbēris*	*cēderis*	*audīris*
3ª p., sg.	*amātur*	*dēbētur*	*cēditur*	*audītur*
1ª p., pl.	*amāmur*	*dēbēmur*	*cēdimur*	*audīmur*
2ª p., pl.	*amāminī*	*dēbēminī*	*cēdiminī*	*audīminī*
3ª p., pl.	*amantur*	*dēbentur*	*cēduntur*	*audiuntur*

Amor significa, entonces, 'soy amado', *amāris* 'eres amado', *amātur* 'es amado', etc.

Sin embargo, las formas pasivas no son sintéticas en todos los tiempos. En los tiempos perfectivos o pretéritos, se usa una construcción analítica basada en el participio de perfecto pasivo más una forma del verbo *sum* (*esse*) 'ser'. La construcción perfectiva *amātus sum*, por lo tanto, significa 'fui amado' o 'he sido amado'. En el paradigma correspondiente al tiempo perfecto del verbo *amō* (*amāre*) presentado más abajo, nótese que en los tiempos perfectivos hay concordancia entre sujeto y participio en cuanto a número y género. Una mujer diría, pues, *amāta sum* 'yo fui amada' y varias mujeres dirían *amātae sumus* 'nosotras fuimos amadas'.

1ª p., sg.	*amātus sum*	'fui amado'
2ª p., sg.	*amātus es*	'fuiste amado'
3ª p., sg.	*amātus est*	'fue amado'
1ª p., pl.	*amātī sumus*	'fuimos amados'
2ª p., pl.	*amātī estis*	'fuisteis amados'
3ª p., pl.	*amātī sunt*	'fueron amados'

Los paradigmas sintéticos de voz pasiva no se transmiten al castellano. Más bien se toman por modelo las formas compuestas para construir toda una serie de paradigmas analíticos. Esencial para esta adaptación es un cambio en la interpretación semántica del paradigma perfectivo: *amātus sum* se interpreta ahora como tiempo presente, con el sentido 'soy amado', y no ya como 'fui amado'. Esto posibilita la creación de toda una serie de tiempos de voz pasiva, como el perfecto (*fui amado*) y el futuro (*seré amado*).

LOS TIEMPOS. Huelga decir que en una historia breve de la lengua no hay lugar para un análisis pormenorizado de la evolución de todos los tiempos y modos verbales entre el latín y el castellano medieval. En su lugar, presentamos una miscelánea de temas que han sido elegidos, por una parte, por su importancia global, y por otra, por su relevancia para el análisis del castellano medieval, especialmente tal y como se presenta en el texto alfonsí que a continuación se analiza morfosintácticamente. Los temas son, pues, los siguientes: (1) los tiempos transmitidos relativamente intactos del latín al castellano medieval, (2) los tiempos transmitidos, pero con cambio de significado, y (3) los tiempos compuestos.

Muchos tiempos permanecen relativamente intactos entre las dos fases de la lengua. A modo de muestra, citamos las correspondencias siguientes del verbo *amō* (*amāre*) 'amar', en sus formas de primera persona singular. Como ya se discutió la cuestión de la voz pasiva, nos limitamos aquí a los tiempos de la voz activa.

	LATÍN	CASTELLANO MEDIEVAL
Indicativo		
presente	*amō*	*amo*
imperfecto	*amābam*	*amaua*
pretérito	*amāvī*	*amé*
pluscuamperfecto	*amāveram*	*amara*
Subjuntivo		
presente	*amem*	*ame*

Aquí hace falta añadir dos comentarios suplementarios. Primero, le chocará al hablante del español moderno ver identificada la forma *amara* como pluscuamperfecto de indicativo, o sea, como equivalente de *había amado,* pues hoy en día, como se sabe, *amara* se emplea casi exclusivamente como forma de imperfecto del subjuntivo, es decir, como equivalente de *amase.* Veremos en el capítulo 7 —donde se dan detalles y ejemplos— que el uso indicativo de la forma perdura hasta principios del siglo XV, cuando adquiere su significado moderno. Segundo, habría que agregar que, si bien las desinencias del imperfecto de indicativo de la primera conjugación se parecen mucho a las actuales (*amaua, amáuamos,* etc.), en la segunda y tercera conjugaciones compiten durante un tiempo las desinencias actuales con otras alternativas, de forma que junto a *comía, comíamos,* etc., se dice también *comié, comiemos.* Para más información sobre el origen y uso de esta variante medieval, que viene a ser extraordinariamente común en la prosa alfonsí, ver Lloyd 1987:361–62 y Malkiel 1959.

Acabamos de ver que *amara* termina cambiando de significado a finales de la época medieval. Hay otros tiempos latinos, sin embargo, cuyo uso se modifica durante la transición del latín hablado al romance. El pluscuamperfecto de subjuntivo latino *amāssem* (también *amāvissem*), por ejemplo, se conserva en romance, pero ya desde los albores del castellano escrito se usa en el sentido de imperfecto de subjuntivo, sentido que sigue teniendo, cf. cast. med. *amasse* (moderno *amase*). Otro tiempo que llega a la época románica semánticamente transformado es el futuro perfecto de indicativo (*amāverō*), que se combina con el formalmente casi idéntico pretérito de subjuntivo (*amāverim*) para producir un tiempo completamente nuevo, el futuro de subjuntivo, cuyas formas para la primera conjugación son *amare, amáremos,* etc. y para la segunda conjugación *comiere, comiéremos,* etc. Este nuevo tiempo, cuya evolución ulterior se explica en el capítulo 7, aparece con gran frecuencia en los textos alfonsíes, como veremos luego.

Mencionamos en el capítulo 4 que el latín no dispone de todos los tiempos que hay en español moderno, como el condicional (*amaría*) y los tiempos perfectivos del presente (*he amado*), pretérito (*hube amado*) y condicional (*habría amado*) de indicativo. En el subjuntivo, falta el perfectivo de presente (*haya amado*). Este desequilibrio entre latín y romance se debe principalmente al surgimiento de toda una serie de tiempos romances que se suelen llamar compuestos, por ser bipartitos: se construyen a base del verbo auxiliar *auer* 'haber' más el participio de perfecto pasivo de otro verbo (como en el caso de *auié amado* 'había amado') o el infinitivo de otro verbo (*amar e* 'amaré).

La aparición de los tiempos compuestos representa un caso notable de la sustitución de estructuras sintéticas por analíticas, y al mismo tiempo, de la gramaticalización de un verbo, a saber, *habēre*. En latín, los significados del verbo *habēre* corresponden a los del verbo moderno *tener*. Más tarde, en contextos como el de la muy citada oración ciceroniana *habeō cultellum comparatum* 'tengo el cuchillo comprado', se da la posibilidad de un cambio semántico por el que la idea de posesión cede ante la función auxiliar: al significado original se añade 'he comprado el cuchillo'. Por la frecuencia de uso de esta nueva construcción, y posiblemente también por el creciente empleo de *tenēre* 'coger, agarrar', 'poseer' por *habēre* para indicar posesión, *habēre* pierde su función original en hispanorromance, posibilitando al mismo tiempo la creación de una serie de nuevos tiempos, ya que *habēre* es susceptible de conjugarse en todos los tiempos posibles. En un caso, el nuevo tiempo compuesto sustituye a un tiempo sintético latino, cuando el pluscuamperfecto *amāveram* (> *amara*) cede ante *auié amado,* siendo sinónimas las dos formas durante un tiempo. Otros tiempos son completamente nuevos, como el pretérito perfecto, cf. *e sabet que este hermes de que desuso auemos fablado fue omne muy santo* 'y sabed que este Hermes de quien arriba hemos hablado fue un hombre muy santo'.

En otros casos, el verbo *habēre* no se combina con el participio de perfecto pasivo, sino con el infinitivo presente activo. La combinación *habeō amāre,* que al principio expresa probablemente obligación ('tengo que amar'), viene a sustituir al futuro latino en gran parte de la zona románica occidental, en parte por no ser suficientemente distintivas las formas de este tiempo latino (cf. la forma de presente *cēdit* frente al futuro *cēdet* en la tercera conjugación y la forma del perfecto *amāvit* frente al futuro *amābit* en la primera). Al ser usadas como verbos auxiliares, las formas de *habēre* sufren una reducción importante (cf. el caso de *illōs* > *los*), transformándose así: *habeō* > *e, habes* > *as, habet* > *a, habēmus* > *auemos* > *emos, habētis* > *auedes* > *eis, habent* > *an*. Al principio, estas formas siguen interpretándose como palabras independientes de los infinitivos a que se asocian, como muestran los ejemplos siguientes —tomados de la prosa alfonsí y del *Poema de Mio Cid,* ambos del siglo XIII— en los que se intercala una palabra entre las dos partes de la construcción de futuro:

> *Tiende la mano con la uerga sobre la mar & <u>tornar se an</u> las aguas en sos logares.* 'Tiende la mano con la vara sobre el mar y volverán las aguas a sus lugares.'
> <u>*Seer uos an*</u> *perdonados uuestros pecados.* 'Le serán perdonados sus pecados.'
> <u>*Poder lo as*</u> *fazer.* 'Lo podrás hacer.'
> <u>*Ser uos emos*</u> *uassallos leales.* 'Le seremos vasallos leales.'
> <u>*Vengar nos emos*</u> *dellos del mal que nos an fecho.* 'Nos vengaremos de ellos por el mal que nos han hecho.'

Duenna, <u>saber lo emos</u> del Rey antes si lo touieredes por bien.
'Señora, lo sabremos del Rey antes, si le parece bien.'

Más tarde, estas formas de *habēre* se convierten en desinencias **flexivas,** perdiendo su calidad de palabras independientes. Esto significa que la forma sintética del futuro latino (*illum amābō*), que se convierte en analítica en castellano medieval (*amar lo e*), vuelve a hacerse sintética en español moderno (*lo amaré*), por lo cual ya no admite palabras intercaladas.

Las formas del imperfecto de *habēre* (*habēbam, habēbās, habēbat*) se convierten, de la misma manera, en desinencias de condicional (*-ía, -ías, -ía,* o sus variantes medievales *-ié, -iés, -ié,* paralelas a las desinencias alternativas de imperfecto de indicativo). El condicional es un tiempo completamente original en romance que, entre otras funciones, tiene la de referirse al futuro desde un momento en el pasado, cf. *me dijo que vendría.*

Principales cambios sintácticos

En nuestro muy breve comentario sobre la sintaxis latina en el capítulo 4, planteamos cuatro temas de especial interés, a saber, (1) el orden de palabras, (2) el hecho de que el verbo latino tiende a aparecer en posición final, (3) la subordinación sintáctica y (4) el ablativo absoluto (fenómeno que desaparece junto con el sistema casual). A estos temas queremos añadir varios más en este apartado, como (5) el surgimiento de la conjunción *que,* (6) la gramaticalización de *habēre* y *mente,* (7) la evolución de '*a* **personal**', (8) la sintaxis de los pronombres clíticos y (9) el uso de construcciones reflexivas en sentido pasivo. Tomamos los ejemplos de la *Estoria de Espanna* de Alfonso X el Sabio (Kasten, Nitti y Jonxis-Henkemans 1997).

En cuanto al ORDEN DE PALABRAS, me refiero al texto medieval fonéticamente analizado al final del capítulo anterior (también analizado gramaticalmente al final de este capítulo). Aparte de la colocación de los pronombres clíticos, que comentaremos más abajo, encontramos una situación muy parecida a la del español moderno, lengua que, en comparación con el inglés, por ejemplo, ofrece bastante libertad en el orden de palabras. En las cláusulas principales encontramos ejemplos del orden "sujeto-verbo":

el Çid enuio 'el Cid envió'
todos yremos 'todos iremos'
El Çid (. . .) gradescio 'el Cid (. . .) agradeció'
el Rey lo enuiara 'el Rey lo había enviado'

Y al mismo tiempo encontramos ejemplos del orden "verbo-sujeto", sobre todo cuando van precedidos por una conjunción o adverbio:

et dixo Aluar Hannez Minnaya 'y dijo Alvar Háñez Miñaya'
et esto mismo le dixieron todos los otros 'y esto mismo le dijeron todos los otros'
otro dia salio el Çid de Uiuar 'al otro día salió el Cid de Vivar'
et dizen algunos 'y dicen algunos'
quando aquello uio el Çid 'cuando aquello vio el Cid'
et diol esse dia Martin Antolinez 'y le dio ese día Martín Antolinez'

En cuanto a la unidad "verbo-complemento", observamos que el complemento sigue al verbo en *todos (. . .) dexaremos Castiella*, pero le precede en casos como los arriba citados *et esto mismo le dixieron todos los otros* y *quando aquello uio el Çid*.[7] En cambio, no encontramos ejemplos del verbo principal en POSICIÓN FINAL, donde suele aparecer en latín, salvo donde no hay complemento, cf. *si Dios quisiere* 'si Dios quiere'. Tampoco encontramos ejemplos de un orden completamente libre como el que permite el latín, p. ej., los adjetivos, que en castellano medieval están siempre al lado de los sustantivos correspondientes: *ninguna guisa* 'ninguna manera', *uassallos leales* 'vasallos leales', *otro dia* '(al) otro día, *corneia diestra* 'corneja a la derecha', *grand onrra* 'gran honra'.

No se transmite al castellano la CONJUNCIÓN SUBORDINANTE latina *ut* 'cuando', 'para que',[8] pero sí se conservan *sī* condicional y,

---

7. En un estudio de más de trece mil oraciones tomadas de siete obras castellanas escritas entre los siglos XII y XV, John England (1980) registra el orden "verbo-complemento" un 94,5 per ciento del tiempo.

8. La palabra *cum* se conserva (> *con*), pero no como conjunción.

sobre todo, *quod*, que extiende su uso (fue originariamente causal) para incluir casi todas las demás funciones. Esto se refleja en el derivado castellano de *quod* (o posiblemente de *quid*, pronombre interrogativo que se confunde con *quod*,) a saber, *que*, cuya esfera de empleo incluye los siguientes tipos de cláusula:

sustantiva (la clásula tiene una función sustantiva, p. ej., como complemento directo): *cuedando que assi passarien como ellos* 'pensando que pasarían como ellos'

consecutiva (la clásula expresa una consecuencia): *se leuanto entrellos una niebla tan espesa que a penas se deuisauan uno a otro* 'se levantó entre ellos una niebla tan espesa que apenas se divisaban el uno al otro'

concesiva (se expresa una objeción): *aquella cibdad pero que sea agora yerma & despoblada* 'aquella ciudad aunque sea ahora yerma y despoblada'

causal (expresa una causa): *non cates a su vista ni alteza de so estado, que lo aborreci* 'no mires su apariencia y la alteza de su estado, porque lo aborrecí'

final (expresa la finalidad de la acción): *despues a la tercera noche guiso donna Sancha que se echasse el conde so padre & la condessa su madrastra* 'después, en la tercera noche, arregló doña Sancha para que el conde atacase a su padre y a la condesa su madrastra'

La llamada oración de infinitivo no concertado, como en *putō illōs hominēs sine amīcīs miserōs esse* 'creo que aquellos hombres sin amigos son infelices' sobrevive en castellano, pero no se emplea ya con los llamados verbos de lengua y entendimiento, sino con verbos exhortativos e imperativos, v. gr., *pedir, mandar, ordenar,* como en el ejemplo *mando los luego descabesçar* 'mandó descabezarlos luego'.

Ya explicamos uno de los ejemplos del fenómeno de la GRAMA-TICALIZACIÓN en la historia del castellano, el de *habēre*, que por un reanálisis de su función posesiva en oraciones como *habeō cultellum comparātum* 'tengo comprado el cuchillo' y *habeō cultellum comparāre* 'tengo que comprar el cuchillo', llega a convertirse en verbo auxiliar en *he comprado el cuchillo* y hasta en desinencia verbal en *compraré el cuchillo*.

Notablemente, a estas alturas puede haber concordancia entre complementos y participios de perfecto pasivo con *auer* auxiliar, lo cual indica que el proceso de gramaticalización no se ha completado todavía (cf. *tengo hechas las tareas*):

> *quando Noe ouo acabada aquella arca* 'cuando Noé hubo acabado aquella arca'
> *fueron treynta, como las auemos ya contadas ante desto* 'fueron treinta, como ya las hemos contado antes'
> *los saberes que el auie fallados con mucho & luengo estudio* 'los conocimientos que él había hallado con mucho y largo estudio'

Sin embargo, Christopher Pountain (1985:344) demuestra que la concordancia con el auxiliar *auer* no fue nunca más que una tendencia. Si bien la concordancia en estas construcciones está bastante generalizada en el *Poema de Mio Cid* y *Milagros de nuestra señora,* ya a mediados del siglo XIV la no concordancia es obligatoria, con lo cual vemos completado el proceso de gramaticalización.

Otro caso de gramaticalización es el del sufijo *-mente,* empleado en castellano para formar adverbios a partir de bases adjetivas. Originariamente, *mente,* la forma ablativa del sustantivo femenino *mens, mentis* 'mente', se combina como palabra independiente con la forma femenina de adjetivos para describir el estado de ánimo de una persona, cf. *tranquillā mente* 'con el ánimo tranquilo', *studiōsā mente* 'con la mente ávida'. El proceso de gramaticalización de la construcción comienza cuando por primera vez se emplea con adjetivos que no pueden referirse a tales estados, cf. *et nōndum tōtā mē mente recēpī* 'y todavía no me he recuperado completamente', y se completa cuando, en los primeros textos castellanos, se utiliza ya no como palabra independiente, sino como sufijo. Su forma original es *-mientre* (producto de una probable combinación de *-mente* con el sufijo adverbial latino *-iter,*) que va cediendo en el siglo XIII ante *-ment* y en el XIV ante la variante actual *-mente,* ambas de probable origen dialectal.

En el español moderno se suele colocar, por regla general, la llamada A PERSONAL ante un complemento directo personal (*veo a mi tío*) o personificado (*tú temes al éxito tanto como al fracaso*). En el castellano medieval este uso no se ha concretado todavía. Por un lado, la partícula sí aparece en la prosa alfonsí del siglo XIII:

> *por ende somos nos adebdados de amar a aquellos que lo fizieron* 'por eso tenemos la obligación de amar a aquéllos que lo hicieron'
>
> *echaron ende a todas las otras yentes* 'echaron de allí a toda la otra gente'
>
> *no connocien ni temien a dios* 'no conocían ni temían a Dios'
>
> *no entendien unos a otros* 'no entendían los unos a los otros'

Por otro lado, falta en otros casos, aunque en general tenemos la impresión de que predominan los ejemplos con *a*:

> *fallaron los mandaderos en la carrera* 'hallaron a los mensajeros en el camino'
>
> *e yua a menudo a ueer sus amigos* 'e iba a menudo a ver a sus amigos'
>
> *e puso en cada logar omnes de so linage* 'y puso en cada lugar a hombres de su linaje'
>
> *mato en la carrera un ladron un omne onrado* 'un ladrón mató en el camino a un hombre honrado'

Según Penny (2002:115), el uso de la preposición *a* para identificar un complemento personal se origina en oraciones donde resulta difícil distinguir entre sujeto y complemento (por ejemplo, *mato en la carrera un ladron un omne onrado,* donde puede ser o el ladrón o el hombre honrado quien mató a alguien), y no se hace obligatorio hasta el siglo XVII.

Como apunta un análisis de la sintaxis de los PRONOMBRES CLÍTICOS en nuestro texto alfonsí, a estas alturas las reglas para la colocación de estos elementos son muy diferentes de las actuales. Según Penny (1993:137),[9] "en español medieval, el pronombre aparecía tras el verbo (finito o no), a no ser que éste fuera precedido en

---

9. Rini (1995), en cambio, cree que el cambio en el orden de estos pronombres es un efecto de su gramaticalización. Después de ser lexemas independientes en el castellano medieval, se convierten en clíticos —morfemas ligados muy afines a los afijos— para el siglo XVII. Para otra interpretación, ver Parodi 1979.

la misma cláusula por otra palabra tónica", observación confirmada por los ejemplos de clíticos en nuestro texto alfonsí. El clítico sigue al verbo en las frases siguientes:

et mostro<u>les</u> 'y les mostró'
& dixo <u>les</u> de como 'y les dijo cómo'
gradescio <u>gelo</u> mucho 'se lo agradeció mucho'
fue<u>sse</u> pora la posada 'se fue para el hostal'

En cambio, el clítico aparece antes del verbo en

non <u>le</u> diera el Rey 'no le había dado el rey'
en que<u>l</u> saliesse de la tierra 'en que le saliese de la tierra'
& ser <u>uos</u> emos uassallos leales 'y le seremos vasallos leales'
esto mismo <u>le</u> dixieron 'esto mismo le dijeron'
que <u>gelo</u> gualardonarie 'que se lo recompensaría'
que <u>la</u> ouo siniestra 'que la tuvo a la izquierda'
non <u>le</u> quisieron y acoger 'no quisieron acogerlo allí'

Nótese que a veces el clítico va separado del verbo por otra palabra:

lo que<u>l</u> el Rey enuiara dezir 'lo que el rey había enviado decirle'
que<u>l</u> non desampararien por ninguna guisa 'que no le
 desampararían de ninguna manera'
<u>les</u> esto oyo 'les oyó (decir) esto'
que<u>l</u> non acogiessen 'que no lo acogiesen'

Hemos visto que en el hispanorromance se construyen todos los tiempos de la voz pasiva según el esquema "*ser* + participio de perfecto pasivo":

desta guisa <u>fueron perdudos</u> los fechos della 'de esta manera
 fueron perdido las obras de ella'[10]
e cuemo quier que Annibal uenciesse <u>fue ferido</u> en el oio 'y
 aunque Aníbal venciese fue herido en el ojo'

Sin embargo, ya a estas alturas se ha consolidado en castellano la llamada PASIVA REFLEJA (Real Academia Española 1973:3.5.6b; Elvira

---

10. En castellano medieval los participios de los verbos de la segunda conjugación terminan en *-udo*, cf. también *uençudo, sabudo, tenudo*.

2002), por la que el elemento pasivo se expresa impersonalmente
mediante una construcción reflexiva:

> *compusiemos este libro de todos los fechos que fallar <u>se pudieron</u>
>   della* 'compusimos este libro de todos los hechos que se
>   pudieron hallar al respecto'
> *conuiene que uos digamos primero quamanna es europa, e
>   quantas otras tierras <u>se encierran</u> en ella* 'conviene que les
>   digamos primero lo grande que es Europa, y cuántas otras
>   tierras se encierran en ella'
> *e <u>fizieron se</u> muy grandes pueblos* 'y se hicieron pueblos muy
>   grandes'
> *hya oystes desuso contar de cuemo <u>se partieron</u> los lenguages en
>   Babilonna la grand* 'ya oyeron arriba contar de cómo se
>   partieron las lenguas en la gran Babilonia'
> *dixol que por desacuerdo <u>se perdien</u> las cosas e por acuerdo
>   <u>se deffendien</u>* 'le dijo que por desacuerdo se perdían las cosas
>   y que por acuerdo se defendían'

Según Félix Sepúlveda Barrios (1988:84), lo más probable es que se
desarrollara esta estructura en el latín hablado occidental como reacción a la pérdida de las formas sintéticas de la voz pasiva.

Análisis de texto

He aquí una traducción y un análisis morfosintáctico del mismo
texto alfonsí que se analizó fonéticamente en el capítulo 5. Hacemos
hincapié en las diferencias entre el castellano alfonsí (del siglo XIII)
y el actual.

> *Sobre aquellas nueuas el Çid enuio luego por sus parientes*
> Al recibir aquellas noticias, el Cid envió luego por sus parientes
> *& sus amjgos. Et mostroles lo quel el Rey enuiara dezir,*
> y sus amigos. Y les mostró lo que el rey le había enviado decir,
>   *mostroles:* orden de palabras
>   *quel:* **apócope** y **aglutinación** de *le*
>   *enuiara:* pluscuamperfecto de indicativo
> *& dixo les de como non le diera el Rey mas de nueue dias*

y les dijo cómo el rey no le había dado más de nueve días

> *dixo les:* orden de palabras
>
> *diera:* pluscuamperfecto de indicativo

de plazo en quel saliesse de la tierra.

de plazo en que le saliese de la tierra.

> *quel:* apócope y aglutinación de *le*

Et que querie saber dellos quales querien yr con el, o quales fincar.

Y que quería saber de ellos cuáles querían ir con él, o cuáles quedarse.

> *querie* [kerjé]: desinencia alternativa de imperfecto

Et dixo Aluar Hannez Minnaya: Sennor, todos yremos con uusco, &
  dexaremos Castiella,

Y dijo Alvar Háñez Minaya: Señor, todos iremos con usted, y deja-
remos Castilla,

> *yremos:* futuro sintético
>
> *con uusco* [kombúsko]: forma creada analógicamente sobre el
>   modelo de *conmigo*

& ser uos emos uassallos leales. Et esto mismo le dixieron todos los
  otros,

y le seremos vasallos leales. Y esto mismo le dijeron todos los otros,

> *ser uos emos:* futuro analítico
>
> *uos:* reflejo del acusativo latino que aquí funciona como dativo

& quel non desampararien por ninguna guisa.

Y que no le desampararían de ninguna manera.

> *quel:* apócope y aglutinación de *le;* leísmo
>
> *desampararien* [desampararjén]: desinencia alternativa de con-
>   dicional, condicional sintético

El Çid quando les esto oyo gradescio gelo mucho.

El Cid cuando les oyó [decir] esto se lo agradeció mucho.

> *les esto oyo:* orden de palabras
>
> *gelo* [ʒelo]: forma antigua de *se lo,* derivado de *illī illu*

Et dixoles que si el tiempo uiesse que gelo gualardonarie el muy bien.

Y les dijo que si tuviese la oportunidad se lo remuneraría él muy
  bien.

> *dixoles:* orden de palabras
>
> *gelo* [ʒelo]: forma antigua de *se lo,* derivado de *illī illu*
>
> *gualardonarie* [ɣwalarðonarjé]: desinencia alternativa de condi-
>   cional, condicional sintético

Otro dia salio el Çid de Uiuar con toda su companna.

Al otro día salió el Cid de Vivar con toda su compañía.

Et dizen algunos que cato por agüero, et saliente de Uiuar que ouo
corneia diestra,

Y dicen algunos que buscó agüero, y que saliendo de Vivar tuvo una
corneja a la derecha,

 saliente: participio de presente con sentido verbal

et a entrante de Burgos que la ouo siniestra. Et que dixo estonces a sus
amigos [fol. 164v]

y entrando a Burgos la tuvo a la izquierda. Y que dijo entonces a sus
amigos

 entrante: participio de presente con sentido verbal

& a sus caualleros: Bien sepades por cierto que tornaremos a Castiella

y a sus caballeros: Sepáis bien por cierto que volveremos a Castilla

 tornaremos: futuro sintético

con grand onrra & grand ganancia, si dios quisiere.

con gran honra y gran ganancia, si Dios quiere.

 quisiere: futuro de subjuntivo

Et pues que entro en Burgos fuesse pora la posada do solie posar,

Y después que entró en Burgos se fue para la posada donde solía
alojarse,

 fuesse: orden de palabras

 solie [soljé]: desinencia alternativa de imperfecto

mas non le quisieron y acoger. Ca el Rey lo enuiara defender

pero no le quisieron acoger allí. Porque el Rey había enviado (un
mensaje) prohibiendo

 enuiara: pluscuamperfecto de indicativo

quel non acogiessen en ninguna posada en toda la uilla, nin le diessen
uianda ninguna.

que le acogiesen en ninguna posada en toda la villa, o que le diesen
comida alguna.

 quel: apócope y aglutinación de *le*

Apéndice: Arcaísmos léxicos en la prosa alfonsí

He aquí una breve lista de algunos de los **arcaísmos** léxicos (o sea,
palabras que han caído en desuso) más importantes que aparecen

con frecuencia en la prosa alfonsí (siglo XIII). Nuestra experiencia es que, para el hablante nativo del español actual, el castellano de esta época no resulta difícil de entender. A diferencia de los verdaderos arcaísmos registrados abajo, la mayoría de los vocablos medievales son idénticos a sus homólogos modernos, o difieren poco, en forma o en sentido. Son formalmente fáciles de asociar pares como el medieval *gradescer* y el moderno *agradecer*, *rebatarse* y *arrebatarse*, *fremoso* y *hermoso*, *uerguenna* y *vergüenza*, *ascondudo* y *escondido*, *periglo* y *peligro*. En cuanto al sentido, no es difícil reinterpretar *nueuas* como 'noticias' y *ferir* como 'golpear'. En algunos casos resultan problemáticas ciertas formas verbales, como los pretéritos *yogo* (*yazer*), *sopo* (*saber*), *ouo* (*auer*), *plogo* (*plazer*), *troxo* (*traer*) y los futuros *morrá* (*morir*), *verná* (*venir*), *terná* (*tener*) y *combrá* (*comer*). En otros confunde mucho la ortografía vacilante de los textos medievales, como en los casos de *ymaien* (*imagen*), *uieios* (*viejos*), *beuir* (*vivir*), *uuscar* (*buscar*), *boz* (*voz*) y *regno* (*reino*). Sin embargo, el lector moderno suele acostumbrarse muy rápidamente a estas diferencias.

acorrer 'socorrer'
abondado 'rico'
affincado 'firme, seguro'
aina, ayna 'pronto'
al 'otra cosa'
am(b)idos 'de mala gana'
amortido 'desmayado'
amos 'ambos'
asmar 'considerar'
auer 'tener'
auol 'vil, ruin'
ca 'porque'
carrera 'senda', 'manera'
catar 'mirar'
comoquier que 'aunque'
conortar 'dar consuelo'
consennar 'indicar'
cras 'mañana'

crebanto 'aflicción'
cuedar 'pensar'
cuemo 'como'
cuende 'conde'
cueyta 'peligro', 'pena'
cutiano 'cotidiano'
defender 'prohibir'
dende 'de ahí'
departir 'dividir', 'distinguir'
desque 'luego que'
desuso 'arriba', 'de arriba'
do 'donde'
eguar 'igualar'
ende 'de ahí'
enderesçar 'favorecer'
enderescer 'dirigirse'
enfinta 'fingimiento'
engenno 'máquina de guerra'

escaño 'banco'

estorcer 'librarse de un peligro'

euar 'mirar'

fascas 'o sea'

fazienda 'asunto', 'acción'

fi(n)car 'quedarse'

fi(n)car los ynoios 'arrodillarse'

finiestra 'ventana'

fiuza 'fidelidad, confianza'

guisa 'manera'

guisar 'arreglar'

huste 'ejército'

lazrar 'sufrir'

librar 'llevar a cabo'

lumazo 'colchón'

luua 'guante'

maguer 'aunque'

mancebo 'muchacho'

(auer) menester 'necesitar'

(meter) mientes 'prestar atención'

natura 'naturaleza'

o 'donde'

onde 'de donde'

pagarse 'aficionarse', 'satisfacerse'

pechar 'pagar una multa'

plazer 'agradar, dar gusto'

pleyto 'negocio, asunto'

poridat 'discreción', 'secreto'

premia 'coacción'

punnar 'pelear', 'instar'

quedo 'quieto, sin movimiento'

quito 'libre, exento'

recabdo 'precausión', 'valor'

recelar 'temer'

segudar 'perseguir'

semeiar 'parecer'

sieglo 'mundo'

siniestro 'izquierdo'

so 'bajo', 'soy'

soldada 'pago'

suso 'arriba'

tamanno 'tan grande'

toller 'quitar'

tornar 'volver'

trauar 'agarrar', 'entrar en conflicto'

trebeio 'diversión'

tuerto 'mal', 'maldad'

uegada 'vez'

uuiar 'lograr'

y 'allí'

yuso 'abajo'

....

Preguntas

1. ¿Qué factores explican la pérdida del sistema casual en el latín hablado?

2. ¿Cómo evolucionan las cinco declinaciones latinas en su camino al hispanorromance? ¿Qué restos de las declinaciones subsisten en castellano?

3. ¿Qué factores explican la pérdida del género neutro en el latín hablado?

4. ¿Cómo se explica la distribución de los antiguos sustantivos neutros latinos entre los géneros masculino y femenino en castellano?

5. Explique el desarrollo y la importancia histórica de las palabras subrayadas en las oraciones y frases siguientes:

a. *Y estan cubiertas de <u>foias</u> de ramas uerdes.*

b. *Et gradecieron <u>gelo</u> mucho los senados.*

c. *Ascondudas so <u>ell</u> agua.*

d. *Non auedes <u>uos otros</u> por que temer.*

e. *Cosas estrannas que acaecieron en sos <u>tiempos</u>.*

f. *& tomo las & dio con <u>ellas</u> en <u>la</u> mar de Affrica.*

g. *<u>Tu</u> alimpia el tu coraçon de guisa que dexes toda la creencia de los idolos.*

h. *Amauan <u>le</u> todos.*

i. *Si tu por <u>mi</u> lo fiziesses.*

j. *Que fue muy loado por <u>ello</u>.*

k. *& auras <u>contigo</u> los prophetas con quien fabla el nuestro sennor dios.*

l. *& <u>quel</u> non <u>desampararien</u> por ninguna guisa.*

m. *En ell armario de los libros <u>fallaras</u> [forma futura] lo que demandas.*

n. *A manera de los que <u>an uençuda</u> alguna batalla.*

ñ. *Todas las yentes que <u>son llamadas</u> Capros.*

o. *<u>Ser uos emos</u> vasallos leales.*

p. *E ellos <u>mostraron le</u> los libros de la eglesia.*

q. *Mandolos todos <u>uender</u> (< lat. vendere).*

r. *& el <u>tenielos</u> cercados <u>dell</u> otra part.*

s. *Et los moros creyendo que nos <u>desuiauamos</u> de la Batalla.*

t. *Con grand onrra & grand ganancia, si dios <u>quisiere</u>.*

u. *Et <u>dixo les</u> de como non le <u>diera</u> el Rey mas de nueue dias.*

v. *Crecen cada dia e son <u>mas fermosas</u>. Es una de las <u>meiores</u> cosas del mundo.*

w. *Creo <u>que</u> aquellos hombres son infelices sin amigos.*

x. *E puso por ende con el su amizdad <u>engannosa mientre</u>.*

y. *<u>Mato en la carrera el ladron un omne onrado</u>.*

z. *Dixol que por desacuerdo <u>se perdien las cosas</u>.*

6. Explique los elementos morfosintácticos y léxicos subrayados en el texto siguiente.

Et el Rey dixo a grandes bozes ante todos Infantes: esta <u>lid</u> quisiera yo que fuesse en Toledo, <u>mas uos</u> me dixiestes que non <u>teniedes guysado</u> de <u>lo fazer y</u>, et por esto <u>vin</u> yo aqui en este lugar <u>onde</u> uos sodes naturales, et <u>tray</u> comigo estos del Çid. Et ellos en mi fe et en mi verdat vinieron, et por esso desenganno a uos y a uuestros parientes, que lo que con ellos <u>ouieredes</u> que sea por derecho, mas non por otra fuerça nin por otro <u>tuerto</u>. Et si alguno de uos <u>al</u> <u>quisiere</u> mando a mios yernos et a estos otros que yo aqui <u>troxe</u> que luego lo despedaçen en medio <u>daquel</u> campo & que me non demande mas sobrello. Et mucho peso a los Infantes deste mandamiento que el Rey fizo. Et dio el Rey doze caualleros por fieles <u>fijos dalgo</u> et mandoles que les demostrassen los <u>moiones</u> que <u>auien de guardar</u> <u>por que</u> sopiessen <u>do</u> auien a seer <u>uençudos</u> o por do auien de uençer.

Del castellano medieval al español moderno

Historia política y cultural de España después del medievo

Después de la rápida serie de conquistas que sigue a la victoria de Las Navas de Tolosa, la Reconquista se estanca.[1] Las causas son múltiples: la necesidad de consolidar militarmente las victorias del siglo XIII, la lentitud del proceso de repoblación, el hecho de que los reyezuelos musulmanes restantes sean vasallos de los monarcas castellanos y, finalmente, la inestabilidad política que asola Castilla durante los siglos XIV y XV bajo la dinastía de los Trastámara, que se caracteriza por la debilidad de la monarquía y sus consiguientes enfrentamientos constantes con la nobleza. El reinado de Juan II de Castilla (1419–54), por ejemplo, es marcado primero por la regencia de su madre, luego por la de su tío y, finalmente, por el influjo de su valido o favorito, el condestable Álvaro de Luna. Su hijo, Enrique IV el Impotente (1454–74), también se deja manipular por miembros favorecidos de la nobleza, notablemente por Beltrán de la Cueva. A la hija del rey, Juana, se le da el apodo de Beltraneja por el parecido físico de Juana con el valido y la creencia casi universal en la impotencia del rey. Por esta razón, la hermana de Enrique,

---

1. Aquí sigo la narrativa de Diego Marín (1969), Barton (2004:85–88), www.countryreports.org/history/estoc.aspx?countryid=225&countryname=Spain (18.5.2004) y www.biografiasyvidas.com/biografia/t/trastamara.htm (19.5.2004). Según Diez, Morales y Sabin 1980:179, la Reconquista puede considerarse ya terminada a finales del siglo XIII.

Isabel I la Católica (1451–1504), consigue disputarle el trono a Juana, prevaleciendo finalmente después de un conflicto armado entre sus respectivos partidarios, los aragoneses y los portugueses.

El reinado de Isabel es de importancia capital en la historia de Castilla. En 1469, la reina contrae matrimonio con Fernando II de Aragón, con lo que se unifica gran parte de la Península (Castilla, Aragón, Cataluña, Valencia) bajo una corona y una religión. Juntos, los reyes toman una serie de medidas que tienen el efecto de transformar el caótico y débil estado feudal en un estado absolutista moderno, con un ejército propio, una hacienda saneada y una producción agrícola creciente.

Muchos de los acontecimientos más importantes del reinado de Fernando e Isabel se dan en el año decisivo de 1492. Primero, después de una guerra de once años, consiguen conquistar Granada, acabando con la presencia del tributario musulmán en España y completando la tarea de la Reconquista, iniciada casi ochocientos años antes. Al mismo tiempo que rechazan la presencia política de elementos no españoles, los aptamente llamados Reyes Católicos resuelven acabar con la presencia de toda religión que no sea la Católica, ordenando la expulsión de los judíos (1492) y los musulmanes (1502) que se nieguen a convertirse al cristianismo. Para juzgar la sinceridad de los conversos —los que prefieren la aceptación de la fe cristiana al exilio— establecen la Inquisición, organismo aprobado en 1478 por el papa y puesto bajo el mando de la corona. Se imponen medidas que, por crueles e intolerantes que parezcan, juzgan necesarias los reyes para garantizar la unificación política de la nueva nación. Finalmente, también en el mismo año, llega Cristóbal Colón a las orillas de América con sus naves, inaugurando una conquista del Nuevo Mundo que puede concebirse como prolongación de la Reconquista de España. Los frutos de esta nueva campaña son suficientemente copiosos para convertir a España en el país más poderoso del mundo occidental.

Estos mismos acontecimientos son importantes para la historia de la lengua. Con la expulsión de los judíos, por ejemplo, se abre un capítulo interesantísimo en la dialectología española, pues los expulsados llevan su lengua española del siglo XV a los más variados destinos, como el norte de África, la región balcánica y el Oriente Medio. Aunque se deja influir mucho por las lenguas con las cuales entra en contacto, el "sefardí" (también llamado "judeo-español" y "ladino") conserva muchos de sus rasgos originales, lo cual lo convierte en el dialecto español más arcaizante. El descubrimiento de América es aún más significativo para la lengua, pues posibilita una inmensa expansión de la lengua y el futuro desarrollo de las variedades americanas.

También es de interés el año 1492 en el plano filológico, pues marca la publicación de dos obras de importancia capital para la lengua española, a saber, la primera parte de un diccionario bilingüe (latín-español, seguido en 1495 de la parte español-latín) y el *Arte de la lengua castellana*, primera gramática dedicada a una lengua europea moderna, ambas escritas por el humanista sevillano Antonio de Nebrija. Todavía en esta época, la publicación de una gramática del vernáculo le parece poco provechosa a la mayoría de la población culta, para quien el latín sigue siendo la lengua escrita por excelencia. En el prólogo a su *Arte*, manifiesta Nebrija que la misma reina Isabel le preguntó sobre la utilidad de la obra. La justifica diciendo que "siempre la lengua fue compañera del imperio", y sugiere que "despues que vuestra alteza metiesse debaxo de su iugo muchos pueblos barbaros & naciones de peregrinas lenguas: & conel vencimiento aquellos ternian [tendrían] necessidad de recebir las leies: quel vencedor pone al vencido & con ellas nuestra lengua: entonces por esta mi arte podrian venir enel conocimiento della", donde Nebrija piensa, seguramente, no en América sino en África.

También durante el reinado de los Reyes Católicos se hace común la práctica de referirse a la lengua de Castilla —o sea, el castellano— con un nombre que simboliza el lugar central que este dialecto ha asumido en la vida política del país: español. Según Amado Alonso (1942:15) se publican a finales del siglo XV y al principio del XVI "multitud de títulos en que se llama español a nuestro idioma", p. ej. *Manual de nuestra Santa Fe Católica, en español* (1495), *Séneca Proverbia, en español, cum glosa* (1500), *Flor de virtudes, en español* (1502), etc. Sin embargo, admite que "limitándonos ahora a la alternancia castellano-español en el siglo XVI, 'castellano' es tan

Expulsados de España en 1492, los judíos españoles se reparten por Eurasia y África en una migración conocida como la diáspora. Los que huyen a Portugal sufren la desgracia de ser expulsados de nuevo en 1497. En algunos de los países de la diáspora, los refugiados sefardíes terminan asimilándose a la población local, como en los Países Bajos e Italia. En otros lugares, sin embargo, como Marruecos y varias partes del Imperio Otomano (sobre todo Salónica en Grecia y Constantinopla en Turquía), consiguen conservar durante varios siglos su cultura y lengua, que suele llamarse sefardí o ladino. Sin embargo, a partir de la segunda guerra mundial se inicia un fuerte proceso de desintegración de estas comunidades, cuyos habitantes se ven obligados a emigrar de nuevo, primero a América y más tarde a Israel. Como consecuencia, el sefardí está sufriendo un retroceso notable tanto en el número de hablantes como en sus esferas de uso.

El sefardí refleja en muchos de sus aspectos el hispanorromance que se hablaba en la Península Ibérica en el momento de la expulsión a finales del siglo XV. Las sibilantes, sobre todo, reflejan con bastante precisión las del castellano de la época (*coxo* 'cojo' se pronuncia [cóʃu], *fijo* 'hijo' [fíʒu] y *casa* [káza]), aunque faltan las africadas (*cinco* [sínko], *dezir* [dezír]). Además, el sefardí es yeísta, con una tendencia a perder [j] en contacto con una vocal anterior (*gallina* [gaína]). La influencia del gallego-portugués y del leonés es evidente en otras características, como la propensión a conservar [f] inicial y a cerrar [o] final (*fijo* [fíʒu]) y la conservación del grupo consonántico [mb] (*palombika* 'palomita'). En la gramática son notables varias características, como el uso arcaico del artículo ante el posesivo (*la mi madre*), el uso de *vos* en el sentido de 'vosotros' y la ausencia de *usted* en favor de *él, eya*.

Para dar una idea de la forma que toma el sefardí en el Israel actual, citamos aquí un pasaje tomado de la versión electrónica de la revista *Aki Yerushalayim* (13 julio 2005), donde se ve que, aparte de unos cuantos arcaísmos (*mozotros* 'nosotros', *ainda* 'todavía'), resulta perfectamente comprensible para el hablante nativo del español moderno:

> La kultura djudeo-espanyola esta sufriendo aktualmente de los rezultados de un proseso de eskayimiento [*decaimiento*] ke empeso largos

UN DIALECTO ARCAICO *(continuación)*

anyos atras i se esta kontinuando en muestros dias tambien. Ay ken [*quien*] pensa ke esta kultura esta agonizando i ke este es un proseso sosio-kultural kontra el kual no podemos azer nada. Mozotros no akseptamos esta idea i esperamos ke ainda no es demazia tadre [*demasiado tarde*] para poder empidir ke desapareska en las profundinas del ulvido esta ermoza kultura ke muestros padres transmetieron fidelmente de una jenerasion a la otra durante serka de 500 anyos.

dominante, sobre todo en los primeros cincuenta años, que no hay por qué traer ejemplos."[2]

En lo cultural, vemos durante el reinado de los Reyes Católicos la prolongación de un movimiento iniciado en Italia: el Renacimiento. Se trata de una época en que se despierta un vivo interés por el estudio de la antigüedad clásica grecolatina. En la literatura, se huye del carácter moralizador y teológico del medievo a favor de los valores de la antigüedad clásica, con un sentido del ser humano como personalidad creadora y componente esencial de una naturaleza exaltada, y una valorización de la vida terrena por encima de la sobrenatural. En lo que concierne a la lengua, surgen dos tendencias importantes. Por un lado, hay una exaltación de las lenguas clásicas que conlleva el rechazo de las formas medievales del latín y griego y el intento de imitar más fielmente los modelos clásicos. Por otro lado, se propone el proyecto de renovar y enriquecer las lenguas vernáculas mediante una imitación estilística de modelos clásicos y la adopción y adaptación de numerosos cultismos latinos y griegos.

El primer gran representante del estilo renacentista en España es Juan de Mena (1411–56), autor prolífico entre cuyas obras destaca el *Laberinto de Fortuna,* que Cano Aguilar (1992:204) considera "la máxima muestra de la poesía humanista y latinizante, tanto en la forma como en el contenido." Juan Luis Alborg (1972:364) menciona algunos de los aspectos más llamativos del lenguaje renacentista de Mena, como el empleo frecuente del **hipérbaton** latino, figura

2. Sobre este tema, ver Mondéjar Cumpián 2002.

retórica que imita, en castellano, la libertad del orden de palabras característica del latín. En las obras de Mena encontramos ejemplos como *las maritales tragando cenizas* 'tragando las cenizas maritales' y *divina me puedes llamar Providencia* 'me puedes llamar divina Providencia'. También podemos citar ejemplos tomados de varios autores del período: *pocos hallo que de las mías se paguen obras* 'hallo a pocas personas a quienes les gusten mis obras', *las potencias del ánima tres* 'las tres potencias del ánima', *generosa en lo ajeno dar* 'generosa en dar lo ajeno' y *luminosas de pólvora saetas* 'saetas luminosas de pólvora'. Otro aspecto importante del estilo de Mena es la utilización de cultismos: *novelo* por *nuevo*, *vulto* por *rostro*, *flutuoso* por *oscilante*, *esculto* por *esculpido*, *exilio* por *destierro* y *poluto* por *sucio*.

Una de las obras más importantes del renacimiento español se publica durante el reinado de los Reyes Católicos, a saber, *La Celestina*, obra escrita por Fernando de Rojas y publicada en 1499. Lingüísticamente, esta obra ilustra muchas de las tendencias latinizantes de la época. En la oración *no creo ir conmigo el que contigo queda* 'no creo que vaya conmigo el que contigo se queda' vemos una imitación de la construcción de infinitivo no concertado; en *que mi secreto dolor manifestarte pudiese* 'que pudiese manifestarte mi secreto dolor' se observa la tendencia a colocar el verbo al final de la oración; y en *algunas consolatorias palabras* 'algunas palabras de consuelo' y *tu senectud* 'tu vejez' tenemos el uso de latinismos puros.

Cuando fallecen los Reyes Católicos sin herederos, pasa el trono a los Habsburgos en la persona de Carlos V (1517–56, vástago de Juana la Loca —hija de Isabel y Fernando— y su marido Felipe el Hermoso, duque de Borgoña), a quien sucede su hijo, Felipe II (1556–98). Sus reinados coinciden con el auge del imperio español, que se extiende a América, África del Norte, Italia, Flandes, e incluso Filipinas, y se ven nutridos por la llegada de incontables riquezas traídas de las posesiones americanas. El pueblo español no saca mucho provecho de la nueva riqueza, sin embargo, porque tanto padre (Carlos V) como hijo (Felipe II) derrochan los nuevos recursos en una serie de campañas militares dirigidas en su mayor parte contra el protestantismo. Hablando de Felipe II, dice Marín (1969:131): "La preocupación de defender el catolicismo contra la herejía que amenazaba extenderse a sus dominios fue la nota característica de su política. A ella subordina los intereses materiales del país, porque según declara con firmeza, 'antes perderé todos mis estados y cien vidas que tuviere que ser señor de herejes'. Su idiosincrasia personal (...) contribuyó más que nada a arruinar a España en largas y fútiles guerras europeas."

Como resultado, el siglo XVII es un período de grave crisis política, militar, económica y social que termina por convertir el imperio español en una potencia de segundo rango dentro de Europa.[3] Los herederos de la casa de Habsburgo muestran poco interés por los asuntos políticos, dejando la nación en manos de ministros de confianza o validos. El más corrupto de éstos es Francisco Gómez de Sandoval y Rojas, duque de Lerma (1550–1625), cuya expulsión entre 1609 y 1614 de casi 300.000 moriscos y la mortalidad causada por las continuas guerras, el hambre y la peste provocan una grave crisis demográfica y económica. Otro valido, Baltasar de Zúñiga (1561–1622), involucra a España en la guerra de los Treinta Años, con resultados desastrosos: durante la segunda mitad del siglo, Francia aprovecha la debilidad militar española para apoderarse de todas las posesiones europeas no ibéricas de la corona española.

El auge del imperio español coincide también con el período de su más intensa y destacada producción literaria, el llamado Siglo de Oro, que se extiende desde la coronación de Carlos V (1517) hasta la muerte de Felipe IV en 1665. El producto más notable de la época es la novela realista, en particular la picaresca, que se concentra, no sin humor, en los aspectos más sórdidos de la vida (p. ej. *Lazarillo de Tormes,* obra anónima de 1554). Miguel de Cervantes (1547–1616) combina el realismo de este género con el idealismo de las novelas de caballería en su monumental *El ingenioso hidalgo don Quijote de la Mancha* (1605–15). En la poesía cabe destacar el contraste entre el estilo suave, sobrio y elegante de Garcilaso de la Vega (1501–36) y el estilo condensado y complejo de poetas culteranos del Barroco como Luis de Góngora y Argote (1561–1627).

Según Diez, Morales y Sabin (1980:204), el Barroco español, que se desarrolla a lo largo del siglo XVII, "responde a una situación

3. Aquí sigo a Barton 2004:119–23.

de desengaño y pesimismo ante la pérdida de nuestra hegemonía política y la progresiva descomposición, en todos los órdenes, de la sociedad española". En lo conceptual, la literatura barroca se caracteriza por la exageración, una vehemencia desmedida, una deformación caricaturesca de la realidad y una idealización estilizada. En lo lingüístico, representa una exageración de las técnicas renacentistas que vimos en Mena. Véase el análisis de un poema de Góngora al final de este capítulo para una muestra típica del período.

El siglo XVII atestigua también la publicación del primer diccionario monolingüe del español, el *Tesoro de la lengua castellana o española* (1611) de Sebastián de Covarrubias. Desde Nebrija, todos los diccionarios habían sido bilingües o multilingües (generalmente con la inclusión del latín), pues a nadie le parecía necesario compilar un léxico del vernáculo, dado que todos lo hablaban ya. El mismo Covarrubias justifica su obra como tesoro de etimologías. La obra es riquísima, sin embargo, tanto en lexemas como en acepciones y citas literarias para ilustrarlas, por lo cual sirve un siglo más tarde como fuente principal en la confección del primer diccionario académico.

Al último rey de los Habsburgos, Carlos II, lo sucede su sobrino Felipe de Anjou (1687–1746), de la casa de los Borbones, y esta dinastía se mantiene en el trono, con algunas interrupciones, hasta hoy en día. Los Borbones intentan modernizar España, instalando un régimen centralista como el de Francia e importando el nuevo espíritu de la Ilustración europea, medidas que crean conflictos con las autoridades regionales y locales, por una parte, y con la iglesia, por otra. En el siglo XVIII la política exterior sigue siendo desastrosa, y para principios del siglo XIX, España pierde la mayoría de sus colonias americanas y el país se ve invadido por las tropas de Napoleón. Es el inicio de una época turbulenta de guerras civiles, golpes de estado y revoluciones que continúa hasta el advenimiento definitivo de la democracia en España después de la muerte en 1975 de Francisco Franco, líder de las fuerzas conservadoras españolas en la Guerra Civil Española (1936–39) y dictador de España durante más de treinta años.

Para Fernando Lázaro Carreter (1949:208), uno de los problemas lingüísticos más urgentes del siglo XVIII es el de superar los excesos del Barroco, que había dejado la lengua "martirizada, exhausta, consumida en su propio delirio". Según Lapesa (1981:424), durante esta época "una caterva de escritorzuelos bárbaros y predicadores ignaros emplebeyecía la herencia de nuestros grandes autores del siglo XVII". Una de las medidas que se toma para combatir esta tendencia es el establecimiento de la Real Academia Española de la Lengua en 1713 (aprobado por el Rey Felipe V en 1714), cuyo lema "limpia, fija y da esplendor" se refiere explícitamente a la necesidad de contrarrestar los excesos del Barroco. El criterio se concretiza en la confección del primer diccionario académico, *Diccionario de la lengua castellana* (hoy llamado *Autoridades*), que se publica en seis volúmenes entre 1726 y 1737. Con la segunda edición del *Diccionario* (1780) se inicia la costumbre de publicarlo en un sólo tomo, sin citas. Otras ediciones notables: la cuarta (1803), en que por primera vez se presentan las letras *ch* y *ll* como elementos independientes de las letras *c* y *l;* la vigésimosegunda (2001), en que se abandona esta práctica; la undécima (1869), en que por primera vez se suprimen los equivalentes latinos; la décimoquinta (1925), en que el título cambia de "lengua castellana" a "lengua española"; la décimonovena (1970), en que quedan suprimidos los refranes; y la vigésima (1984), en que se admiten por primera vez las palabras malsonantes. Notablemente, desde sus orígenes la Academia ha ido aumentando el número de **americanismos** recogidos en las páginas del *Diccionario.*

Ya con su primera edición del *Diccionario,* la Academia comienza a renovar y modernizar la ortografía castellana, que había cambiado poco desde el medievo. Se descarta la letra *ç,* se fija la letra *u* como vocal y la *v* como consonante, y se suprimen las letras geminadas. A través de su *Orthographia española,* que se publica en sucesivas ediciones (1ª ed., 1741), la Academia continúa su reforma de la ortografía de la lengua. En la sexta edición (1779) se abandona finalmente el criterio etimológico en palabras como *theatro, rhetórica* y *mechánica,* y para la octava edición (1815) se resuelven la mayoría de las cuestiones pendientes, estableciendo la distribución actual de *c* y *qu* y fijando *j* como representación del fonema /x/.

Otro problema lingüístico del siglo XVIII, según Lázaro Carreter (1949:162), es la cuestión de la lengua de enseñanza en las universidades, que sigue siendo el latín.[4] El principal problema es que el conocimiento del latín es tan menguado entre estudiantes y profesores que caen cada vez más en el "vicio" de hablar castellano. Sin embargo, no faltan los que argumentan que ya es hora de que el castellano desempeñe el papel de lengua científica. Entre éstos se destacan Gregorio Mayans (1699–1781), autor de una retórica castellana; el padre Benito Jerónimo Feijóo (1676–1764); Fray Martín Sarmiento (1695–1772), autor de la obra póstuma *La educación de la juventud* (1798); y Gaspar Melchor de Jovellanos (1744–1811), bajo cuya influencia (para Jovellanos, la fidelidad a la lengua latina es "ciega idolatría") se declara el castellano como lengua de instrucción finalmente en 1813.[5]

Cambios lingüísticos

En los apartados siguientes pasamos revista a los principales cambios lingüísticos a través de los cuales el castellano medieval se convierte en el español moderno. Se categorizan según sean de naturaleza fonológica, morfológica o sintáctica.

CAMBIOS FONOLÓGICOS. A la lista de veintidós cambios fonológicos presentados en el capítulo 5 añadimos otros siete, todos de carácter consonántico, pues tal es la estabilidad del vocalismo castellano que desde la pérdida de [e] final (cambio 20), no ha experimentado ningún cambio sistemático (al menos en su variedad estándar).[6] Es notable que, ante la tendencia temprana de aumentar el

4. Según Lleal (1990:206), ya a partir del siglo XIII se establecen escuelas municipales para la dispensación de la enseñanza primaria en romance.

5. Según Jenny Brumme (2003:270): "No obstante la emancipación de la lengua vulgar, el latín mantuvo su prestigio. La enseñanza que, hasta finales del s. XVIII, estuvo totalmente en manos de las congregaciones y órdenes religiosas, sobre todo de los jesuitas, daba máxima importancia al aprendizaje del latín. Sólo con Carlos III (1759–88) se emprendió un largo proceso hacia la sustitución del latín por el castellano en las diversas instituciones de enseñanza."

6. En los dialectos, se registran ciertos fenómenos de **reducción vocálica,** como la **centralización** ([mésə] 'mesa'), el **ensordecimiento** ([trástọs] 'trastos') y la pérdida ([kroksí] 'creo que sí').

número de fonemas consonánticos a través de la escisión, el efecto cumulativo de los cambios posmedievales es el inverso: a través de una serie de confluencias, se reduce el inventario fonémico de forma apreciable, con la eventual pérdida de /β/ (como fonema, si no como alófono), /dz/, /ʒ/, /z/ y, en algunos dialectos, /ʎ/ y /θ/ (además de la transformación de algunos fonemas más).

Principales cambios fonológicos a partir del castellano medieval

23. Pérdida de [h] inicial
24. Los fonemas /b/ y /β/ confluyen en /b/
25. Desafricación de [ts] y [dz]
26. Ensordecimiento de las sibilantes sonoras
27. Cambio del punto de articulación de [ʂ]
28. Cambio del punto de articulación de [ʃ]
29. Yeísmo (/ʎ/ > /j/)

23. Pérdida de [h] inicial. Se trata de una repetición del cambio nº 2, pero en este caso la [h] inicial en cuestión proviene de [f] inicial latina, transformada en [h] según las pautas del cambio nº 13. Del lat. *farīna* [farí:na], pues, convertido después en [harína], ahora se pronuncia [arína] (esp. mod. *harina*).

24. Los fonemas /b/ y /β/ confluyen en /b/. Este cambio capta las repercusiones fonológicas del hecho de que, en este momento de la historia del castellano, el sonido [β] (consonante fricativa bilabial sonora) tiene dos orígenes: por un lado, es producto de la desvelarización de la [w] latina (cambio 4, por el que *clāve* [klá:we] > [kláβe]), y por otro, es resultado de la lenición de [p] y [b] latinas (cambio 15, por el que *cūpa* [kú:pa] > [kúba] > *cuba* [kúβa] y *cibu* [kíbu] > cast. med. *cevo* [tséβo]). Según el cambio nº 24, a partir de este momento, [β] se interpreta, no obstante su origen, como **alófono** del fonema /b/. En otras palabras, si bien antes las palabras *cabe* y *cave* se analizan respectivamente como /kábe/ y /káβe/, ahora ambas se analizan como /kábe/. Según Penny (2002:97), este proceso se completa para mediados del siglo XVI.

25. Desafricación de [ts] y [dz]. Prácticamente al mismo tiempo comienza una serie de cambios que transforma de forma fundamental el cuadro de **sibilantes** castellanas. El primero de estos cambios es la **desafricación** (pérdida del carácter africado) de las africadas [ts] y [dz], con lo cual se convierten en fricativas dentales o **alveodentales,** cf. *braço* [brátso] > [bráʂo], *dize* [dídze] > [díʐe]. ¿Cómo se distinguen estas dos nuevas sibilantes fricativas de las ya existentes [ś] (*fablasse* [habláśe]) y [ź] (*casa* [káźa])? Según Lloyd (1987:332), la diferencia estriba tanto en el punto donde se articulan, más dental en las nuevas y más alveolar en las antiguas, como en la parte de la lengua involucrada. Mientras que las antiguas [ś] y [ź] son netamente **apicales,** es decir, producidas por la punta de la lengua, la nueva serie [ʂ] y [ʐ] es dorsal, descansando el ápice contra los incisivos inferiores. En otras palabras, esta nueva [ʂ] es muy parecida a la que se utiliza actualmente en casi toda América. Nótese que este cambio no tiene implicaciones fonológicas, ya que los segmentos afectados siguen siendo contrastivos.

26. Ensordecimiento de las sibilantes sonoras. También durante el transcurso del siglo XVI se ensordecen las sibilantes sonoras del castellano. Es decir, *casa,* antes pronunciada [káźa], ahora se pronuncia [káśa], mientras que *dize* [díʐe] da [díʂe] e *hijo* [íʒo] da [íʃo]. Este cambio sí tiene implicaciones fonológicas, pues se pierden tres fonemas (/ź/, /ʐ/, y /ʒ/) y todos los contrastes que antes mantenían. En otras palabras, este cambio puede conceptualizarse como una triple confluencia de fonemas: de /ś/ y /ź/, /ʂ/ y /ʐ/, y de /ʃ/ y /ʒ/, en cada caso en favor del primero. Penny (2002:99) sostiene que el ensordecimiento de las sibilantes surge primero en el norte del territorio castellanohablante, como cambio espontáneo, y que se propaga hacia el sur a mediados del siglo XVI con los muchos norteños que migran hacia la nueva capital, Madrid, donde aparentemente abruman a los hablantes más conservadores del sur con su nueva modalidad ensordecedora.

27. Cambio del punto de articulación de [ʂ]. En Castilla, a lo largo del siglo XVI y la primera mitad del XVII, se desplaza la [ʂ] alveodental producida por los cambios 25 y 26 hacia un punto de articulación máximamente anterior, el **interdental,** convirtiéndose así en [θ]. De este modo, la sibilante del cast. med. *braço,* originariamente pronunciada como africada ([brátso]), luego como fricativa alveodental ([bráʂo]), es ahora interdental ([bráθo]). La evolución de la sibilante de *dize* tiene un paso más, el del ensordecimiento: [dídze] > [díẓe] > [díʂe] > [díθe].

28. Cambio del punto de articulación de [ʃ]. Al mismo tiempo aproximadamente, el punto de articulación de la [ʃ] castellana se desplaza hacia atrás, hasta hacerse velar ([x]) o incluso uvular ([X]): *fijo,* después del cambio 23 [íʒo], luego [íʃo] (por ensordecimiento), se articula ahora [íxo] o [íXo].

29. Yeísmo (/λ/ > /j/). Este último cambio, que se origina en varias partes de la Península, no se ha propagado todavía a todas las zonas de habla castellana, aunque sí a Madrid y a la mayoría de las zonas urbanas. Se trata de un fenómeno a través del cual todos los casos de /λ/ se convierten en /j/ (o una de sus variantes), lo cual forzosamente neutraliza la oposición fonológica entre los dos sonidos. En las zonas yeístas, pues, palabras como *halla* y *haya* se pronuncian igual, como [ája].

Veamos ahora la evolución ulterior de *cabeza* e *hijo,* derivadas hasta el castellano medieval en el capítulo 5, más la de *caballo* (cast. med. /kaβáλo/).

cast. med. *cabeza* [kaβédza]

/kabédza/	24	confluencia de /b/ y /β/
[kaβéẓa]	25	desafricación de [dz]
[kaβéʂa]	26	ensordecimiento de sibilantes sonoras
[kaβéθa]	27	cambio del punto de articulación de [ʂ]

esp. mod. *cabeza*

cast. med. *fijo* [híʒo]

[íʒo]	23	pérdida de [h] inicial
[íʃo]	26	ensordecimiento de sibilantes sonoras
[íxo]	28	cambio del punto de articulación de [ʃ]

esp. mod. *hijo*

UN MITO LINGÜÍSTICO: EL REY CECEANTE

En algunos lugares es tradicional atribuir el origen de la "zeta castellana" —es decir, el fonema fricativo interdental sordo /θ/— al supuesto afán de los españoles por imitar el ceceo de un rey que padece de este defecto del habla. Al rey se le identifica en la web a veces como Alfonso X el Sabio y otras veces como Felipe II: "Alguien me dijo una vez (no sé ni cuándo ni dónde) que todo empezó con Felipe II que era un rey muy simpático pero que el pobre ceceaba." El reinado de Alfonso X termina varios siglos antes del surgimiento del fonema /θ/, mientras que Felipe II reina (1556–98) justo en el momento en que la antigua /ʂ/ se desplaza hacia el punto de articulación interdental.

En todo caso, la historia es completamente apócrifa. En el capítulo 7 hemos mostrado que el fonema /θ/ tiene un origen completamente diferente del de /s/, y que su homólogo medieval no es /s/ sino /ts/ (y /dz/). Por otra parte, el mero hecho de que siga existiendo una /s/ en el castellano peninsular es prueba suficiente de lo absurdo de la teoría: un rey ceceante no habría dicho /la θena es deliθjosa/, como suele pronunciar un madrileño, sino /la θena eθ deliθjoθa/, pronunciación a veces oída en Andalucía occidental.

Lo interesante de este mito lingüístico es lo que revela sobre el concepto popular del cambio lingüístico. Identifica correctamente el prestigio como elemento central del proceso, pero de forma caricaturesca: es dudoso que un rey ceceante considere halagador el que sus seguidores le imiten su defecto de habla.

cast. med. *caballo* /kaβáλo/

/kabáλo/	24	confluencia de /b/ y /β/
/kabájo/	29	yeísmo

esp. mod. *caballo*

La explicación de la evolución de las sibilantes precisa un comentario sobre la presunta motivación de los cambios. Penny (2002:100) argumenta que los cambios de lugar de articulación (27 y 28) tienen una motivación común: la necesidad de incrementar las diferencias acústicas entre las tres sibilantes fricativas que subsisten en la lengua después del ensordecimiento. En otras palabras, cree que las tres sibilantes —[ʂ], [ś] y [ʃ]— no tienen diferencias acústicas lo suficientemente marcadas como para sostener la **carga funcional** (la relativa abundancia o escasez de pares mínimos en que participa un fonema, ingl. *functional load*) a que están sometidos, por ejemplo, para distinguir claramente entre *caza* [káşa], *casa* [kása] y *caxa* [káʃa] 'caja'. Ramón Menéndez Pidal (1973:197) afirma que esta semejanza explica la confusión entre [ś] apical y [ʃ] palatal, cf. lat. *sāpōne, sūcu, passere,* palabras que aparecen en castellano medieval como *xabon, xugo* y *paxaro* en vez de las formas esperadas ***sabón,* **sugo y ***pásare.* También (120) cita casos de confusión entre [ś] y [ş], cf. *serāre > cerrar, setaceu > cedaço, soccu > zueco* y *subfundare > zahondar.*

No hay duda de que esta teoría funcional tiene sus atractivos, sobre todo el de pretender explicar los dos cambios de forma unitaria. El hecho de que los cambios hayan tenido lugar más o menos al mismo tiempo también sugiere que puedan haber tenido la misma motivación. Sin embargo, nos incumbe mencionar dos puntos en contra de dicha teoría. En primer lugar, los casos citados de trueque tienen lugar antes del período en que se supone mayor la posibilidad de confusiones. Los ejemplos del cambio [ś] > [ʃ] tienen lugar ya en el período premedieval, y tres de los cuatro casos de *s > ç* (*cedaço, cerrar, zahondar*) se dan en el siglo XIII, antes de la desafricación de [ts]. Sólo *zueco,* atestiguado en 1475, puede ser ejemplo legítimo, pero como falta una variante atestiguada en *s-* de esta palabra, es probable que también represente un trueque primitivo. Todo esto lleva a la conclusión de que realmente no hay indicaciones de una situación de inestabilidad fonémica entre /ś/, /ş/ y /ʃ/ durante los siglos XV y XVI. En segundo lugar, el ejemplo del euskera moderno muestra que una lengua puede funcionar perfectamente bien con una gama de fonemas sibilantes prácticamente idéntica a la del castellano del siglo XV. Según René Lafon (1960:72), el euskera dispone de "una sibilante sorda medio-palatalizada (transcrita *s*) que se opone fonológicamente a una sibilante sorda pura (transcrita *z*), del tipo de la *s* del fr. *sol,* y a una palatal sorda, siempre más o menos mojada (transcrita *x*)". Del *Diccionario* de Resurrección María de Azkue (1969) hemos extraído los siguientes pares mínimos para las tres sibilantes en cuestión: *sagu* [śagu] 'ratón' / *zagu* [sagu], radical del verbo *ezagutu* 'conocer' / *xagu* [ʃagu] 'limpio'; *sar* [śar], indeterminado de *sartu* 'meter, entrar' / *zar* [sar] 'viejo' / *xar* [ʃar] 'muy pequeño'.

CAMBIOS MORFOLÓGICOS. Ya anticipamos algunos de los cambios morfológicos más importantes. En la morfología nominal, por ejemplo, vemos el abandono, en el siglo XVI, del antiguo pronombre doble *ge lo* (*ge la,* etc.) en favor de *se lo,* etc. El factor que lleva a este ajuste es el aislamiento gramatical y semántico de la palabra *ge.* A diferencia de todos los demás pronombres clíticos (*se, te, nos,* etc.), *ge* no puede emplearse solo, sino que tiene que ir seguido de otro pronombre. También carece de un sentido individual claro, pues se refiere a un complemento indirecto a veces singular, a veces plural. Seguramente habría sido más lógica la sustitución de *ge* por *le* y *les* (***le lo,* **les lo) para restablecer el orden etimológico, pero se acaba identificando la secuencia —evidentemente por su semejanza fonética— con otra parecida, la del pronombre reflexivo *se* seguido de otro clítico, como en las frases *se lo lleva, se lo compra,* etc. La identificación es errónea, pero el nuevo arreglo lleva ya varios siglos funcionando bien.

También en el siglo XVI se abandona la práctica de emplear el alófono femenino *el* del artículo definido ante cualquier sustantivo femenino con vocal inicial. A partir de esta época, pues, ya no se dice *el espada, el esquila, el otra parte,* sino *la espada, la esquila, la otra parte. El* femenino se conserva, pero si antes se aplica a cualquier sustantivo femenino que comience con vocal, ahora se limita a los que comienzan con *a* tónica: *el arpa, el hambre, el agua,* todos los cuales siguen siendo femeninos, cf. *el agua bendita, las aguas subterráneas,* etc.

También hay un ajuste importante en el sistema de pronombres de segunda persona. Vimos en el capítulo 6 que a finales del medievo subsiste el sistema siguiente:

Sistema del español medieval tardío

	SINGULAR	PLURAL
familiar	*tu/uos*	*uosotros*
formal	*uues(tr)a merced*	*uuestras mercedes*

Lo realmente sorprendente aquí es la degradación de *uos*, pronombre que a principios del medievo ejerce todas las funciones de este cuadro menos la que ahora ejerce, como equivalente de *tu*. En la función de plural familiar se ve sustituido por el compuesto *uos otros*, y en la función de singular y plural formal cede ante *uuestra merced* y *uuestras mercedes*. En la nueva función de singular familiar, *uos* se identifica cada vez más con el ámbito rural, y termina perdiendo incluso esta nueva función en el español de la Península Ibérica, según Penny (2002:138), entre los siglos XVI y XVIII. La variante consigue mantener su vigencia en América, sin embargo, adonde llega en el habla de los primeros conquistadores y colonos. El uso de *vos* (ahora analizado fonémicamente /bos/) en lugar de *tú* se denomina hoy en día **voseo**, y el fenómeno se encuentra —frecuentemente en competición con el **tuteo** (menos en la Argentina y en América Central)— en casi todos los países hispanoamericanos, con la excepción de Cuba, Puerto Rico y la República Dominicana. Comentamos la historia y estado actual del voseo en detalle en el capítulo 9.

Al mismo tiempo, las formas *uuestra merced* y *uuestras mercedes* sufren una serie de abreviaciones y deformaciones, pasando por *vuasted* [1617], *vusted* [1619], *vuesarced* [1621] y *voarced* [1635], hasta decidirse finalmente por *usted* [1620] en el siglo XVIII. Como *vuestra merced* se origina como tratamiento honorífico, rige verbos en tercera persona, y sus pronombres oblicuos y adjetivos posesivos correspondientes (*lo, los, le, les, su, sus*) también son de tercera persona. *Os*, forma abreviada de *uos* que surge en el siglo XV, sirve ahora únicamente como forma oblicua de *uosotros*.

Finalmente, habría que señalar que incluso la forma moderna *vosotros* se descarta en favor de *ustedes* en grandes partes del mundo hispánico. El fenómeno se registra, según Alonso Zamora Vicente (1970:329), en Andalucía occidental, donde los hablantes vacilan entre *ustedes hacen* y *ustedes hacéis*, y en las Islas Canarias y América, donde se dice sólo *ustedes hacen*.

El cuadro de los pronombres de segunda persona del español actual es muy diferente, por lo tanto, en España e Hispanoamérica. Nótese que la situación hispanoamericana es sumamente compleja, de tal forma que no se presta a una representación esquémática detallada.[7]

Sistema del español peninsular actual

	SINGULAR	PLURAL
familiar	*tú*	*vosotros*
formal	*usted*	*ustedes*

Sistema del español americano actual

	SINGULAR	PLURAL
familiar	*tú* y/o *vos*	*ustedes*
formal	*usted*	*ustedes*

En la morfología verbal, hay una serie de cambios relativamente pequeños que paulatinamente le prestan al español su fisonomía moderna. Las desinencias *-ades, -edes, -ides* correspondientes a la segunda persona familiar plural cambian a *-áis, -éis, -ís* (es decir, *hablades > habláis*, etc.). Las desinencias "alternativas" de imperfecto y condicional de segunda y tercera conjugación, tan frecuentes en el siglo XIII en las formas de segunda y tercera persona —v. gr. *teniés, tenié, tendriés, tendrié*— comienzan a ceder ante las desinencias actuales en el siglo XIV, y se desprestigian completamente en el XV. Las formas medievales *so* (< lat. *sum*), *do* (< *dō*), *estó* (< *stō*) y *vo* (< *vadō*) se ensanchan con una semivocal palatal final para convertirse en *soy, doy, estoy* y *voy*. Según Lloyd (1987:356–57), el origen de esta partícula *-y* es controvertida, aunque lo más probable es que represente el adverbio medieval *y* 'allí' (< *ibi*), que desempeña un papel análogo en la formación de la palabra *hay*, compuesto de *a* (< *habet*) + *y*. La variación, a finales del siglo XIII, en la interpretación de esta combinación como dos palabras (*a y*) o como una palabra (*ay*) habría favorecido una vacilación analógica entre *so / soy* durante del siglo XIV y entre *estó / estoy* y *vo / voy* en el XV. En

---

7. Como se apunta en el capítulo 9, en ciertas variedades, por ejemplo, el pronombre *usted* se usa en sentido familiar, y en otros pueden alternar *tú* y *vos*, con connotaciones levemente distintas. En algunas zonas *tú* se usa con las formas verbales de voseo, y en otras ha surgido un pronombre *su merced* que compite con *usted* en algunas funciones.

todos estos verbos (salvo quizá *doy*) es concebible que el elemento adverbial se haya interpretado, al menos al principio, literalmente: *so y, estó y* 'estoy allí', *vo y* 'voy allí'.

Dos de los aspectos más notables de la morfología verbal del castellano medieval son el futuro de subjuntivo y el pluscuamperfecto en *-ara / -iera*. Ambas formas siguen existiendo en el español actual, si bien sólo en los estilos más arcaizantes. El futuro de subjuntivo se ve sustituido por el presente de subjuntivo en la mayoría de sus usos, como en cláusulas adverbiales:

> *E maguer que esto te digo quando yo entendiere que es sazon non te dexare folgar* 'y aunque te digo esto, cuando yo entienda que es hora no te dejaré descansar'
> *& podras yr mas ayna o quisieres* 'y podrás ir más pronto adonde quieras'

o en cláusulas adjetivas indefinidas:

> *E con el qui no lidiare que prez gana ell otro en la su lid* 'y con el que no pelee, el otro gana honor en su batalla'

En las oraciones condicionales, el futuro de subjuntivo suele ceder ante el presente de indicativo:

> *Pero si lo fizieres digo te que mas tarde iras* 'pero si lo haces, te digo que más tarde irás'
> *Si ell acusador prouare que los cristianos fazen ninguna cosa que sea contra las lees romanas* 'si el acusador prueba que los cristianos hacen algo contra las leyes romanas'

El futuro de subjuntivo comienza su largo declive en el siglo XVII, y hoy existe solamente como reliquia lingüística en ciertas expresiones fijas (*sea como fuere*) o en refranes (*cuando a Roma fueres, haz como vieres*).

Hemos visto varios ejemplos del pluscuamperfecto de indicativo en *-ra* en nuestros textos medievales:

> *Dixo les de como non le diera el Rey mas de nueue dias de plazo* 'les dijo cómo el rey no le había dado más de nueve días de plazo'

Et mostroles lo quel el Rey enuiara dezir 'y les mostró lo que el rey había enviado decir'

Según Leavitt Olds Wright (1932:4–5), el uso indicativo de -*ra* es frecuente hasta finales del siglo XIV, pero para finales del XV -*ra* se usa exclusivamente como desinencia de subjuntivo. Sin embargo, a finales del XVIII y principio del XIX, varios autores del movimiento romántico resucitan -*ra* en su sentido etimológico —o incluso como pretérito— y este uso literario persiste hasta hoy en día, cf. ejemplos como los siguientes tomados de autores del siglo XX[8]:

Al día siguiente el conserje entró en el salón y vio que aún estaba tal como él lo dejara. (Azorín)
En sueños le fuera anunciado el retorno de San Gudián. (Valle-Inclán)
Dejar quisiera mi verso como deja el capitán su espada, famosa por la mano viril que la blandiera. (A. Machado)
Traía a la mente las perpetuas bodas de Camacho que atrás dejara. (Pardo Bazán)

CAMBIOS SINTÁCTICOS. Ya indicamos en el capítulo 6 algunas de las modificaciones sintácticas que tienen lugar durante el español del Renacimiento y Siglo de Oro. Durante esta época, por ejemplo, se finaliza el proceso de gramaticalización del verbo auxiliar *auer / haber*. Si bien en el medievo *auer* se prefiere en el sentido incoativo ('obtener', 'conseguir') y *tener* en el sentido durativo ('poseer'), para principios del Siglo de Oro son casi sinónimos (Lapesa 1981: 399), y para principios del siglo XVII *auer* queda completamente gramaticalizado en su papel de auxiliar.[9] Esto se ve más claramente quizá en el tiempo futuro, que se hace plenamente sintético durante esta época. En su estudio de la prosa castellana del siglo XVI, Keniston (1937:438) encuentra treinta y cuatro ejemplos de la construcción

---

8. Ver Real Academia Española 1973:480 y Rojo y Veiga 1999:2924–27. Éstos (2925) documentan incluso la transferencia analógica del sentido indicativo a las formas subjuntivas en -*se*, cf. la oración *el jugador que marcase [= marcó] el gol de la victoria*.

9. Ver Pountain 1985 para un análisis más detallado de este cambio.

analítica (tipo *ser uos emos* 'le seremos'), de los que veintiuno aparecen antes de 1550 y los demás antes de 1575.

En la misma obra (9–12), Keniston retrata la evolución del uso de la "*a* personal" en este siglo. En general, dice, lo esencial del uso de esta partícula ya está establecido en el siglo XVI, si bien las excepciones siguen siendo numerosas:

> *el qual mató el Infante don Sancho* 'el cual mató al Infante don Sancho'
> *andaban a buscar por todo el reino* (. . .) *un capitan Machin* 'andaban a buscar por todo el reino a un capitán Machín'
> *dejó la mujer, perdonó la suegra* 'dejó a la mujer, perdonó a la suegra'

Sostiene Penny (2002:116) que la "a personal" se hace obligatoria finalmente en el siglo XVII.

Ya comprobamos en el capítulo 6 que la pasiva refleja forma parte de la gramática castellana desde los orígenes romances. Es evidente, según el estudio de Félix Sepúlveda Barrios sobre la voz pasiva en el español del siglo XVII (1988:111), que ya para esta fecha la pasiva refleja se emplea con la misma frecuencia y bajo las mismas condiciones que en el español actual. Registra, por ejemplo, notables diferencias estilísticas entre la pasiva refleja y la pasiva con *ser*. Mientras que en el estilo periodístico aparece la pasiva con *ser* un 33,73 por ciento y la pasiva refleja un 57,16 por ciento del tiempo, en el estilo coloquial del teatro los porcentajes respectivos son 10,95 y 73,77. (En los demás casos la pasiva se expresa con *estar*.)

Finalmente, se van estableciendo las reglas actuales para la colocación de los pronombres clíticos. Como se señaló más arriba, en el medievo el contexto del verbo determina la colocación de los clíticos: se colocan antes del verbo (conjugado) si éste va precidido de palabras importantes (*ser uos emos*), después del verbo en otros casos (*fallole*). Este sistema va convirtiéndose paulatinamente en el actual, en el que la colocación de los clíticos depende exclusivamente de la forma del verbo, con un verbo conjugado (*le halló*), con un infinitivo (*hallarle*), etc.

En algunos casos, el resultado del nuevo criterio no introduce ningún cambio. El verbo imperativo afirmativo, por ejemplo, lleva el clítico pospuesto en el español medieval porque esta forma del verbo suele aparecer en posición inicial (*digame*). En el español actual, el pronombre también viene después, justamente por ser el verbo un imperativo afirmativo (*dígame*). En la mayoría de los casos, sin embargo, el nuevo criterio produce un resultado diferente. Según el sistema antiguo, el verbo conjugado lleva el pronombre a veces antes y a veces después, dependiendo del contexto, cf. el ejemplo cervantino: *Rindióse Camila, Camila se rindió*. En el español actual, sólo es aceptable la segunda de las variantes. Donde hay dos verbos seguidos, lo normal en el español medieval es que el clítico siga al primero:

> *& echosse sobrel cuydandol guarecer*
> *pero deues me perdonar*

mientras que en el español actual el pronombre tiene que preceder al primer verbo o seguir al segundo:

> *pero me debes perdonar* / *pero debes perdonarme*

Hay otras diferencias. En español medieval el clítico no es necesariamente contiguo al verbo que lo rige:

> *E fizieron se tan pesados que los non podien traer & ouieron los adexar* 'y se hicieron tan pesados que no los podían traer y tuvieron que dejarlos'
> *uayamos a un logar que uos yo mostrare* 'vayamos a un lugar que yo les mostraré'

Hoy en día la contigüidad es obligatoria.

Dice Penny (2002:137) que el nuevo sistema se impone para finales del siglo XVII, pero incluso en el siglo XIX se encuentran ejemplos del antiguo sistema, tal vez en función de arcaísmo estilístico, cf. los ejemplos siguientes tomados de *Doña Perfecta* (Pérez Galdós 1876):

> *el cual movíase al compás de la marcha*
> *fijose en la desgarbada estatura*
> *un momento después señor y escudero hallábanse a espaldas de la barraca*

MITO LINGÜÍSTICO: EL CARÁCTER FONÉMICO DE LA ORTOGRAFÍA ESPAÑOLA

Es evidente que la ortografía española refleja la pronunciación de la lengua con bastante precisión, sobre todo cuando se la compara con la del inglés, lengua en que hay seis grafías para el fonema consonántico /s/ (*sap, psychology, pass, peace, scissors, fasten*) y once para el fonema vocálico /i/ (*beet, beat, we, receive, key, believe, amoeba, people, Caesar, Vaseline, lily*).

Primero, hay que aclarar que de ninguna manera se puede calificar la ortografía española de "fonética", pues es consabido que muchos fonemas del español tienen alófonos que no se distinguen gráficamente. Los fonemas /bdg/, por ejemplo, tienen alófonos fricativos que no se distinguen de los oclusivos en la escritura: *baba* [báβa], *dada* [dáða], *gago* [gáɣo]. El fonema [n] tiene muchos alófonos, por ser obligatoriamente homorgánico en español (es decir, por tener que adoptar el punto de articulación de la consonante que lo siga inmediatamente): *ando* [áŋdo], *ancho* [áñtʃo], *anca* [áŋka], *un peso* [um péso], etc.[†]

Los hablantes de una lengua no suelen ser conscientes de las diferencias alofónicas, pero sí de las fonémicas, que son capaces, por definición, de distinguir pares mínimos (o sea, palabras no sinónimas que difieren en un solo sonido), como *vale/dale, tal/tan, come/corre* y *mano/mono*.

Una ortografía completamente fonémica sería un sistema de escritura en que cada fonema tendría una sola representación gráfica, y cada grafía representaría un solo fonema. Analizada según estos criterios, la ortografía española falla en varios aspectos.

Por un lado, hay fonemas a los que corresponde más de una grafía, cf. /b/ (*vaca, bala, wáter*), /k/ (*cama, quiero, kilo*), /r̄/ (*rey, carro*), /x/ (*gime, jefe, México*), /θ/ (*cero y alza*) y /s/ (*soy, taxi,* y en los dialectos seseístas, *cero y alza*). En los dialectos yeístas, se escribe /j/ con *yeso* y *llamo*.

Por otro lado, hay grafías que corresponden a más de un fonema, cf. *c* (*cama* /káma/, *cero* /θéro/ o /séro/), *g* (*gato* /gáto/, *gime* /Xíme/ o /híme/), *w* (*wáter* /báter/, *whisky* /wíski/).

[†] En los que las consonantes nasales son, respectivamente, dental, alveopalatal, velar y bilabial.

> **MITO LINGÜÍSTICO** *(continuación)*
> Otras complicaciones: algunos fonemas se escriben con dígrafos, es decir, con dos letras: /tʃ/ (le*che*), /λ/ (ca*lle*), /r̄/ (ca*rro*). Aparte de su inclusión en el dígrafo *ch*, la letra *h* suele no representar ningún sonido (*h*onor).

Análisis de texto

> Un monte era de miembros eminentes
> este (que, de Neptuno hijo fiero,
> de un ojo ilustra el orbe de su frente,
> émulo casi del mayor lucero)
> Cíclope, a quien el pino más valiente,
> bastón, le obedecía, tan ligero
> y al grave peso junco tan delgado,
> que un día era bastón y otro cayado.[10]
> *(Luis de Góngora, "Fábula de Polifemo y Galatea", versos 49–56)*

La dificultad del poema estriba principalmente en cinco técnicas, todas muy usuales en la poesía del Barroco español. Primero, se emplean latinismos semánticos, en los que el significado normal de la palabra española es reemplazado por el sentido etimológico o latino. La palabra *eminente,* por ejemplo, se usa aquí en el sentido físico de 'sobresaliente', igual que el de su étimo latino *ēminens.* El verbo *ilustrar,* mientras tanto, no significa 'ejemplificar' sino 'iluminar', como su étimo *illustrāre.* Segundo, registramos el uso del latinismo léxico *émulo* 'el que trata de imitar o igualar a otro', 'rival', reflejo del lat. *aemulus,* que se introduce en español en el siglo XVI. Tercero, el poeta se arroga una máxima libertad en el orden de palabras, cf.

10. La traducción que preparó Dámaso Alonso para estas estrofa, con ligeras enmiendas, es como sigue: "Era como un monte de miembros salientes este cíclope feroz, hijo del dios Neptuno. En la frente, amplia como un orbe, brilla un solo ojo, que podría casi competir aun con el sol. El más alto y fuerte pino de la montaña lo manejaba como ligero bastón: y, si se apoyaba sobre él, cedía al enorme peso, cimbreándose como delgado junco de tal modo que, si un día era bastón, al otro ya estaba encorvado como un cayado." Tomado de Lázaro Carreter y Tusón 1981:193.

frases como *de Neptuno hijo fiero* 'fiero hijo de Neptuno' y *bastón, le obedecía, tan ligero* 'bastón tan ligero, le obedecía'. También confunde al lector el largo paréntesis que separa *este* y *Cíclope* y, en general, la extensión del período: el poema consta de una sola oración. Cuarto, hay numerosas metáforas: *monte = Neptuno, ojo = orbe, mayor lucero = sol, pino = bastón = junco = cayado*. Quinto, el poeta se expresa de una manera vaga e inexacta, cambiando el sentido de unas palabras y elidiendo otras: Cíclope, a quien el pino más valiente [= grueso], le obedecía [= servía de] bastón tan ligero, y al [soportar tan] grave [= gran] peso [parecía] junco tan delgado, [de forma] que un día era bastón y otro cayado.

···

Preguntas

1. ¿Por qué no se completa la Reconquista en el siglo XIII cuando las fuerzas cristianas consiguen la dominación militar de la Península?

2. ¿Por qué razones es tan importante el año 1492 para la historia de la lengua española?

3. ¿Qué efectos tiene el movimiento cultural llamado "Renacimiento" sobre la lengua española?

4. Comente las oraciones siguientes, tomadas del acto 21 de *La Celestina*, en cuanto a las tendencias lingüísticas que ejemplifican: *E porque el incogitado dolor te dé más pena; muchos mucho de ti dijeron; por medio de tus brasas pasé.*

5. ¿Qué hay de notable en el *Tesoro de la lengua castellana o española* de Sebastián de Covarrubias?

6. ¿Por qué dice Lázaro Carreter que el Barroco deja a la lengua española "martirizada, exhausta, consumida en su propio delirio"?

7. Identifique algunos de los momentos de más importancia en la historia del *Diccionario* académico.

8. Aplique, en orden cronológico, los veintinueve cambios fonológicos presentados en este libro a las palabras siguientes, de modo que ilustren la evolución fonológica de las mismas entre el latín común y el español moderno:

aliu > ajo	*dīcit > dice*	*puteu > pozo*
anniculu > añejo	*facit > hace*	*romanicē > romance*
apicula > abeja	*lumbrīce > lombriz*	*satiōne > sazón*
auricula > oreja	*malitia > maleza*	*taxāre > tajar*
clausa > llosa	*martiu > marzo*	*tensu > tieso*
condūxī > conduje	*meliōre > mejor*	*uncia > onza*
corticia > corteza	*pausāre > posar*	*vermiculu > bermejo*
decimu > diezmo		

9. ¿Cuáles son los cambios tardíos que afectan al cuadro de sibilantes castellanas?

10. ¿Cómo se suele *explicar* el cambio de punto de articulación de [ʂ] y [ʃ] a lo largo de los siglos XVI y XVII?

11. ¿Cuáles son los tres cambios tardíos que suponen la pérdida de sendas distinciones fonémicas en castellano?

12. Identifique los aspectos más importantes en la evolución fonológica y semántica de la palabra latina *vōs* hasta el castellano.

13. ¿Cómo se explica el cambio *so > soy, estó > estoy*?

14. ¿En qué contextos se solía utilizar el futuro de subjuntivo? ¿Qué construcciones verbales suelen sustituirlo hoy en día?

15. Explique el uso del pluscuamperfecto de indicativo en *-ra* en castellano moderno.

16. La gramaticalización de *auer* se completa en el siglo XVI. Explíquese.

17. Explique los cambios en la colocación de los pronombres clíticos entre el castellano medieval y el moderno.

Historia del léxico español

Hasta ahora nos hemos enfocado en la historia fonológica, morfológica y sintáctica del español, pero el vocabulario o léxico de la lengua también tiene su historia. En este capítulo pasaremos revista en el primer apartado a las diferentes maneras en que las palabras han venido a formar parte de la lengua española. Veremos que en este sentido hay esencialmente tres categorías de palabras: las que forman parte del latín hablado y que se han mantenido en el vocabulario ininterrumpidamente (denominadas "palabras patrimoniales"), las que se han tomado de otras lenguas ("préstamos") y las que se han creado mediante los recursos internos de la lengua. Esta última categoría incluye no sólo los productos de los procedimientos de formación de palabras (derivación, composición, etc.), sino también los del cambio semántico, fenómeno a través del cual un significante cambia de significado. En el segundo apartado hablaremos brevemente de la etimología, la disciplina que tiene por objeto identificar los orígenes de las palabras. En el apartado final trataremos de dar una idea de las etapas principales por las que ha ido evolucionando este léxico durante sus dos milenios de existencia.

Vías de integración léxica en español

En el capítulo 5, como parte de nuestra discusión de las excepciones al cambio fonológico, hemos introducido el tema de las diferentes vías de transmisión por las que las palabras han podido integrarse al vocabulario del español. Ahora nos incumbe abordar el tema una vez más con un nuevo enfoque y en más detalle.

PALABRAS PATRIMONIALES. Las palabras de esta categoría existían ya en el latín hablado que forma el fundamento del español, y han sido transmitidas por los hablantes de la lengua de generación en generación hasta la actualidad. La categoría comprende casi todas las palabras más frecuentes de la lengua, como se puede comprobar analizando la lista de frecuencias compilada por Alphonse Juilland y E. Chang-Rodríguez (1964:385–500). Aquí se observa que, entre las doscientas palabras más frecuentes, sólo el número 138 (*último*, latinismo introducido por Juan de Mena en el siglo XV) no es patrimonial.

Es importante señalar que no todas las palabras denominadas patrimoniales son de origen latino, si por "patrimonial" se entiende toda palabra que haya subsistido en el vocabulario desde los comienzos del primer milenio dC. Hemos visto que el latín ibérico comprende palabras provenientes, por un lado, de lenguas prerromanas, como los celtismos *cama, carro, cerveza, camino* y *braga,* y por otro lado, del germánico común, como *sopa, banco, harpa, fango, tregua, guerra* y *blanco.* Más adelante veremos que también figuran entre las palabras heredadas del latín una cantidad apreciable de **helenismos** (préstamos del griego), tales como *baño, cesta, cuchara* y *cuerda.* Palabras como éstas sugieren la necesidad de crear una categoría especial de "préstamos patrimoniales", o "palabras patrimoniales de origen no latino".

PRÉSTAMOS. Un préstamo se incorpora a una lengua cuando, por alguna clase de contacto lingüístico —activo (conversación, bilingüismo) o pasivo (lectura)— entre dos lenguas o dos modalidades —regionales o cronológicas— de la misma lengua, una palabra existente en el léxico de una de ellas pasa a formar parte del léxico de la otra, debidamente adaptada a las pautas fonológicas y morfológicas de la nueva lengua (sin esta adaptación, sigue siendo palabra foránea). Los préstamos suelen clasificarse según sean cultos o populares, donde *culto* se define como "tomado del latín o del griego clásicos".

No es de sorprender que el castellano comience a absorber cultismos del latín, o latinismos, desde los albores de la lengua, pues hay varios siglos de relación diglósica entre las dos modalidades, funcionando el romance como lengua hablada y el latín como lengua escrita. Una vez que se comienza a escribir en romance, existe la tentación constante de suplir su vocabulario con palabras latinas que se vienen escribiendo desde hace siglos. Entre los latinismos que aparecen en *Los milagros de nuestra señora*, obra de Gonzalo de Berceo, clérigo y autor de obras devotas del siglo XIII, figuran *omnipotent*, *macula* 'mancha', *incorrupto*, *miraclo* 'milagro', *benignidat*, *servicio*, *providencia*, *virginidat* y *proceçion* 'procesión'. Otros dos vocablos, *organo* y *evangelista*, son palabras griegas que se transmiten al castellano por medio del latín, es decir, son helenismos latinos, o latinismos de origen helénico. Ya señalamos más arriba el importante papel desempeñado por Juan de Mena en enriquecer con latinismos el léxico del español: a él pueden atribuirse *último*, *subsidio* 'regalo', *ilícito*, *inoto* 'ignoto', *nauta* 'marinero', *nítido* 'brillante', *intelecto*, *túrbido* 'turbio', *sumulacra* 'simulacro', *sacro* y *nefando* 'muy feo', además de *diáfano* y *jerarquía*, helenismos latinos. En el Renacimiento y el Barroco el flujo de latinismos sigue acelerándose, y de hecho el latín sigue siendo importante en la actualidad como fuente de palabras nuevas, aunque hoy en día los latinismos pueden llegar al español a través de una lengua intermediaria, con frecuencia el inglés, como en los siguientes ejemplos, tomados de Lorenzo 1966: *actuario*, *corporación*, *hábitat*, *interferencia*, *junior*, *procrastinar*, *quórum*, *recesión*, *tándem*.

De especial interés es el fenómeno de los **dobletes etimológicos,** que se dan cuando una palabra latina se transmite dos veces al romance: una vez como palabra patrimonial y otra como cultismo. Lo típico en estos casos es que el resultado patrimonial tenga un sentido concreto y que el culto denomine un concepto más bien abstracto, como se constata en los ejemplos siguientes:

PALABRA LATINA	RESULTADO PATRIMONIAL	RESULTADO CULTO
articulus	*artejo*	*artículo*
calidus	*caldo*	*cálido*

cathedra	cadera	cátedra
collocāre	colgar	colocar
dēlicātus	delgado	delicado
frīgidus	frío	frígido
lēgālis	leal	legal
lītigāre	lidiar	litigar
operārī	obrar	operar
strictus	estrecho	estricto

Muchas lenguas extranjeras han contribuido préstamos al léxico español, en diferentes cantidades y en diversos campos semánticos, según la intensidad y el carácter del contacto que hubo entre sus hablantes y los del español o sus antecesores lingüísticos. En muchos casos este contacto ha sido de tipo directo. En otras partes de este libro hemos comentado ya las contribuciones léxicas hechas por pueblos que participan directamente en la historia de la Península Ibérica, como los celtas, vascos, visigodos, musulmanes y mozárabes. Claro que también ha habido influencia por parte de las otras lenguas que se desarrollan en la Península, como el gallego-portugués y el catalán. Puesto que los hablantes de estas lenguas viven en regiones con acceso directo al mar —en contraste con Castilla, que durante gran parte de su historia carece de esto— no es de sorprender que una porción considerable del vocabulario marítimo del castellano conste de préstamos portugueses (*almeja, balde, carabela, chubasco, mejillón, tanque*) y catalanes (*buque, esquife* 'barca ligera', *galera, golfo, muelle, timonel*).[1] Una vez iniciada la conquista de América, hay contacto intenso con las lenguas amerindias, de las que se toman nombres de objetos, plantas y animales no conocidos en España, como la *canoa*, el *maguey* y la *iguana* (arauco), la *tiza*, la *jícara* y el *ocelote* (nahua), la *guasca* 'soga', la *papa* y la *llama* (quechua), la *mandioca* y el *jaguar* (guaraní). Dado el gran número de esclavos africanos importados a América, no sorprende que hayan podido establecerse algunos préstamos tomados de lenguas africanas, como los siguientes, citados por Lapesa (1981:562): *bongó, conga, mambo, samba* (nombres de instrumentos musicales), *funche*,

---

1. Aquí tomamos ejemplos de Penny 2002 y de Alvar et al. (1967).

guarapo (nombres de bebidas), *banana, malanga* (nombres de plantas y frutos). En la práctica, raramente resulta posible identificar la lengua africana de la que proceden dichos préstamos.

Es digno de resaltarse que las lenguas extranjeras que más influjo han tenido sobre el léxico español lo hayan ejercido no por el contacto directo de sus hablantes con los del español, sino por la importancia de su cultura, que se comunica primordialmente por vía escrita. Éste es el caso del italiano, francés, inglés y griego.

El auge de la influencia italiana corresponde a la época más gloriosa de su historia, el Renacimiento. Tan brillante y versátil es la cultura italiana de esta época que sus huellas se encuentran en términos pertenecientes a todas las artes, p. ej. la literatura (*novela, soneto*), el teatro (*bufón, comediante*), la pintura (*miniatura, pintoresco*), la arquitectura (*balcón, fachada*) y la música (*serenata, soprano*). También abundan los italianismos en los campos semánticos militar (*batallón, emboscar*), comercial (*bancarrota, crédito*) y social (*charlar, cortejar*).

Aunque el francés viene contribuyendo palabras al vocabulario español desde el medievo (como mencionamos en el capítulo 3), su influencia llega a su apogeo en el siglo XVIII, cuando se acogen palabras pertenecientes a diversos aspectos de la vida, como el militar (*brigada, cadete*), la moda (*bisutería, pantalón*) y el hogar (*botella, sofá*). La manía de acoger galicismos llega a tal punto en el siglo XVIII que incluso se atestiguan ejemplos efímeros como *golpe de ojo* 'mirada' (fr. *coup d'oeil*), *chimia* 'química' (*chemie*), *remarcable* 'notable' (*remarquable*). Entre los galicismos del siglo XX se encuentra un grupo de interés especial: los préstamos del inglés —o anglicismos— que pasan por el francés antes de llegar al español, cf. *camping, parking, esmoquin, vagón*.

La oleada actual[2] de anglicismos que penetra en el léxico español se concentra en las facetas de la vida más afectadas por las innovaciones de la cultura angloamericana en el siglo XX, a saber,

2. Juan Gómez Capuz (1996:1289) ve tres épocas de influencia angloamericana: 1820–1910, a partir de traducciones de obras románticas inglesas; 1910–39, cuando el anglicismo comienza a rivalizar con el galicismo; 1939–actualidad, que vive una eclosión de anglicismos americanos propiciados por los avances tecnológicos, el cine y la presencia militar y turística de los americanos en España.

la tecnología (*misil, télex, radar*), la economía (*dumping, marketing, trust*), la vida social (*bikini, champú, cóctel*), la vida cultural (*trailer, vídeo, best-seller*), la ciencia (*quark, clon*) y el deporte (*golf, caddie -y, penalty -i*). El influjo del inglés también se hace sentir en **calcos** o casos de contagio semántico, como en los casos siguientes: *agresivo* 'que provoca o ataca' → 'dinámico' (ingl. *aggressive*), *crucial* 'en forma de cruz' → 'decisivo' (ingl. *crucial*), *firma* 'nombre escrito de una persona' → 'empresa' (ingl. *firm*), *planta* 'plan' → 'fábrica' (ingl. *plant*), *sofisticado* 'carente de naturalidad' → 'muy elaborado' (ingl. *sophisticated*). Para la influencia del inglés sobre las variedades del español hablado en Estados Unidos, ver el capítulo 9.

Aunque el griego ha contribuido gran número de helenismos al léxico del español, casi todos ellos han llegado por una lengua intermediaria: el latín durante gran parte de su existencia, diversas lenguas europeas en el siglo XX. Entre los helenismos que son al mismo tiempo latinismos, se distinguen tres estratos principales. Debido al íntimo contacto entre hablantes del latín y el griego durante varios siglos en la época imperial, se adoptan muchos helenismos tocantes a la vida diaria que se siguen empleando en español hoy en día, tales como *baño, cesta, cuchara* y *cuerda*, palabras que, como los celtismos y germanismos citados arriba, deben considerarse patrimoniales. Más tarde, con la aceptación del cristianismo, se acogen muchos helenismos en la terminología eclesiástica, p. ej. *bautismo, biblia, blasfemar*. El empleo más importante de los helenismos, sin embargo, es como herramienta fundamental en la creación de terminología científica. Ya para el siglo XIII aparecen en el léxico castellano latinismos helénicos como *anatomía, cólera, órgano* y *clima*. Para el siglo XV se acogen *arteria, epilepsia, diarrea, y gangrena*. En el siglo XX se sigue explotando el griego para la terminología científica, pero los nuevos helenismos tienden a aparecer en todas las lenguas europeas aproximadamente al mismo tiempo, p. ej. *anemia, sismo, psiquiatría* y *fonética*.

PALABRAS CREADAS MEDIANTE LOS RECURSOS INTERNOS DE LA LENGUA. Entre los procedimientos de **formación de palabras** en español se suelen mencionar sobre todo la derivación —el uso de

prefijos y **sufijos** para generar nuevas palabras— y la **composición,** procedimiento por el cual se acuña un vocablo nuevo (llamado "**compuesto**") combinando dos o más ya existentes. También hay unos cuantos procesos formativos adicionales, de menos importancia, como el uso de **siglas** (que constan de las letras iniciales de cada una de las palabras que normalmente constituyen la denominación de algo: *UNAM* 'Universidad Nacional Autónoma de México'), el **acortamiento** (por el que se elide parte de la sustancia fonética de una palabra: *profe* 'profesor', *cole* 'colegio') y el **cruce** (por el que intencionadamente se extremezclan dos palabras para producir una nueva: *analfabestia* 'analfabeto' < *analfabeto* con *bestia* 'idiota'). También podríamos abordar aquí los varios procedimientos lúdicos por los que se acuñan constantemente nuevas palabras. Son de especial interés en este sentido los diversos modelos o **plantillas** que sirven para la formación de nuevos vocablos lúdicos, como la **reduplicación** (*bullebulle* 'persona inquieta', and. *lame-lame* 'adulador'), la **reduplicación apofónica** (*rifirrafe* 'contienda ligera', *ñiqueñaque* 'cosa despreciable') y la reduplicación con variación consonántica (*cháncharras máncharras* 'pretextos para dejar de hacer una cosa', *a trochemoche* 'disparatadamente'). Otra categoría lúdica es la **onomatopeya,** o imitación de un sonido. En hispanorromance la onomatopeya más interesante es *quiquiriquí* 'imitación del canto del gallo', porque ha servido de modelo (o plantilla) para la formación de muchas palabras más, algunas de las cuales son también onomatopeyas, como *tintirintín* 'sonido agudo del clarín', leon. *tuturuvía* 'oropéndola, ave' y nav. *mamarramiáu* 'maullido del gato', en las que varían libremente la vocal y la consonante, pero se mantiene la plantilla establecida por *quiquiriquí*.

Existe mucho desacuerdo entre los estudiosos sobre la cuestión del actual inventario de prefijos auténticos del español. Algunos calculan que el número de prefijos productivos ronda los cuarenta, mientras que otros admiten hasta cien o incluso doscientos. Todos admiten prefijos patrimoniales como los que se encuentran en *a-grupar, des-coser, en-cabezar, es-coger, entre-comillar, so-cavar, sobre-pasar* y *tras-nochar,* y también los equivalentes cultos de éstos, los latinismos prefijales que figuran en *ad-aptar, dis-cernir, in-titular,*

LA PLANTILLA LÚDICA REDUPLICATIVA

La palabra *plantilla* se utiliza en la industria para denominar una plancha recortada según la forma y dimensiones de una pieza, que sirve de guía o patrón. Ejemplo muy común de una plantilla es la que se emplea para manufacturar letras o números utilizando varios materiales, como papel, cartón, madera o metal. Lo esencial de una plantilla es el hecho de que sus productos sean todos iguales, no obstante la forma del trozo de material de que se cortan. Para hacer una *B* mayúscula con plantilla, por ejemplo, no importa que la hoja de papel o cartón de que se corta sea rectangular, triangular o circular.

Cuando aplicamos el concepto de plantilla a la formación de palabras, resulta claro que se trata de un mecanismo de cambio analógico que tiene el efecto de modificar palabras para que estén de acuerdo con las pautas de la plantilla.

Pongamos el caso de la plantilla reduplicativa, que tiene la forma X X, o sea, que describe palabras que constan de una secuencia repetida. Lo esencial es que se puede llegar a esta forma de varias maneras. La forma más sencilla de hacer esto es la de reduplicar una secuencia, como cuando de la forma verbal *corre* se forma el cubano *correcorre* 'huida desordenada de gente'. Pero, también en cubano, encontramos el ejemplo *zunzún* 'colibrí', formado a partir del verbo *zumbar*, que para ajustarse a la plantilla tiene que ser sometido primero a un acortamiento (*zumbar* > *zum*) y luego a una asimilación (*zumzúm* > *zunzún*). La palabra *chacha* 'canguro, persona que cuida a los niños' también resulta de un acortamiento, pero en este caso no se elimina la sílaba final sino la inicial: *muchacha* > *chacha*. La plantilla obra a través de un cambio vocálico en el caso de *lele*, variante americana de *lelo*, y a través de un cambio consonántico en el amer. *yaya* 'herida', variante infantil de *llaga*. En fin, se trata de una serie de cambios que, vistos por separado, parecen ser perfectamente aleatorios, pero que considerados en conjunto hacen manifiestos los efectos analógicos de la plantilla reduplicativa.

Para más información sobre las palabras lúdicas en español, véase Pharies 1986.

ex-carcelar, inter-ferir, sub-desarrollo, super-conductor y *trans-porte*. También reconoce todo el mundo los helenismos prefijales en palabras como *a-fónico, anti-americano, dia-crónico* y *epi-carpio*. No deben considerarse como prefijos genuinos, en cambio, los elementos iniciales españoles que en latín y griego no son prefijos sino componentes iniciales de compuestos nominales, como los de *equidistante* y *ferr-o-viario, arist-o-cracia* y *bibli-o-grafía*. Los prefijos (para los cuales ver Varela y García 1999) no cambian la categoría gramatical de su base—*des-coser,* igual que *coser,* es un verbo—pero sí afectan su significado. Entre otras cosas, pueden indicar cantidad (*bi-anual, centi-litro*), cualidad (*archi-duque, neo-barroco*), posición (*ante-cámara, endo-cardio*), reflexibilidad (*auto-adhesivo*), tamaño (*mini-falda, mega-voltio*), intensidad (*super-inteligente*) y contrariedad (*des-coser, in-acción*).

También es difícil saber exactamente cuántos sufijos hay en español, pero caben dentro de las mismas categorías etimológicas que los prefijos, es decir, sufijos patrimoniales (*hall-azgo, diner-al, roj-izo, fall-ecer*), sufijos cultos latinos (*lider-ato, gris-áceo, port-átil*) y sufijos cultos helénicos (*alcald-ía, inc-aico, polic-íaco*). Parecen ser sufijos, pero no lo son en realidad, ciertos elementos finales que reflejan componentes de compuestos latinos (*lucí-fugo, magní-fico, caprí-pedo*) y griegos (*antropó-fago, psiqu-iatra, tele-scopio*). A diferencia de los derivados prefijales, los derivados sufijales pueden diferir de sus bases en cuanto a categoría gramatical: del verbo *hallar* se deriva el sustantivo *hall-azgo;* del verbo *perdurar,* el adjetivo *perdur-able;* del adjetivo *español,* el verbo *español-izar.* En otros casos, la añadidura del sufijo altera solamente al significado de la base: un *diner-al* es mucho *dinero* (ambos sustantivos), un color *roj-izo* es algo *rojo* (ambos adjetivos). Franz Rainer (1993) identifica treinta y cuatro funciones que pueden tener los sufijos. Según él, los sufijos son aptos para indicar, entre otras cosas, intensidad (*alt-ísimo, gord-ote*), disposición (*mujer-iego, brom-ista*), actividad característica (*payas-ada, niñer-ía*), semejanza (*sanchopan-cesco, sufij-oide*), pequeñez (*mes-ita, avion-eta*), posibilidad pasiva (*document-able, labrant-ío*), nombre de acción (*hidrata-ción, funcionamiento*) y nombre de agente (*boxea-dor, sirv-iente*).

La composición no es tan frecuente como la derivación en el léxico español. Como se especificó arriba, un compuesto es una palabra formada por la combinación de dos o más palabras individuales. Para determinar si una palabra es compuesto o no, es irrelevante la ortografía: a veces se escriben juntos los elementos (*mediodía, alicaído*), a veces con guión (*actor-director*) y no raramente sin elemento unificador (*ojo de buey* 'ventana de forma circular en un buque'). Lo esencial es que los componentes del compuesto formen una unidad semántica y sintáctica y que aparezcan juntos con frecuencia.

María Irene Moyna (2000:1:167–252) distingue entre tres categorías generales de compuestos en español, cada una con varias subcategorías. La primera categoría comprende todos los compuestos binomios, en los que los dos componentes tienen la misma importancia. El tipo *reina madre, actor-director* describe un referente que desempeña dos papeles al mismo tiempo, mientras que el tipo *marxismo-leninismo* y *ajoaceite* describe la conjunción de dos cosas diferentes. Son semánticamente adjetivos los compuestos como *(rivalidad) campo-ciudad, (relaciones) madre-niño* (de estructura sustantivo-sustantivo), igual que *(hombre) sordomudo, (problema) ético-moral* (adjetivo-adjetivo). La segunda categoría comprende los compuestos **endocéntricos,** donde uno de los componentes —la cabeza— denomina el concepto básico y el otro lo modifica. Un *coche cama*, por ejemplo, es un coche ante todo, pero de cierto tipo, de los que tienen camas por dentro. Su forma plural es *coches cama*. En los compuestos de esta categoría la cabeza suele ser el primer componente, aunque en otras subcategorías puede estar en segundo lugar, p. ej. *drogadicto*, que denomina a un adicto a las drogas, *alicaído*, donde lo esencial es el aspecto caído de las alas, y *baby alarma*, traducido del inglés, lengua en la que la cabeza de los compuestos endocéntricos suele aparecer en segundo lugar. La tercera categoría es relativamente más productiva en español. Se trata de los compuestos **exocéntricos,** en los que ninguno de los elementos ejerce la función de cabeza. Un *sacacorchos*, por ejemplo, es un aparato, que por lo tanto no puede entenderse ni como la acción de *sacar* ni como un *corcho*. Otros ejemplos: *tocadiscos, cuentagotas, limpiabotas*. Entre las otras subcategorías exocéntricas se cuentan las de *(persona) sin techo* y *cienpiés* (nombre de insecto con muchas patas).

EL CAMBIO SEMÁNTICO. Si se define **signo lingüístico** como la combinación de un **significante** (forma) y un **significado** (sentido), está claro que la sustitución de un significado por otro nuevo, o la añadidura de otro nuevo al ya existente, implica la génesis de una nueva entidad, es decir, de un nuevo complejo significante/significado. Este procedimiento no constituye parte de la formación de palabras propiamente dicha, pero sí tiene que incluirse en una discusión de las vías por las que surgen nuevas palabras en el léxico de una lengua.

En general, los cambios de significado se deben a las redes de asociaciones que existen entre los significados de una lengua. La gran mayoría de los cambios semánticos se debe a uno de dos procesos asociativos: a una asociación basada en la semejanza de dos significados, o a una asociación basada en la contigüidad de dos significados (es decir, a la tendencia de los significados a estar conectados de alguna manera en el mundo real).

El cambio por asociación de semejanza suele llamarse **metáfora.** Por ejemplo, una *sierra* es fundamentalmente una herramienta para serrar madera, pero por la semejanza de la forma de esta herramienta y la del perfil de las montañas, surge metafóricamente la nueva palabra *sierra* 'cadena montañosa'. Otros ejemplos:

araña 'arácnido' → 'especie de candelabro'
dinamita 'sustancia explosiva' → 'cosa o persona explosiva'
falda 'prenda de vestir' → 'parte baja de un monte'
red 'tejido de mallas' → 'conjunto organizado de elementos
    que se entrecruzan'
tarjeta 'cartulina pequeña' → 'dispositivo de ordenador'
vaso 'vasija de vidrio' → 'conducto circulatorio'

El cambio por asociación de contigüidad suele llamarse **metonimia.** La asociación por contigüidad no se basa en rasgos compartidos sino en contextos compartidos. Por ejemplo, una *pluma* es primordialmente una excrecencia de ave, pero como las plumas resultan útiles en el proceso de escribir, surge metonímicamente la nueva palabra *pluma* 'utensilio para escribir con tinta'. Otros ejemplos:

sopa 'plato compuesto de caldo y pasta' → 'trozo de pan que se moja en un líquido' (por la costumbre de comer pan y sopa juntos)

corona 'adorno en forma de aro' → 'dignidad real' (por la práctica de llevar coronas los reyes)

autoridad 'poder legal' → 'persona que tiene poder legal' (por residir el poder en la persona)

camello 'mamífero camélido' → 'color beige tostado' (por el color natural de los camellos)

cambio 'acción de cambiar' → 'dispositivo de automóvil' (porque se usa para cambiar de marcha)

El cambio semántico puede tener otras causas también. La causa puede ser de índole lingüística, por ejemplo. La palabra *sofisticado*, cuyo significado originario es 'carente de naturalidad', ha adquirido el sentido 'muy complejo' por influencia de su cognado inglés *sophisticated*. En otros casos, la causa es básicamente social. El deseo de evitar palabras malsonantes, por ejemplo, puede motivar un cambio eufemístico, como cuando el deseo de evitar la palabra *preñada* motiva un cambio en la palabra *embarazada* ('confusa, molesta' → 'preñada'). Finalmente, la causa puede ser histórica, como cuando *coche*, originariamente 'carruaje de cuatro ruedas', cambia a 'automóvil'.

La etimología

Como se especificó más arriba, la **etimología** es la ciencia o disciplina que se ocupa de los orígenes de las palabras. Por supuesto que en muchos casos no es posible llegar al verdadero "origen" de una palabra, pues sabemos por nuestro estudio de la genealogía del español (capítulo 2) que muchas de sus palabras pueden remontarse varios milenios hasta la época en que forman parte del protoindoeuropeo, y es de suponer que también las palabras de esta lengua prehistórica tenían su propia historia. Por consiguiente es costumbre entre los etimólogos (o etimologistas) del español limitar el alcance de sus investigaciones. Si se trata de una palabra patrimonial, se satisfacen con identificar la palabra latina cuya evolución dio el vocablo en cuestión como resultado. En el caso de los préstamos, se empeñan en averiguar de qué palabra y de qué lengua se trata, y en identificar el momento en que se introdujo en el español, sin preocuparse necesariamente por los detalles de la historia de la palabra en la lengua contribuidora. En el caso de las creaciones internas, basta con identificar los elementos léxicos de que se compone la palabra —lexemas, sufijos, prefijos— y el momento en que por primera vez se combinan. Una vez identificado el origen o "étimo" de una palabra, los etimólogos se concentran en seguir su trayectoria hasta el estado actual, es decir, de trazar su historia.

Para hacer bien su trabajo investigador, el (o la) etimologista de la lengua española tiene que conocer bien la gramática histórica de la lengua. Por **gramática histórica** se entiende la historia del desarrollo fonológico y morfológico de la lengua, o sea, precisamente lo que se presenta en los capítulos 5, 6 y 7 de este libro. Quiere decirse que cuando trazamos en el capítulo 5 la evolución fonológica del lat. *umbilīcu* hacia el esp. *ombligo*, demostramos al mismo tiempo la parte fonológica de la etimología de *ombligo*. Del mismo modo, cuando en el capítulo 6 identificamos *vuestra merced* como la forma originaria de la palabra moderna *usted*, nos ocupábamos de su etimología. Puesto que la formación de palabras también se considera como parte de la morfología de una lengua, también ha sido "etimológica" nuestra discusión del origen de palabras como *archiduque* (derivado prefijal), *liderato* (derivado sufijal) y *cuentagotas* (compuesto).

Además de conocer bien la gramática histórica, el etimólogo ha de tener conocimientos del léxico de las lenguas con las que el español ha estado en contacto (directo o cultural) para poder identificar las fuentes de los préstamos, es decir, para saber que *fachada* es italianismo y *alcalde* es arabismo. También es preciso que el etimólogo sea conocedor de los fundamentos del cambio semántico, porque, igual que los sonidos, los significados suelen cambiar con el tiempo. Esto se ve en varias de las palabras estudiadas en el capítulo 5. Hemos visto que *soltero* se deriva de *solitāriu*, pero además de los cambios fonológicos ha habido un cambio gramatical —mientras que *solitāriu* funciona únicamente como adjetivo, *soltero* también puede usarse como sustantivo— y otro semántico, ya que sólo al nivel del romance se aplica a una persona no casada. Entre los ejemplos citados en aquel capítulo, también suponen algún cambio semántico (o cambio semántico y gramatical) *plicāre* 'doblar, plegar' > *llegar* 'alcanzar el fin de un desplazamiento', *seniōre* adj. 'mayor' > *señor* s. 'persona que tiene dominio de algo', 'persona de edad madura', *solidu* 'moneda de oro' > *sueldo* 'dinero recibido por el trabajo', *lēgāle* 'legal' > *leal* 'fiel' y *delicātu* 'delicioso', 'voluptuoso' > *delgado* 'esbelto'. Puede ser que el cambio *plicāre* > *llegar* se deba a una metáfora, pero los demás cambios son metonímicos: la persona mayor solía tener dominio de algo, el sueldo constaba de monedas de oro, el comportamiento leal era al mismo tiempo legal, la persona voluptuosa y atractiva era delgada.

Finalmente, el etimólogo tiene que conocer bien las fases antiguas de la lengua estudiada, porque lógicamente, la forma y significado más antiguos de una palabra tienden a reflejar más fielmente la forma y significado del étimo, por haber sufrido menos cambios fonológicos y semánticos. Por ejemplo, para conectar el esp. *hombre* con su étimo lat. *homine,* es más fácil comenzar con la forma medieval *omne,* que no ha sufrido todavía disimilación ([ómre]) y epéntesis ([ómbre]). Al estudiar la etimología del esp. *tamaño* 'magnitud de una cosa', es preferible comenzar con la variante medieval *tamanno* 'tan grande', por indicar el significado de ésta más fielmente el del étimo latino *tam magnus* 'tan grande'.

La máxima autoridad en cuestiones etimológicas para la lengua española es el *Diccionario crítico etimológico castellano e hispánico,* publicado en seis tomos por Joan Corominas (con la colaboración de José A. Pascual) entre 1980 y 1991. Ante tan magnífica y monumental obra, sería fácil llegar a la conclusión de que ya todo se sabe en la etimología española, pero no es verdad. Por una parte, Corominas se equivoca a veces, sobre todo en su tratamiento de las palabras lúdicas, para las cuales con frecuencia no se le ocurre mejor explicación que atribuirlas a una imitación onomatopéyica. Por ejemplo, atribuye el origen de *títere* 'marioneta' a "una imitación de la voz aguda *ti-ti* que con su lengüeta presta el titerero a sus muñecos" (5:510). Según Pharies 1985, *títere* es en realidad una elaboración sobre un préstamo del gascón o provenzal *tite* 'muñeca', un acortamiento de *petite* 'pequeña'. Por otra parte, ni siquiera el inmenso caudal de palabras estudiadas por Corominas abarca el vocabulario total del español actual en todos sus registros y dialectos. Su diccionario no incluye, por ejemplo, *lendakari* 'presidente del gobierno autonómico del País Vasco', préstamo vasco frecuentísimo en español, y tampoco sirve para la jerga y los registros más bajos de la lengua, como *gachí* 'mujer atractiva' (gitanismo), *pitopausia* 'disminución de la capacidad sexual del hombre a causa de la edad' (cruce de *pito* 'miembro viril' y *menopausia*) y *paganini* 'el que paga los gastos' (juego de palabras sobre *pagar* y el nombre del músico italiano).[3] Sólo hay que echar un vistazo a cualquier diccionario moderno dialectal o jergal para ver que en el campo de la etimología española queda mucho por hacer.

Hay que señalar, además, que la etimología se ocupa de los orígenes no solamente de los lexemas (bases léxicas de palabras), sino también de otros tipos de morfemas, como los sufijos y los prefijos. La máxima autoridad para los orígenes sufijales españoles es nuestro *Diccionario etimológico de los sufijos españoles* (Pharies 2002). Aquí resulta evidente que el estudio de los orígenes de los sufijos difiere poco del de las palabras, y que es igualmente interesante. Ya estudiamos, en el capítulo 6, la génesis del sufijo *-mente,* que se convierte en sufijo adverbial a partir de una palabra independiente a través de un proceso de gramaticalización. Otro caso fascinante es el del sufijo de abstractos adjetivos (es decir, uno de los sufijos de *nomina qualitatis* o 'nombres de cualidad') *-ura,* como en *dulzura* y *blancura.* El sufijo debe su génesis a un análisis erróneo de ciertos sustantivos latinos en *-tūra,* derivados de verbos (*mixtūra* 'acción de mezclar' < *miscēre* 'mezclar'). Cuando en español antiguo palabras como *derechura* 'doctrina' y *estrechura* 'lugar estrecho' se asocian no con sus étimos *dīrec-tūra* y *stric-tūra,* sino con los adjetivos correspondientes *derecho* (< *dīrectu*) y *estrecho* (< *strictu*), se ven sometidos a un reanálisis como *derech-ura* y *estrech-ura.* Esta

---

3. Ejemplos tomados de León 1980.

asociación entre sustantivo y adjetivo sirve luego de modelo para toda una serie de derivaciones cuyas bases no son verbales, como *alt-ura* 'lugar alto' (< *alto*) y *loc-ura* 'acción loca' (< *loco*).[4] Más tarde, los derivados en *-ura* dejan de denotar cosas dotadas de la cualidad y empiezan a denotar la cualidad misma: *altura* 'cualidad de alto', *locura* 'cualidad de loco'.

Las etapas del léxico español

La evolución del léxico de una lengua es un reflejo de la historia cultural del pueblo que utiliza esta lengua, porque un léxico tiene que adaptarse constantemente a las circunstancias históricas y las necesidades conceptuales de cada época. Si el pueblo se ve invadido y dominado por otro, por ejemplo, es probable que su lengua —y sobre todo su léxico— tenga que ajustarse al contacto íntimo con la lengua del invasor. Los ejemplos de este tipo de ajuste son incontables, siendo notables los del inglés —lengua cuyo vocabulario absorbe tantas palabras francesas, después de la invasión normanda en 1066, que constituyen todo un estrato nuevo en su vocabulario— y el euskera, lengua cuyo léxico es, según se estima, 75 por ciento de origen latino o romance. También la lengua del invasor puede cambiar en estas situaciones. Considérese en este sentido el caso del español americano, que ha acogido y sigue acogiendo indigenismos americanos que han resultado más aptos que sus propias palabras para describir la realidad americana.

Otras circunstancias que pueden ocasionar cambios léxicos importantes son las revoluciones culturales o tecnológicas. Un buen ejemplo de aquéllas es el Renacimiento, movimiento cultural que supone una profunda transformación del conjunto de los valores económicos, políticos, sociales, filosóficos, religiosos y estéticos que constituyen la vieja civilización medieval. Vimos en el capítulo 7 que, incluso en España, donde los efectos del Renacimiento son disminuidos por el conservadurismo del pueblo español y de la Iglesia Católica, este movimiento lleva a una transformación del léxico del español con la introducción de miles de cultismos tanto latinos

---

4. Esta explicación la propuso David Graham Pattison (1975:56–70).

como helénicos. En cuanto a las revoluciones tecnológicas, ninguna es comparable con la que estamos viviendo en la actualidad, que obliga a la lengua a adaptarse a marchas forzadas a los avances que se están haciendo en las ciencias más variadas, p. ej. las siguientes palabras, del campo de la medicina: *empalme genético, clon, hipoglucemia, liposucción, mamografía, desfibrilar, progesterona, anorexia, antioxidante;* o las siguientes, de la informática: *bit, caché, escáner, web, megabyte, internet.*

La lengua que hoy conocemos como español es la descendiente de la variedad de la lengua latina que se llevó a la Península Ibérica hace más de dos milenios. El recuento de las etapas de esta lengua —y forzosamente de las etapas de su léxico— comienza en aquella época. Como apuntamos en los capítulos 3 y 4, ya a partir de la fundación del Imperio Romano comienza a acelerarse el proceso diglósico de diferenciación entre las formas escrita y hablada de la lengua, y con la gradual decadencia de la civilización romana y en especial de su literatura, también se empobrece el vocabulario del dialecto protorrománico que se va desarrollando en la Península. Esta situación se agudiza aún más con la invasión visigótica, pero el golpe más duro, tan poderoso que casi acaba con la lengua romance en la Península, es la invasión musulmana. La lengua consigue sobrevivir, pero cuando por fin se van los musulmanes, ocho siglos más tarde, dejan un romance que ha absorbido miles de palabras arábigas.

Después de tan larga decadencia, por fin comienza a cobrar fuerza la lengua y su léxico en el siglo XIII, cuando por primera vez se considera el romance como vehículo lingüístico apto para la comunicación escrita. Como comentamos en el capítulo anterior, la tendencia de los poetas cultos de comienzos de este siglo (p. ej., Gonzalo de Berceo) es la de enriquecer el vocabulario del romance castellano con las palabras latinas que también utilizan a diario. Esta tendencia produce la primera de varias oleadas de cultismos que prácticamente hasta la actualidad han ido sumándose al léxico de la lengua.

El Renacimiento comienza en Italia a mediados del siglo XIV, y un siglo más tarde comienza a afectar al castellano a través de escritores como Juan de Mena, quien más que sus contemporáneos procura salpicar su poesía con cultismos latinos aptos para describir el mundo clásico que forma su contenido. Esta tendencia se prolonga hasta desembocar, por un lado, en la majestuosa literatura del Siglo de Oro español y, por otro, en el callejón sin salida que representa el Barroco en España. Vimos en la poesía de Góngora el apogeo de la tendencia oscurantista, que transforma el español en una lengua prácticamente incomprensible para sus propios hablantes.

Como señalamos más arriba, cuando los Borbones intentan introducir la Ilustración, con sus ideales de tolerancia y razón, en la España del siglo XVIII, tropiezan con el tradicionalismo del pueblo español y la oposición de la Iglesia Católica. A partir de este momento, la gran tarea lingüística que se presenta ante la cultura española es modernizar su lengua, convirtiéndola en un instrumento lingüístico apto para las revoluciones científicas y tecnológicas que han de venir. Se podría esperar que la nueva Academia de la Lengua se encargase de esta tarea, pero como afirma Manuel Alvar Ezquerra (2002:272–73), "en cuanto a la nomenclatura de las ciencias, artes y profesiones, la Corporación insiste en que no forman parte de la lengua común, y su lugar son las obras especializadas". Tempranamente la Academia decide dedicar una obra aparte a las aportaciones léxicas de estos campos, pero estas intenciones no se realizan nunca. Han sido los diccionarios comerciales, por lo tanto, los que han tenido que llevar a cabo esta labor tan necesaria para que el español alcance la categoría de lengua internacional.

....

Preguntas

1. ¿Cuáles son las vías por las que pueden entrar palabras al vocabulario de una lengua?
2. ¿En qué sentido es patrimonial y préstamo al mismo tiempo una palabra como *baño*?
3. ¿Qué significa *cultismo*?
4. ¿Cuáles son algunas de las lenguas que han aportado palabras al léxico español? ¿A qué campos semánticos contribuye cada una de ellas? ¿Qué conclusiones pueden extraerse de esta distribución?

5. Explique y dé ejemplos de los tipos siguientes de formación de palabras: sigla, cruce, plantilla, onomatopeya, prefijación, sufijación, composición.

6. Explique la diferencia entre el cambio semántico por metáfora y por metonimia.

7. ¿Qué es la etimología? ¿Hasta qué punto en el pasado se suele llegar para clasificar una palabra como patrimonial, préstamo o generada internamente?

8. ¿En qué sentido son problemáticas palabras como *cama, blanco* y *cuerda* para la clasificación genética del vocabulario español?

9. ¿A qué procedimiento de formación de palabras se debe la génesis de las palabras siguientes?

cine

boquiabierto

estadounidense

mili 'servicio militar'

cub. *correcorre* 'huida desordenada de gente'

parabrisas

ringorrango 'rasgo de pluma exagerado e inútil'

nutrición

col. *cucurucú* 'pájaro parecido a la lechuza'

hora punta

tiquismiquis 'escrúpulos o reparos'

antecámara

analfabestia 'analfabeto'

dentista

burrocracia 'burocracia'

interacción

mexicano-brasileño

OTAN 'Organización del Tratado del Atlántico del Norte'

10. ¿Se deben a la asociación metafórica o a la metonímica los cambios semánticos siguientes? (Ejemplos tomados de León 1980.)

baile 'acción de bailar' → 'en el argot bancario, error que consiste en invertir dos cifras'

bañera 'pila para bañarse' → 'tortura que consiste en introducir la cabeza de alguien en el agua hasta producirle casi la asfixia'

barriga 'vientre' → 'embarazo'

biblia 'santa escritura' → 'librillo de papel de fumar'

bicho 'animal pequeño' → 'dosis de ácido (LSD)'

> *bisabuelo* 'padre del abuelo' → 'soldado al que le quedan menos de tres meses de servicio militar'
> *bistec* 'lonja de carne de vaca asada' → 'lengua'
> *blanca* 'de color blanco' (f.) → 'cocaína'
> *brutal* 'cruel y violento' → 'enorme'
> *buitre* 'ave rapaz' → 'aprovechado, egoísta' (adj.)
> *buzón* 'abertura para echar cartas' → 'boca grande'

11. Sin consultar ningún diccionario etimológico, identifique el origen de las palabras jergales siguientes, también tomadas de León 1980:

> *bodi* 'cuerpo'
> *cabezón* 'moneda de cincuenta pesetas con la efigie de Franco'
> *cabroncete* 'individuo despreciable'
> *californiano* 'variedad de LSD'
> *cocacolonización* 'imposición de las costumbres yanquis'
> *comehostias* 'persona beata, pía'
> *gandulitis* 'gandulería'
> *grogui* 'en el boxeo, aturdido, tambaleante'
> *metepatas* 'persona que hace o dice cosas inoportunas'
> *michelines* 'rollos de grasa en la cintura'
> *mieditis aguditis* 'mucho miedo'
> *míster* 'entrenador de fútbol'
> *narizotas* 'persona que tiene la nariz muy grande'
> *necro* 'necropsia, autopsia'
> *orsay* 'fuera de juego, en fútbol'
> *penene* 'profesor no numerario'
> *picapica* 'revisor de un transporte público'
> *plumífero* 'escritor'
> *puercada* 'acción indecente'
> *rediez* 'interjección de sorpresa'
> *ultra* 'ultraderechista'

12. Ahora consultando el diccionario de Corominas, resuma las etimologías de las palabras siguientes, sin olvidar las fechas de primera documentación:

palabra	*régimen*	*ciclo*	*almirante*
jefe	*maíz*	*robot*	*socavar*
noviazgo	*nada*	*crepúsculo*	*catástrofe*

13. ¿Cuáles son las principales etapas del léxico español a partir del período iberorromance?

Dialectología española

El término **dialecto** se emplea en varios sentidos —siempre en contraste con "lengua" o "lengua **estándar**"— para indicar una modalidad lingüística de extensión o uso limitados.[1] Más comúnmente se refiere a una variedad geográficamente limitada, como cuando se habla del dialecto mexicano, o más específicamente, del dialecto mexicano de Chihuahua, el chihuahuense. Los dialectos también pueden tener carácter social. Dentro del chihuahuense, por ejemplo, se dejan distinguir varios dialectos sociales, como el de la clase obrera, o incluso el de las mujeres de clase obrera de entre veinticinco y cuarenta años de edad.[2] En el uso popular, el concepto de

---

1. Penny (2000:11–19) rechaza el concepto de "dialecto", porque, según él, este concepto sugiere que las diferencias lingüísticas entre lugares o grupos sociales adyacentes son abruptas, cuando en realidad son graduales. Para Penny, sólo el idiolecto —la forma de hablar de una sola persona— tiene una realidad objetiva. Por razones prácticas, sin embargo, termina admitiendo el término *variedad*, en un sentido que difiere muy poco del de *dialecto:* se trata de "any set of linguistic items used in a specified set of social circumstances", definición que, según él, puede aplicarse a la lengua española en su totalidad, al español de Valencia, o al español de las personas que ejercen cierta profesión.

2. El asunto es aún más complejo, porque también se puede distinguir entre "registros" o niveles contextuales de una lengua. La producción lingüística de una misma persona varía según habla o escribe, también según el rango de sus interlocutores, la formalidad del contexto, etc.

dialecto siempre lleva una connotación de "no estándar", pero en el uso técnico se elimina esta restricción, por lo cual sería lícito hablar del dialecto del español empleado por la élite madrileña, grupo que establece el estándar en España.

Algunos lingüistas prefieren el término *variedad* para hablar de modalidades lingüísticas que no difieren mucho entre sí, reservando "dialecto" para hablas que manifiestan diferencias marcadas, incluso morfológicas. Esta distinción no es general, sin embargo, y como resulta prácticamente imposible definir la frontera entre "no muy diferentes" y "marcadamente diferentes", aquí se emplean los dos términos indistintamente.

Los varios sentidos del término **dialectología** reflejan naturalmente los de "dialecto". La dialectología tradicional se dedica al estudio de las variedades geográficas de una lengua, comparándolas generalmente con la forma estándar de la lengua, a la que no se concibe como dialecto. La dialectología social (también llamada sociolingüística), en cambio, tiene por objetivo elucidar los correlatos lingüísticos de variables sociales como sexo, edad, grupo socioeconómico, grupo étnico, educación, profesión, actitudes, etc., en cualquier variedad, incluyendo el estándar.

Hay que subrayar que la dialectología española no es lo mismo que la dialectología hispanorrománica. Variedades locales de España como el asturiano, el leonés y el aragonés suelen denominarse dialectos, pero desde la perspectiva histórica no son dialectos del español sino del mismo hispanorromance primitivo del que también es dialecto el castellano, antes de iniciarse el auge político y demográfico que culmina en la transformación del dialecto castellano en lengua nacional, merecedora del sobrenombre *español*. Este grupo de dialectos genéticamente cognados suele llamarse "históricos" o **constitutivos** (García Mouton 1994:9). Hoy en día los antiguos dialectos hispanorrománicos no castellanos están en vías de desaparecer, sobre todo en el ámbito urbano, donde suelen ser detectables sólo en la pronunciación local. Cuando hablamos, pues, de la dialectología española, nos referimos exclusivamente a los dialectos **consecutivos,** es decir, a los que se han desarrollado dentro del castellano o a partir del castellano.

Variedades del castellano en las dos Castillas

En el sentido técnico, el dialecto más importante del español peninsular es el estándar, identificado como la forma de hablar y de escribir de la clase educada de ciudades castellanas como Valladolid, Segovia, Madrid y Toledo. Todo lo que hemos escrito hasta aquí en este libro atañe a este dialecto. Conviene mencionar, sin embargo, que el castellano no es monolítico, en el sentido de que tanto en Castilla la Vieja como en Castilla la Nueva se manifiestan fenómenos lingüísticos que se consideran aberrantes.[3] Hasta cierto punto, se trata de aspectos de una modalidad no tanto geográfica como social, hablada por la población rural y poco instruida de la región. Esta modalidad, a la que se suele dar el nombre de **español popular,** es de gran antigüedad, pues se manifiestan sus peculiaridades no solamente en las dos Castillas, sino también en prácticamente todos los rincones del mundo de habla española, adonde fueron llevadas por conquistadores y colonos castellanos.

Entre los rasgos fonológicos plenamente arcaicos del castellano popular figuran (1) la simplificación de grupos consonánticos (*dotor* 'doctor', *ación* 'acción' y *ato* 'apto'), (2) el uso de formas verbales analógicas (*comistes, hablastes*), (3) la neutralización vocálica *i/e* y *o/u* en posición inicial átona (*sigún* 'según', *nenguno* 'ninguno', *pulicía* 'policía', *orbanizar* 'urbanizar') y (4) la sustitución de [b] por [g] ante [wé] (*güeno* 'bueno'). No son arcaicos, pero sí están muy difundidos, fenómenos como (5) la monoptongación de diptongos (*trenta* 'treinta', *pos* 'pues', *anque* 'aunque'), (6) la pérdida de [r] intervocálica (*mía* 'mira', *paece* 'parece') y (7) la reducción de [mb] > [m] (*tamién* 'también'). Añádase, en la morfología, (8) la supervivencia de algunas formas verbales arcaicas como *truje* 'traje', *vide* 'vi' y otras analógicas como *haiga* 'haya', *vaiga* 'vaya', *háyamos* 'hayamos', *andé* 'anduve', *juegar* 'jugar', *traíba* 'traía', y en la sintaxis (9) el uso del condicional en la prótasis de oraciones condicionales (*si yo tendría tiempo* 'si yo tuviera tiempo'), (10) el uso de *caer, entrar* y *quedar* en sentido transitivo (*la quedó sola con los niños* 'la

---

3. Aquí usamos Hernández Alonso 1996 y Moreno Fernández 1996.

dejó . . . '), (11) el **dequeísmo** (*pienso de que* 'pienso que'), el **queísmo** (*me alegro que* 'me alegro de que') y (12) variación en el orden de pronombres clíticos (*te se cayó el vaso* 'se te cayó el vaso'). Entre los fenómenos muy característicos de Castilla la Vieja que no se han propagado a otras regiones figuran (13) el leísmo impersonal, o sea, el que se aplica a animales y cosas (*el azadón le he dejado allí* 'el azadón lo he dejado allí', cast. med. *yo puedo destruir este templo e refazer le en tres días* 'yo puedo destruir este templo y rehacerlo en tres días') y (14) el **laísmo** (*ya la escribí una carta a mi tía* 'ya le escribí una carta a mi tía'). Si bien es muy frecuente en los dialectos del español (15) neutralizar la primera de dos consonantes agrupadas, sólo en las Castillas suelen neutralizarse [kt], [pt] y [kθ] respectivamente en [θt], [θt] y [θθ] como en [perféθtaménte] 'perfectamente', [áθto] 'apto' y [direθθión] 'dirección'.

El andaluz

El primer dialecto que se desarrolla a partir del castellano es el andaluz. Andalucía, que generalmente se define como el territorio que se encuentra al sur de la Sierra Morena (ver mapa 8), es conquistada en dos momentos históricos muy diferentes. La Andalucía occidental cae en manos castellanas como parte de la oleada de victorias que siguen a la decisiva batalla de Las Navas de Tolosa en 1212. En esta época se toman todas las ciudades occidentales importantes, como Córdoba (1236), Jaén (1246), Sevilla (1248), Cádiz (1265) y Jerez (1265).[4] Por razones que explicamos en el capítulo 7 (p. ej., la lentitud del proceso de repoblación, la inestabilidad política en Castilla), no se emprende la conquista de la Andalucía oriental hasta dos siglos más tarde, cuando los ejércitos castellanos bajo el poder de los Reyes Católicos toman, en una sucesión de victorias rápidas, Ronda (1485), Loja (1486), Málaga (1487), Almería (1489) y Granada (1492).

Las diferentes fechas de reconquista y de repoblación de las dos mitades de la región tienen consecuencias lingüísticas. Si bien toda Andalucía comparte ciertos rasgos fonéticos, como la aspiración de

---

4. En toda esta sección me valgo principalmente de Narbona, Cano y Morillo 2003.

/s/ y la confusión de /r/ y /l/, la parte oriental de la región no participa de muchos de los fenómenos discutidos más abajo, arrimándose más bien al castellano. Antonio Narbona, Rafael Cano y Ramón Morillo (2003) trazan las fronteras de muchos de estos fenómenos en una serie de mapas que indican, por ejemplo, que el tercio noreste de la región distingue tanto entre /s/ y /θ/ (155) como entre *vosotros* y *ustedes* (236), y que en Almería y Jaén la *j* sigue pronunciándose como velar (202). Por otra parte, no es castellano otro fenómeno característico de la mitad oriental de Andalucía que se denomina tradicionalmente **desdoblamiento** de vocales (171). Se trata de una abertura de vocales que acompaña a la aspiración o elisión de la /s/ implosiva ([bóβo] 'bobo', [bɔ́βɔʰ] 'bobos').

Es lícito preguntarse por qué el castellano de Andalucía termina diferenciándose tanto del castellano castizo norteño como para formar un nuevo dialecto. Vimos en el capítulo 2 que cuando una población se dispersa en el espacio, quedando incomunicadas las subpoblaciones resultantes durante largo tiempo, se pone en marcha el proceso de diferenciación que eventualmente lleva a la formación de dialectos. Siguiendo esta lógica, es evidente que las líneas de comunicación entre la Andalucía recién conquistada y los centros culturales castellanos son pocas y débiles, quizá por la barrera geográfica que representa la Sierra Morena, quizá por el desinterés político que muestra Castilla por la región sureña durante largo tiempo.[5] Otro factor es el inevitable proceso de nivelación que ocurre cuando hay una mezcla de dialectos. A las tierras recién conquistadas de Andalucía acuden colonos procedentes no solamente de Castilla sino también de León, Galicia y Portugal (en el occidente), Navarra y Cataluña (en el oriente), e incluso territorios extranjeros (hay indicaciones de una presencia alemana, inglesa, flamenca y genovesa). La nivelación implica, sobre todo, un proceso de simplificación de estructuras lingüísticas complejas y variables, con una pérdida de distinciones fonológicas y morfológicas.[6]

5. Antonio Alatorre (1989:241) habla del "desdén de las dos Castillas por Andalucía", refiriéndose específicamente al elemento lingüístico.

6. Penny (1992:251) caracteriza los resultados de un encuentro de modalidades lingüísticas: "Lo que ocurre es la producción de abundantes variantes lingüísticas, en

Por otra parte, se suele descartar por razones históricas la posibilidad de que la formación del dialecto andaluz pudiese deberse a otros factores externos como la presencia en el sur del árabe, por un lado, y del mozárabe, por otro. En cuanto al árabe, hay en realidad poco contacto lingüístico entre los hablantes de esta lengua y los reconquistadores castellanos, por ser los dos grupos enemigos empedernidos. En la mayoría de las ciudades conquistadas por los castellanos en el siglo XIII, se ordena la expulsión inmediata de los habitantes arabigohablantes, quienes suelen refugiarse en Granada.

Podría parecer quizá más razonable atribuir los rasgos distintivos del andaluz al posible influjo del dialecto mozárabe, pero también aquí faltan las condiciones necesarias para que este dialecto pudiera influir sobre el castellano andaluz. Según Narbona, Cano y Morillo (2003:46), la época en que florece el mozárabe —dialecto que siempre se relaciona íntimamente con la religión cristiana— termina en 1055 con la llegada de los Almorávides, un grupo de fundamentalistas musulmanes que ordena la expulsión de los cristianos. El dialecto se extingue definitivamente en el sur después de la toma de poder en 1147 de los aún más fanáticos Almohades, quienes emprenden la exterminación de los pocos cristianos que quedan en el territorio. Como dice Lapesa (1981:189), "los dialectos mozárabes desaparecieron conforme los reinos cristianos fueron reconquistando las regiones del Sur. Aquellas hablas decadentes no pudieron competir con las que llevaban los conquistadores, más vivas y evolucionadas. La absorción se inició desde la toma de Toledo (1085)." La diferenciación del andaluz no puede deberse, por tanto, al influjo del mozárabe, porque este dialecto ya no se habla en la región en la época en que se está formando el andaluz.

Otro factor esencial en la historia del andaluz es la cuestión cronológica: ¿en qué momento histórico comienza a diferenciarse el castellano de Andalucía del de Castilla? Y ¿para cuándo se hacen tan manifiestas las diferencias que resulta lícito hablar de la modalidad andaluza como variedad aparte?

---

el habla de todos, situación que luego se resuelve con la selección de ciertas variantes y el abandono de otras, quedando un dialecto que difiere de todos los que han contribuido a su formación."

No es posible contestar estas preguntas con exactitud, por falta de datos fidedignos. Por una parte, los comentarios de los gramáticos de la época —siglos antes del advenimiento de una lingüística científica— suelen ser impresionistas, como cuando en 1425 un rabino afirma que es posible reconocer a un sevillano por su forma de hablar, o basadas en información errónea, como cuando Juan de Valdés afirma en 1535 que el sevillano Antonio de Nebrija —máximo exponente de la gramática y lexicografía castellanas— "hablava y escrivía como en el Andaluzía, y no como en Castilla". Por otra parte, tampoco los textos de la época pueden interpretarse como reflejos fidedignos del dialecto local, ya que no todos los errores ortográficos son atribuibles a la fonética. Por lo tanto es lícito fundamentarse en "errores" ortográficos sólo cuando la densidad de éstos indica de forma abrumadora al advenimiento de un cambio.

Preguntar en qué fecha surge el dialecto andaluz es lo mismo que preguntar en qué fecha surge cada uno de los rasgos lingüísticos distintivos del dialecto. La gama de características más notables del andaluz —sobre todo de sus variedades occidentales— incluye principalmente una serie de fenómenos fonéticos, como son los llamados **seseo** y **ceceo,** las articulaciones distintivas de /s/, la aspiración de /s/ en posición implosiva, la articulación del sonido que en Castilla se pronuncia [x] y el yeísmo. En la gramática, cabe destacar la pérdida del pronombre *vosotros* a favor del más recientemente acuñado *ustedes.*

Los rasgos fonéticos aducidos pueden concebirse como resultado de una serie de cambios fonéticos diferente de la que sufre el castellano. En otras palabras, se trata de cambios que tienen su propia cronología y cuya esfera de acción se limita a diferentes partes de la zona andaluza.

Según Penny (2002:102; ver también Lloyd 1987:336–42), en los documentos sevillanos del siglo XV, ya se hace notable una tendencia a escribir ç por ss (*paço* por *passo*) y z por s (*caza* por *casa*). Puesto que se estima que este fenómeno comienza a desarrollarse antes de la aplicación general de nuestro cambio 25 —desafricación de [ts] (> [ş]) y de [dz] (> [ẓ])— constituye, al nivel fonológico, una confluencia de [ts] dental (*creçer*) y [ś] apical (*osso*), por un lado, y de [dz] dental (*tristeza*) y [ź] apical (*rosa*), por otro. Los productos de las dos confluencias, sin embargo, difieren de los sonidos que confluyen: el producto de la confluencia [ts] / [ś] es la dental [ş], y el producto de la confluencia [dz] / [ź] es la dental [ʐ]. A partir de este cambio, por lo tanto, los ejemplos mencionados se pronuncian [kreşér], [óşo] y [tristéʐa], [řóʐa]. En otras palabras, la articulación apicoalveolar se pierde en esta parte de Andalucía.[7]

Para esta región sustituimos por lo tanto el cambio castellano 25 por el siguiente, que denominamos 25a, confluencia de sibilantes hacia un punto de articulación dental: [ts], [ś] > [ş]; [dz], [ź] > [ʐ].

El cambio que hemos denominado 26 —ensordecimiento de las sibilantes sonoras— se aplica tanto en castellano como en andaluz, pero por aplicarse en andaluz después del cambio 25a en vez del 25, tiene un resultado muy diferente. Mientras que en castellano el cambio 26 produce los fonemas /ş/ (procedente de [ş] y [ʐ]) y /ś/ (procedente de [ś] y [ź]), en andaluz tiene por producto único el fonema /ş/. Ahora las cuatro palabras que hemos citado como ejemplo se pronuncian con el mismo fonema sibilante: [kreşér], [óşo], [tristéşa] y [řóşa].

El asunto se complica por el hecho de que este nuevo fonema no se realizara igual en toda la región. Según Narbona, Cano y Morillo (2003:72), entre los siglos XV y XVII hay una vacilación entre dos articulaciones de [ş], y esta falta de consistencia en la evolución de las sibilantes se refleja todavía en el andaluz actual. Según Zamora Vicente (1970:301–8), en casi toda la parte occidental de Andalucía (menos en la ciudad de Sevilla), se utiliza una sibilante que tiende a ser coronal plana, entre [ş] y [θ], pronunciándose *coser* y *cocer* aproximadamente como [koθér]. Este fenómeno se llama ceceo (neutralización de /s/ y /θ/ en favor de ésta última), y sus zonas de influencia suelen denominarse ceceantes. En Sevilla y en toda la zona septentrional andaluza alrededor de Córdoba, la sibilante correspondiente puede describirse como **predorsal convexa,** o sea, como la [s] típica de la mayoría de las variedades americanas. Este uso, según el cual *coser* y *cocer* se pronuncian [kosér], se llama seseo (neutralización

---

7. Zamora Vicente (1970:308) ubica la pronunciación no apical de /s/ en la mitad meridional de Andalucía.

de /s/ y /θ/ en favor de aquélla) y sus zonas de influencia se denominan seseantes.

El cambio 27, mediante el cual [ʂ] se interdentaliza en castellano para producir [θ], no tiene lugar en andaluz. La [ʂ] puede articularse de forma seseante o ceceante, pero no hay distinción fonémica como en castellano entre los productos de [ʂ] y [ś].

El cambio fonético castellano nº 28 registra el cambio de la sibilante fricativa prepalatal sorda [ʃ] a la fricativa velar sorda [x]. Aquí también resulta necesaria una modificación para reflejar la realidad andaluza. Ya para la primera mitad del siglo XVI hay indicios (grafías como *hentil* 'gentil' y *mehor* 'mejor') que sugieren que en andaluz occidental el producto del cambio de lugar de articulación de [ʃ] va confluyendo con la aspiración procedente de la [f] inicial latina, o sea, con [h]. Nuestra nueva formulación de este cambio es, por lo tanto, 27a (por la pérdida del cambio 27 castellano): "cambio de punto de articulación de [ʃ] a [h]".

Teniendo en cuenta estos cambios alternativos, veamos la derivación, para el andaluz occidental, de algunas palabras del castellano medieval.

cast. med. *cabeza* [kaβédza] 'cabeza'

/kabédza/	24	confluencia de /b/ y /β/
/kabéẓa/	25a	confluencia de sibilantes hacia un punto de articulación dental
/kaβéʂa/	26	ensordecimiento de sibilantes sonoras

and. mod. *cabeza* [kaβéʂa]

cast. med. *fijo* [híʒo] 'hijo'

[íʒo]	23	pérdida de [h] inicial
[íʃo]	26	ensordecimiento de sibilantes sonoras
[ího]	27a	cambio de lugar de articulación de [ʃ]

and. mod. *hijo* [ího]

cast. med. *casa* [káẓa]

[káẓa]	25a	confluencia de sibilantes hacia un punto de articulación dental
[káʂa]	26	ensordecimiento de sibilantes sonoras

and. mod. *casa* [káʂa]

Nótese que es probable que en esta época se hayan ido multiplicando las aspiraciones, pues aunque nos faltan datos seguros sobre la fecha de inicio de la aspiración de /s/ implosiva, es posible que haya sido contemporánea con el cambio 27a.[8]

Otro fenómeno para el cual tenemos una fecha de inicio en Andalucía es el yeísmo. Aunque hay indicios de un origen más temprano, no se hacen sistemáticas las indicaciones del fenómeno hasta el siglo XVIII. Según Narbona, Cano y Morillo (2003:91), el yeísmo se asocia a partir de esta fecha con el andaluz, a pesar de que no sea general en la zona y de que haya aparecido independientemente en Extremadura y La Mancha.

No es posible asignar fechas de inicio a varios fenómenos fonéticos que caracterizan a variedades del andaluz actual. Ya mencionamos, en este sentido, la aspiración y elisión de /s/ implosiva. Otro ejemplo es la confusión de /r/ y /l/ —generalmente en favor de aquélla (como se ilustra en el *bon mot* de Juan Valera: *Sordao, barcón y mardita sea tu arma se escriben toas con ele*)— que aunque se asocia especialmente con el andaluz a partir del siglo XIX, sería mucho más antiguo, pues se atestigua en hispanorromance ya desde los comienzos de la lengua (v. gr., los ejemplos siguientes tomados de Lloyd 1987:348): *arcarde* 'alcalde' [1246], *comel* 'comer' [1521], *alçobispo* 'arçobispo' [1576]). Es aún más difícil trazar la historia de fenómenos como el debilitamiento de [tʃ] en [ʃ] en Cádiz y Sevilla, entre otros lugares ([kóʃe] por *coche*), la geminación (duplicación) o **fricativación** (cambio al modo fricativo de articulación) de grupos consonánticos, pronunciando [deββán] o [defán] por *desván*, y [diɣɣústo] o [dihústo] por *disgusto*, la velarización de ciertas consonantes implosivas ([aɳtiséktiko] por *antiséptico*) y de nasales finales de palabra ([áβlaɳ] por *hablan*), además del llamado **heheo** o tendencia a aspirar una /s/ inicial o intervocálica ([heñór] por *señor*, [pehéta] por *peseta*), que se oye en muchas partes de la región.

En cuanto al uso de *ustedes* y *vosotros,* como aquél no se hace común hasta el siglo XVIII, se trata de un ajuste bastante tardío. Si

8. Incluso se ha sugerido (ver Walsh 1985) que podría tratarse de otra manifestación del mismo cambio de [ʃ] en [h], suponiendo que [s] implosiva se palatalizara en andaluz (bajo la influencia del leonés) tal como se oye en el portugués actual.

bien en la Andalucía oriental la distribución de los dos pronombres personales suele corresponder con la castellana, en el occidente *ustedes* sustituye a *vosotros* completamente. La cuestión de las formas verbales y pronominales que deberían acompañar a este pronombre, por otra parte, está lejos de estar decidida en el habla actual de esta región: se registran, además de *ustedes se van, ustedes se vais, ustedes os vais* e incluso *ustedes sus vais*.

Análisis de texto. Una sevillana de cuarenta y cinco años habla sobre el franquismo.

> *Hoy en día, la mente de los españoles pues está mucho más abierta.*
> [ój eṇ dí a / la méṇ te ðe lo heh pa ñó le pweh tá mú tʃo má ha βjét ta]
>> aspiración o elisión de /s/ (*los, españoles, pues, más*)
>> geminación de grupo consonántico (*abierta*)
> *Porque con la democracia, ha entrado la cultura.*
> [por ke koŋ la ðe mo krá sja / aṇ tráw la kur tú ra]
>> velarización de /n/ final (*con*)
>> seseo (*democracia*)
>> **rotacismo**[9] de /l/ (*cultura*)
> *Porque Franco lo que no quería es que el pueblo se culturizara.*
> [por ke fráŋ ko lo ke no ke rí a eh ker pwé βlo se kur tu ri sá ra]
>> aspiración de /s/ (*es*)
>> rotacismo de /l/ (*el, culturizara*)
>> seseo (*culturizara*)
> *Porque al haber cultura, el pueblo sabe más.*
> [por ke a la βér kur tú ra / er pwé βlo sá be máh]
>> rotacismo de /l/ (*cultura, el*)
>> aspiración de /s/ (*más*)
> *Entonces, al entrar la democracia, pues ¿qué pasó?*
> [eṇ tón se / a leṇ trár la ðe mo krá sja / pwé / ké pa só]
>> aspiración o elisión de /s/ (*entonces, pues*)
>> seseo (*entonces, democracia*)
> *Pues, ya entraron... gente de carrera, ¿no?*

9. El rotacismo es la transformación de alguna consonante, normalmente [s] o [l], en [r].

[pwé / ya eṇ trá roŋ / héṇ te ðe ka r̥é ra / nó]
aspiración o elisión de /s/ (*pues*)
velarización de /n/ final (*entraron*)
glotalización de /x/ (*gente*)
ensordecimiento de /r̄/ (*carrera*)
Pues empezaron a regresar.
[po hem pe sá ro ŋa r̥e ɣre sá]
aspiración o elisión de /s/ (*pues*)
seseo (*empezaron*)
velarización de /n/ final (*empezaron*)
ensordecimiento de /r̄/ (*regresar*)
pérdida de /r/ final (*regresar*)
Y sobre todo, los colegios públicos, eran para todo el mundo.
[i so βre tó ðo / lo ko lé hjo pú βli ko / é raŋ pa ra tó ðo er múṇ do]
elisión de /s/ (*los, colegios, públicos*)
velarización de /n/ final (*eran*)
rotacismo de /l/ (*el*)

El canario

Las Islas Canarias se conocen desde la antigüedad, incluso entre los Romanos, quienes las encuentran deshabitadas en una expedición llevada a cabo al comienzo de nuestra era.[10] Este grupo de siete islas desaparece luego de la historia, hasta que en el siglo XIII lo redescubre una flota genovesa. Un documento papal de 1433 otorga derechos sobre las Islas Canarias a los portugueses, pero en 1436 se invierte esta decisión para conceder estos derechos a la corona de Castilla, concesión reconocida por los portugueses en 1479.

En el momento de su redescubrimiento, las Islas Canarias están habitadas por unos indígenas, llamados guanches, de probable estirpe bereber. Los guanches son poco numerosos (menos de cuatro mil) y viven en cuevas, pero a pesar de su primitivismo logran resistir las fuerzas conquistadoras españolas durante casi un siglo, entre 1402, cuando los españoles desembarcan en Lanzarote, y 1496, cuando cae Tenerife, la mayor de las siete islas. Subsiguientemente

---

10. Véase ikuska.com/Africa/Paises/canarias.htm (14 abril 2004).

hay un período relativamente breve de inmigración, hasta 1520, durante el cual llegan colonos sobre todo de España y Portugal a sumarse a los indígenas que habían sobrevivido a la guerra defensiva. Hasta finales del siglo XVI, la industria del azúcar es un importante impulso comercial, y las Islas se convierten además en una escala obligatoria para la ruta hacia las Américas. El mismo Cristóbal Colón se reabastece en Canarias antes de cruzar el Atlántico. Sin embargo, falla la industria azucarera, como después también la viticultura y la industria de la cochinilla. Por eso hacia finales del siglo XIX se producen altas tasas de emigración, primero hacia Cuba y luego hacia Venezuela. Hoy en día la economía canaria se sustenta del turismo y de la industria bananera.

En cuanto al canario —la variedad española hablada en Canarias— afirma Alvar (1996:329) que sigue, como toda manifestación cultural canaria, el modelo de Sevilla, ciudad de mayor influjo en la conquista y consiguiente colonización de las Islas. No es de sorprender, por lo tanto, que el canario manifieste prácticamente todos los rasgos lingüísticos que se identifican con el sevillano, como son el empleo de la /s/ predorsal convexa, el seseo, el uso de [h] por [x], el yeísmo, la aspiración de /s/ implosiva, la velarización de /n/ final y varios fenómenos adicionales en posición final de sílaba como la geminación, además de la preferencia de *ustedes* sobre *vosotros*. Dada la casi identidad entre los rasgos lingüísticos del canario y el sevillano, no incluimos en este apartado el habitual análisis de texto.

Por otra parte, no se encuentra en el andaluz un fenómeno comúnmente registrado en el habla canaria, a saber, la tendencia a sonorizar las oclusivas sordas /ptk/: [djémpo]' 'tiempo', [sogúba] 'se ocupa', [dambógo] 'tampoco'. Según Manuel Almeida y Carmen Díaz Alayón (1988:34), este fenómeno puede producirse en cualquier contexto fonético, pero es favorecido en posición intervocálica y tras nasal.

La morfología canaria se caracteriza por su carácter popular, cf. fenómenos como los siguientes: *siéntensen* 'siéntense', *no los* 'nos lo', *llevastes* 'llevaste', *vénganos* 'vengamos', *habemos* 'hemos', *cualo* 'cual'. Son igualmente populares sus excentricidades sintácticas: *me le acerco* 'me acerco a él', *para tú entender* 'para que tú entiendas', *yendo tú no hay problema* 'con tal que tú vayas no hay problema', *hay sitios que no va nadie* 'hay sitios adonde no va nadie', *hay más de cinco años* 'hace más de cinco años', *más nadie* 'nadie más', *siempre no* 'no siempre'.

El español americano

El día 12 de octubre de 1492 una pequeña flota capitaneada por Cristóbal Colón en busca de una ruta marítima directa hacia la India, desembarca en la isla bahameña de San Salvador. De allí viaja a Cuba y luego a la isla de Santo Domingo, hoy compartida por Haití y la República Dominicana. Como Colón piensa que está en la India, llama a los pobladores de estas islas indios. Entre 1493 y 1504 emprende tres viajes más, durante los cuales "descubre" la costa oriental de América Central, junto con los territorios que en la actualidad constituyen Puerto Rico, Trinidad y Venezuela.

Tras la unión de los reinos de Castilla y Aragón (1479) y la culminación de la Reconquista (1492), llevadas a cabo por los Reyes Católicos, el nuevo poder peninsular reúne las condiciones para iniciar una nueva fase de expansión y conquista. Uno de los frentes de la política exterior de los monarcas españoles es la competencia con Portugal (hasta entonces la principal potencia marítima atlántica) por el dominio de las rutas africanas del oro, los esclavos y las especias. La Corona portuguesa, que centra sus empeños para establecer una ruta comercial con la India en la circunnavegación de África, no se interesa en el proyecto transatlántico de Colón. Esta circunstancia lleva a Colón a buscar el patrocinio de los Reyes Católicos para hallar una ruta occidental a las Indias. El éxito de la travesía transatlántica convierte a España en la primera potencia europea.

Los primeros tiempos de la conquista y colonización de los nuevos territorios españoles son especialmente sangrientos.[11] En 1519 llega Hernán Cortés con una fuerza de sólo quinientos soldados a Yucatán, desde donde emprende la invasión del imperio azteca que

---

11. Según Alatorre (1989:213), el conquistador español Pedrarias Dávila legalizó la matanza de los indios en 1514 con el llamado "requirimiento", según el cual era justificable cualquier matanza de indios si éstos no aceptaban, instantáneamente, la Santísima Trinidad y los derechos del rey de España.

culmina en la toma de su capital Tenochtitlán en noviembre del mismo año. Después de la muerte del rey azteca Moctezuma, se produce un alzamiento que obliga a los españoles a retirarse por un tiempo, pero cuando vuelven en 1521 para reconquistar la ciudad, toman prisionero al nuevo rey Cuauhtémoc, primo de Moctezuma, arrasan la ciudad y establecen sobre sus ruinas la Ciudad de México. Francisco Pizarro desempeña un papel análogo en América del Sur. Pizarro, quien acompaña a Vasco Núñez de Balboa en 1513 cuando éste descubre el Océano Pacífico, recibe en 1531 una directiva del rey español para conquistar el imperio Inca, con base en el Perú. En 1532 derrota al ejército del emperador Atahualpa con una fuerza de apenas cien soldados incomparablemente mejor equipados, con cañones, espadas y caballos. Atahualpa paga un copioso rescate para comprar su libertad, pero es asesinado a traición y como resultado acaba en poco tiempo toda resistencia por parte de los Incas.

Se estima que en el momento de llegar a América los españoles, viven unos cincuenta millones de indígenas en Hispanoamérica, pero que para el siglo XVII esta cifra se ha reducido a unos cuatro millones.[12] Esta reducción tan drástica se debe sobre todo a la introducción en el Nuevo Mundo de varias enfermedades infecciosas como la difteria, el sarampión y especialmente la viruela. Pero muchísimos indígenas mueren por el abuso que les infligen los españoles, que ven en ellos mano de obra barata, apta para posibilitar un pronto enriquecimiento. En Venezuela, por ejemplo, según escribe John Lipski (1996:379), "se esclavizó a los indios para que recogieran perlas. . . . Tras la explotación de las perlas, la exportación de esclavos indios a otras colonias del Caribe se convirtió en la base económica principal de las colonias españolas de Venezuela. La población indígena se redujo drásticamente; muchos murieron resistiéndose a ser capturados." Con el descubrimiento de una montaña de plata en Potosí, Perú (Lipski 1996:337), "miles de indios fueron esclavizados para llenar los galeones españoles con el

12. Volker Noll (2001:57) dice que los 12–25 millones de personas que vivían en México al llegar los españoles en 1519 se redujeron en el transcurso del siglo a un millón.

oro y la plata." En México (Lipski 1996:296) y en otras partes, los indígenas se ven forzados a una esclavitud *de facto* mediante el sistema de la encomienda, según el cual se asigna a un grupo o pueblo de indios a un individuo para que éste se aproveche de su trabajo, supuestamente a cambio de instruirles en la religión católica.

Hoy en día la población de Hispanoamérica se puede dividir en cuatro grupos principales, a saber, (1) los indígenas, (2) los **criollos** o descendientes de colonos españoles, (3) los mestizos, descendientes de uniones entre españoles e indígenas y (4) los afrohispanos. Estas poblaciones forman, a su vez, tres grupos lingüísticos. Los criollos, los afrohispanos y la casi totalidad de los mestizos son hablantes monolingües del español. Entre los indígenas hay que distinguir entre los monolingües de habla indígena y los bilingües, o sea, los hablantes del español y una lengua indígena. A pesar de la existencia de las lenguas indígenas, el español es la lengua oficial (o una de las lenguas oficiales) de todos los países hispanoamericanos, y en él reside todo el prestigio de que suelen gozar las lenguas de gobierno, comercio y cultura.

No sorprende que los dialectos del español de América difieran del castellano actual, y que difieran entre sí, dado el tiempo transcurrido desde la introducción de la lengua, la separación espacial entre los hablantes de la lengua a ambos lados del Atlántico y las circunstancias particulares que caracterizan la colonización en cada lugar. Quizá sea más sorprendente el que no sean más diferentes, pues por un tiempo se ha temido que bajo estas condiciones la lengua pudiera perder su integridad. Estos temores se han mostrado infundados, pues los hablantes de las diferentes variedades del español a un lado y otro del Atlántico siguen comunicándose entre sí sin mayores dificultades.

La complejidad de la estructura dialectal del español americano se resiste a una clasificación neta. Lipski (1996) pasa revista a las diferentes teorías que se han propuesto para describir las divisiones internas del español americano, basadas en factores externos como el influjo de las lenguas indígenas y la cronología relativa de los asentamientos, o en factores internos como rasgos fonéticos, morfológicos y léxicos. Llega a la conclusión, sin embargo, de que el único esquema general defendible es el que opone los dialectos de tierras bajas, o sea, los de las tierras que se ubican cerca del mar o en islas, a los de tierras altas, o sea, los de las tierras interiores. Las variedades de tierras bajas suelen manifestar un vocalismo estable y un consonantismo inestable o variable, con modificaciones consonánticas que pueden ser de aplicación universal (/x/ > /h/), pero que normalmente atañen principalmente a los alófonos en posición implosiva o final (aspiración de /s/, confusión de /r/ y /l/, velarización de /n/ y otras consonantes). Las variedades de tierras altas, en contraste, se caracterizan por un consonantismo estable y un vocalismo inestable, en el que las vocales se reducen de varias maneras, ensordeciéndose, abreviándose o cambiando de timbre (reducción o centralización a schwa [ə]). Incluso se eliden con frecuencia.

Los orígenes de la dicotomía tierras altas / tierras bajas se suelen buscar en los patrones de contacto y colonización entre España e Hispanoamérica. Se considera que las hablas de las tierras bajas americanas reflejan con bastante fidelidad la variedad andaluza del castellano, sobre todo porque la dominación andaluza en el tráfico y comercio marítimo garantiza un contacto intenso y duradero entre andaluces y americanos costeños e insulares. En contraste, la influencia andaluza es mucho menos intensa en las tierras altas. Las variedades de estas regiones, por ser comúnmente sedes del gobierno colonial (como en los casos de Bogotá, Ciudad de México, Quito y La Paz), muestran en un grado mayor los efectos del castellano que hablan los burócratas, políticos, soldados y comerciantes que administran y nutren de bienes comerciales a las capitales. Sin embargo, la ausencia en el habla de tierras altas de varios rasgos marcadamente castellanos, como la /θ/ y el pronombre *vosotros,* indica claramente que la influencia castellana no es decisiva aquí. Por esta razón se considera que las variedades de esta zona son productos de la nivelación de todas las modalidades —sobre todo castellanas y andaluzas— traídas por sus colonizadores, sin que ninguna de ellas haya podido dominar en su desarrollo.

La semejanza entre el español de América y algunas variedades del andaluz resulta bastante chocante, pues llama mucho la atención en comparación con el castellano la presencia del seseo y la sustitución de *vosotros* (con su pronombre clítico correspondiente *os* y adjetivo posesivo *vuestro*) por *ustedes* (con *los* y *sus*). Por esta razón se viene argumentando desde hace mucho tiempo que el andaluz ha servido de fundamento en la génesis del español americano. Los argumentos ofrecidos forman la base de lo que suele llamarse **teoría del andalucismo** o "teoría andalucista" del origen del español americano. Como veremos en lo siguiente, la importancia del papel del andaluz es incontrovertible, pero la manera en que tradicionalmente se ha formulado esta teoría está muy lejos de ser adecuada.

Ha sido Lipski (1996:63–71) quien ha demostrado más claramente los defectos de la formulación tradicional de la teoría del andalucismo. En particular, critica que estas teorías partan del postulado fundamental de que el español de América se hubiera consolidado ya en el siglo XVI —el llamado período antillano— con lo cual los colonos llegados después de esta fecha se habrían visto obligados a ajustarse lingüísticamente a esta base. Los argumentos en contra de este postulado son de dos tipos: primero, el español sigue evolucionando paralelamente a ambos lados del Atlántico después del siglo XVI, y segundo, la inmigración posterior a América ha sido lo suficientemente masiva como para ejercer una influencia profunda sobre la evolución del español americano.

El español que se habla en el momento del descubrimiento del Nuevo Mundo todavía manifiesta muchas características premodernas. Entre las sibilantes, por ejemplo, todavía no se ha realizado la serie de cambios descritos en el capítulo 7, como son la desafricación de [ts] y [dz] (25), el ensordecimiento de las sibilantes sonoras (26), el cambio de punto de articulación de [ʂ] (27), y el cambio de punto de articulación de [ʃ] (28). En el andaluz de esta época, está a punto de comenzar el cambio 25a, confluencia de sibilantes hacia un punto de articulación dental. En la morfología, *vuestra merced* sigue siendo la forma pronominal preferida para la segunda persona formal, mientras que *tú* y *vos* rivalizan para la forma familiar. Ahora bien, para finales del siglo XVII, todos estos arcaísmos (con la excepción de *vos*) quedan ya relegados a la historia a uno y otro lado del Atlántico. En vista de esta larga lista de cambios compartidos entre el español americano y el peninsular, difícilmente se puede sostener que el español americano del siglo XVI se haya independizado de su homólogo europeo. Es decir, son tan numerosos y fundamentales los cambios compartidos que no es posible achacarlos a una evolución paralela e independiente. Más bien resulta evidente que este español arcaico ha tenido que ceder ante el lenguaje cada vez más modernizado que se habla entre las oleadas de inmigrantes que durante los siglos siguientes llegan a las orillas del Nuevo Mundo.

Para explicar cómo la inmigración puede continuar siendo un factor decisivo en el desarrollo lingüístico del español americano, incluso siglos después de la llegada de los primeros colonos, hay que entender la situación demográfica del Nuevo Mundo durante aquella época. Esencialmente, los datos históricos indican que el número de habitantes de las ciudades hispanoamericanas no es nunca lo suficientemente grande como para absorber a los muchos inmigrantes que siguen llegando sin dejarse influir lingüísticamente por aquéllos. Según Lipski (1996:70): "Si hablamos de todo el siglo XVI, pocas ciudades de Hispanoamérica alcanzaban los 5.000 habitantes de población. . . . Cuando uno se para a pensar que una flota típica que llegaba a Cartagena, Portobelo o Lima podía llevar varios cientos de colonos, se puede comprender la magnitud de las posibles repercusiones lingüísticas que podía tener un contingente de nuevos colonos."

Es importante reconocer que la explosión demográfica que se suele identificar con Hispanoamérica no comienza hasta bien entrado el siglo XIX. Por ejemplo, según Lipski (1996:69), Cartagena de Indias (Colombia) tiene unos 2.500 habitantes a principios del siglo XVII, y aunque crece por un tiempo, para finales del siglo XVIII cuenta con el mismo número. De las ciudades más importantes de Hispanoamérica, sólo México y la Habana superan los 50.000 habitantes durante el siglo XVIII: Caracas tiene una población de 19.000, Quito de 25.000, Santiago de Chile 28.000, Buenos Aires 20.000 y Montevideo 10.000. Incluso en el siglo siguiente, el XIX, la inmigración tiene consecuencias bastante fáciles de percibir. Nadie niega, por ejemplo, el importante papel que desempeñan los miles de inmigrantes italianos que llegan a Argentina y Uruguay a partir de finales del siglo XIX, cuya influencia se cita para explicar la génesis del **cocoliche,** lengua que surge del contacto entre español e italiano, muchos de los rasgos del lunfardo —jerga peculiar de Buenos Aires— y la típica entonación rioplatense. Igualmente decisiva es la emigración canaria a varios países del Caribe, como Cuba, Puerto Rico y Venezuela. Según Lipski (1996:74): "En 1714, por ejemplo, el gobernador de Caracas observó que la mitad de la población blanca de la ciudad estaba formada por canarios." Más cifras: entre 1840 y 1890 llegan 40.000 canarios a Venezuela y entre 1835 y 1850 llegan 16.000 a Cuba, isla a la que más tarde, en un período de cuatro años (1891–95), llegan otros 17.000. En vista de estas estadísticas, no resulta sorprendente el hecho de que en la actualidad a veces sea difícil distinguir entre las variedades canaria y caribeña, incluso para los mismos hablantes de estas variedades.

En vista de estos argumentos, resulta claro que hace falta corregir la tradicional formulación de la teoría del andalucismo. En las tierras bajas, el andaluz/canario es un elemento decisivo desde los principios de la época colonizadora, pero la historia compartida va mucho más allá de esta época temprana. Si en los siglos siguientes el andaluz y el español americano de tierras bajas comparten la misma o casi la misma evolución lingüística, es por las intensas relaciones comerciales que continúan intactas durante este tiempo, y por el influjo lingüístico de los miles de inmigrantes que se trasladan sobre todo a la cuenca del Caribe desde Andalucía y las Islas Canarias hasta bien entrado el siglo XIX. El elemento andaluz/canario también desempeña un papel importante en el desarrollo del español americano de tierras altas, si bien no resulta ser igualmente determinante aquí. Se imponen algunos rasgos fundamentales de la modalidad, como el seseo y la aversión por el pronombre *vosotros,* pero la influencia de estas variedades no alcanza para trasplantar algunos de sus rasgos más conspicuos como la aspiración de /s/ implosiva, la velarización de /n/ final de palabra y de otras consonantes implosivas, y el debilitamiento de /x/ hacia /h/. En estos casos, el prestigio de otras modalidades, en particular de la castellana, habría sido lo suficientemente potente como para frenar la influencia andaluza que en las tierras bajas resulta ser irresistible.

LA DEMOGRAFÍA DE LA LENGUA ESPAÑOLA

La demografía de una lengua constituye una parte de su historia. Revela adónde se ha llevado la lengua, en qué países se ha establecido como lengua oficial y en qué países concurre con otras lenguas. Hemos compilado la tabla siguiente a base de informes presentados en Noll 2001 y Dietrich y Geckeler 1990. El español es lengua oficial en todos estos países menos Los Estados Unidos y Filipinas.

PAÍS	POBLACIÓN MILLONES	PORCENTAJE HISPANOHA-BLANTE	OTRAS LENGUAS
Argentina	36,6	99,7	quechua, guaraní
Bolivia	8,1	87,7	quechua, aimara, guaraní
Chile	15,0	89,7	mapuche, quechua, aimara
Colombia	41,6	99,0	chibcha, arawak, caribe, otras
Costa Rica	3,9	97,5	chibcha, inglés
Cuba	11,2	100	
Ecuador	12,4	93,0	quechua, chibcha, jíbaro
El Salvador	6,2	99,0	pipil, nahua
España	38,0	99,1	catalán, euskera, gallego
Estados Unidos	30	10,0	inglés
Filipinas	1,0	1,1	tagalo, inglés
Guatemala	11,1	64,7	21 lenguas quiché-maya
Guinea Ecuatorial	0,04	8,0	francés, pidgin, fang, bubi, ibo
Honduras	6,3	98.2	miskito
México	97,4	98.5	nahua, maya
Nicaragua	4,9	87,4	miskito, sumo, inglés
Panamá	2,8	76,6	chibcha, chocó, inglés
Paraguay	5,4	55,1	guaraní (90%)
Perú	25,2	79,8	quechua, aimara

LA DEMOGRAFÍA DE LA LENGUA ESPAÑOLA *(continuación)*			
Puerto Rico	3,8	98,2	inglés
República Dominicana	8,4	98,0	haitiano
Uruguay	3,3	100	
Venezuela	23,7	96,9	wayú, warao, pemón

Cuatro variedades distintivas del español americano

En este apartado damos una idea de la diversidad y carácter del español americano mediante una descripción de cuatro de sus variedades más distintivas. Se trata de una selección hecha entre las muchas modalidades que se hablan en los países hispanoamericanos (a los que habría que añadir los Estados Unidos, país donde viven varias decenas de millones de hispanohablantes, ver mapa 9), la mayoría de los cuales muestran a su vez cierto grado de diversidad lingüística interna. En la Argentina, por ejemplo, se suele distinguir entre el rioplatense propiamente dicho —hablado en Buenos Aires y el litoral meridional— y las modalidades habladas en varias zonas marginales cuya historia y circunstancias particulares han producido rasgos marcadamente diferentes de los del estándar nacional. El extremo occidental de la Argentina, por ejemplo, se coloniza desde Chile, por lo cual la variedad de esa región guarda un gran parecido con el habla del país vecino. En las zonas marginales del norte se dejan identificar dos variedades más, cuyas peculiaridades surgen en parte del bilingüismo con las lenguas indígenas habladas en sendas zonas, a saber, el guaraní en el nordeste, cerca de Paraguay, y el quechua en el noroeste, cerca de Bolivia. El español de Colombia muestra una estructura típica de los países andinos: aquí la variedad estándar del interior contrasta con las costeñas —donde se evidencian los rasgos típicos de las tierras bajas— y las de la región amazónica, fuertemente afectadas por las **interlenguas** (la competencia lingüística de la persona que está en vías de aprender una lengua, o cuya adquisición se ha fosilizado) de los diversos pueblos que habitan la zona.

De todas las posibles variedades, pues, hemos elegido las cuatro que a nuestro juicio son más aptas para ilustrar la diversidad del español americano, a saber, (1) la variedad rioplatense, (2) la variedad que se habla a lo largo de la cordillera andina, (3) la variedad hablada en la cuenca del Caribe y (4) la variedad de México y del suroeste de los Estados Unidos. A continuación se analiza cada uno de estos dialectos en cuanto a sus características fonológicas, morfológicas, sintácticas y léxicas.

EL ESPAÑOL RIOPLATENSE. Se trata del dialecto hablado a uno y otro lado del Río de la Plata, en particular, en Buenos Aires (población 2004: 11.928.000), cuya variedad también se denomina porteño, y Montevideo (1.346.000), capitales respectivas de la Argentina y el Uruguay. En el aspecto fonológico, los rasgos más distintivos de esta variedad son (1) el llamado ʒeísmo, (2) la aspiración de /s/ implosiva y (3) la entonación.

El **ʒeísmo** representa una evolución ulterior a partir del yeísmo (sólo registrada en esta zona), como resultado de la cual el sonido [j] se convierte en [ʒ] a través de un proceso conocido como rehilamiento, o sea, la producción de una vibración en el punto de articulación que se suma a la de las cuerdas vocales. Como resultado de este fenómeno, la frase *yo me llamo Guillermo,* pronunciada [jó me ʎá mo ɣi ʎér mo] en dialectos tradicionales castellanos, y [jó me já mo ɣi jér mo] en Andalucía y otras variedades yeístas, se pronuncia [ʒó me ʒá mo ɣi ʒér mo] en el rioplatense ʒeísta. Hay que agregar, sin embargo, que el ʒeísmo está cediendo hoy en día ante otro cambio en marcha, el **ʃeísmo,** fenómeno que consiste en el ensordecimiento de [ʒ] en [ʃ]. La pronunciación actual más típica de nuestro ejemplo es, pues, [ʃó me ʃá mo ɣi ʃér mo]. Es interesante notar que esta serie de cambios reitera la evolución a que fue sometida [ʒ] en el castellano medieval, cuando *ajo* [áʒo] se transformó en [áʃo] por el cambio 26 "ensordecimiento de las sibilantes sonoras". Uno se pregunta si, en los próximos siglos, el rioplatense reiterará completamente la antigua evolución, en cuyo caso, igual que [áʃo] dio finalmente [áxo] (cambio 28 "cambio de lugar de articulación de [ʃ]"), [ʃó me ʃá mo ɣi ʃér mo] se convertirá en **[xó me xá mo ɣi xér mo].

En cuanto a la aspiración de [s] implosiva —fenómeno abordado en nuestro estudio del andaluz— si destaca la aspiración porteña por alguna razón, es por su resistencia a la elisión y a la aspiración ante vocal. La frase *estás aquí*, que en andaluz y otras variedades de tierras bajas podría pronunciarse [e tá ha kí], con elisión de la [s] implosiva y aspiración de la prevocálica, suele ser en porteño [eh tá sa kí].

Lipski (1996:189) califica la entonación porteña de "**circunfleja**", comparando la típica curva melódica del dialecto, que sube mucho para caer al final, con la forma visual del acento circunflejo (ˆ). Se estima que esta entonación se debe al influjo del italiano, lengua traída a la Argentina por inmigrantes italianos al final del siglo XIX. Se sabe que en el intervalo entre la llegada de los italianos y su asimilación lingüística se habla en Buenos Aires una interlengua español-italiano que se denomina cocoliche. La entonación circunfleja sería una reliquia de esta modalidad.

En la morfología rioplatense, lo que más llama la atención es el voseo, fenómeno que consiste en el uso de *vos* en vez de *tú* para el pronombre de segunda personal singular familiar. Cabe decir, sin embargo, que el voseo se ha incorporado a la lengua de forma parcial. El pronombre correspondiente de complemento y los adjetivos de posesión, por ejemplo, corresponden al tuteo: *yo te veo a vos, vos tenés tu propio dinero*. Más significativo aún es el hecho de que las formas verbales asociadas al voseo se apliquen solamente al presente de indicativo y al imperativo. Todos los demás tiempos de indicativo (*hablaste, comías, vivirás*) y la totalidad de los tiempos de subjuntivo son idénticos a los del tuteo.[13]

---

13. En el imperativo, las formas voseantes se limitan al afirmativo: *tené,* pero *no tengas* (en vez de *no tengás*). Por cierto, en algunos tiempos de indicativo es imposible saber si se trata de una forma correspondiente a *tú* o a *vos: comíais* sin -*i*- es *comías, hablaríais* sin -*i*- es *hablarías*. Lipski (1996:374) comenta que en Uruguay se suele agregar -*s* a la forma del pretérito —*hablastes, comistes*— pero esto podría ser resultado del mismo proceso de quitar -*i*- (*hablasteis > hablastes*) en vez del típico fenómeno analógico (a partir de las demás formas de segunda persona familiar). El futuro, por otra parte —*hablarás, comerás*— refleja claramente *tú* y no *vos*. En los dialectos centroamericanos, en cambio, son mucho más frecuentes las formas voseantes de subjuntivo y del imperativo negativo.

Tanto las formas verbales de presente de indicativo —*vos hablás, vos comés, vos vivís*— como las del imperativo —*hablá, comé, viví*— evolucionan a partir de las formas verbales de *vosotros* (con la pérdida de [j] en aquéllas —*habláis > hablás*— y de [d] en éstas —*hablad > hablá*).[14] Según Lapesa (1981:393), todas estas formas se encuentran originariamente en el castellano del siglo XVI: "Coexistían *amáis, tenéis, sois*, con *amás, tenés, sos*, que pronto quedaron relegados por vulgares y desaparecieron, tanto en España como en las zonas de América más influidas por las cortes virreinales, hacia 1560–70."

Algo que se suele ignorar fuera de, e incluso dentro de, Hispanoamérica es el hecho de que el voseo forma parte del paisaje lingüístico de todos los países hispanoamericanos menos los tres caribeños insulares. Esto se debe seguramente a las diferencias sociolingüísticas que acompañan su uso en las diferentes zonas. En algunos países —por ejemplo, Chile y Perú— su uso se limita a las clases sociales más humildes. En algunos países centroamericanos, el voseo goza de un uso intensivo pero se considera menos prestigioso que el tuteo. En estos países, y también en los países donde la aceptación del voseo es aún más general (Uruguay, Paraguay, Costa Rica, Nicaragua, Honduras, El Salvador, Guatemala), se usa el voseo en el discurso cotidiano, pero se emplea el tuteo en el trato con extranjeros, y se enseña en las escuelas y universidades. Sólo Argentina acepta el voseo plenamente como forma correcta y apta para todas las clases sociales y todos los registros.

La falta de prestigio del voseo es un producto de su historia. Mencionamos en el capítulo 7 que el pronombre *vos* —que originariamente expresa deferencia, igual que *usted* en el español actual— rivaliza con *tú* como pronombre de confianza y solidaridad durante el siglo XV, cuando comienza la emigración hacia América. Muy pronto, sin embargo, se estigmatiza el uso de *vos* en este sentido, y a partir del siglo XVIII deja de usarse en España. Este estigma se transmite a América, pero no tiene el efecto de erradicar el voseo,

14. El parentesco de las formas de indicativo con las de *vosotros* se subraya por el hecho de que en otros —pocos— dialectos americanos, las formas correspondientes al voseo sean *habláis, coméis, vivís*.

sino de limitar su uso a los registros más familiares. Según María Irene Moyna y Beatriz Ceballos (s. f.), el voseo se atestigua en Argentina ya en el siglo XVII (a pesar de haber existido allí desde los inicios de la colonización), pero el tuteo sigue sirviendo de norma escrita hasta principios del siglo XIX. El voseo comienza a cobrar fuerza a mediados del siglo, sobre todo en las zonas rurales. El cambio en el equilibrio lingüístico entre los dos pronombres quizá se explique como resultado de la recién ganada independencia política y el deseo de diferenciarse lingüísticamente de la madre patria, o por la dificultad del sistema tripartito (*vos, tú, usted*) para los innumerables inmigrantes que inundan el país en esta época. Al principio, *vos* se usa con las formas verbales correspondientes al tuteo, pero se impone la conjugación voseante para el imperativo y el presente de indicativo durante la segunda mitad del siglo XIX. Subsiguientemente, el uso de *vos* y las conjugaciones de imperativo y presente de indicativo se liberan de la acostumbrada estigmatización en Argentina (si no en Uruguay).

No hay nada destacable en la sintaxis porteña, a diferencia de otras partes de la Argentina, donde la interferencia de las lenguas indígenas en el español de bilingües produce curiosidades como *lo quiere a su hija*, expresión típica de hablantes del quechua, en la que se duplica innecesariamente el complemento con un pronombre clítico, que además no concuerda con su referente. En Misiones, cerca de la frontera brasileña, se oye *tengo venido con ella* 'he venido con ella', donde se utiliza *tener* —igual que en portugués— como verbo auxiliar.

En el léxico argentino destacan dos palabras especialmente, el vocativo *che*, de origen desconocido, y la despedida *chau*, tomada del italiano *ciao* 'adiós'.

Análisis de texto. Un bonaerense de treinta y nueve años habla sobre la identidad argentina.

> *Yo te puedo hablar a vos sobre la cultura de Río de la Plata.*
> [ʃó te pwé ðo a βlá ra βóh so βre la kuḷ tú ra ðe r̃í o ðe la plá ta]
> ʃeísmo (*yo*)
> voseo con el pronombre clítico *te*

Por ejemplo el tango. Hay una sensación en el tango,
[po re çém plo eḷ táŋ go / áj u na sen sa sió ne neḷ táŋ go]
   seseo (*sensación*)

en la misma música, que hay algo que se perdió.
[en la míh ma mú si ka / ke áj ál ɣo ke se per ðjó]
   aspiración de /s/ implosiva (*misma*)

Y uno llora esa pérdida. Ahora, que haya existido ese algo
[i ú no ʃó ra e sa pér ði ða / a ó ra / ke á ʃa ek sis tí ðo e se ál ɣo]
   ʃeísmo (*llora, haya*)

que uno lo llora no necesariamente tiene que ser verdad.
[ke ú no lo ʃó ra no ne se sá rja méṇ te tjé ne ke sér βer ðáð]
   ʃeísmo (*llora*)
   seseo (*necesariamente*)

Hay algo muy particular de la cultura de Buenos Aires:
[áj ál ɣo muj par ti ku lár ðe la kuḷ tú ra ðe βwé no sáj reh]
   aspiración de /s/ final (*Aires*)

cuando uno es chico, ya se ambienta en una situación de calle, de
   barrio.
[kwaṇ do ú no eh tʃí ko / ʃá se am bjéṇ ta e nu na si twa sjóṇ de ká
   ʃe / de βá r̄jo]
   aspiración de /s/ implosiva (*es*)
   ʃeísmo (*ya, calle*)
   seseo (*situación*)

Y más tarde, pasa de la calle al café.
[i máh tár ðe / pá sa ðe la ká ʃe al ka fé]
   aspiración de /s/ implosiva (*más*)
   ʃeísmo (*calle*)

EL ESPAÑOL ANDINO. La cordillera de los Andes se extiende desde el Cabo de Hornos, en el sur del continente suramericano, hasta Venezuela en el norte, pasando por Chile, Argentina, Bolivia, Perú, Ecuador y Colombia. El español hablado a lo largo de la cordillera manifiesta una serie de rasgos fonéticos y morfológicos que justifica que se hable de una variedad andina del español americano.

Las características fonéticas del español andino son típicas de tierras altas, en el sentido de que muestran un consonantismo fuerte o conservador y un vocalismo débil. El conservadurismo del sistema consonántico se manifiesta en la conservación de la distinción fonológica entre los fonemas /j/ y /ʎ/ —si bien éste se ha transformado en /ʒ/ en las cercanías de Quito— en la articulación apicoalveolar ([ś]) del fonema /s/ en muchas localidades aisladas (Antioquia, Colombia; Cuzco y Puno, Perú; altiplano de Bolivia) y en la estabilidad de este fonema en contexto implosivo. Por otra parte, es bastante radical el tratamiento de los fonemas /r/ y /r̄/. El fonema /r/, por ejemplo, conserva su articulación como vibrante simple en posición intervocálica ([pá ra] 'para'), pero en posición final suele ser **asibilada** ([ko měř]) o **retrofleja** ([ko méɹ] 'comer'). La articulación retrofleja también se encuentra en el grupo /tr/, lo cual produce un sonido ([tɹen] 'tren') no muy diferente del [tɹ] del inglés *train* 'tren'.[15] Mientras tanto, la vibrante múltiple /r̄/ también se ve sustituida por el sonido rehilado ([ká řo] 'carro').

En cambio, las vocales átonas del español andino se ven sometidas a una variedad de procesos debilitadores. Por una parte, pueden ser abreviadas —[és tᵒ sᵃ mán tᵉs] 'estos amantes'— o incluso perderse completamente, sobre todo en contacto con /s/: [ést sa mánts]. Por otra parte, pueden sufrir cambios de timbre. Es común, por ejemplo, que la vocal átona /a/ se reduzca a schwa: [ləs sábənəs] 'las sábanas'. En el español de los bilingües quechuas —lengua hablada hoy en día por unos seis u ocho millones de indígenas a lo largo de la cordillera— se deja observar a veces una reducción del inventario de vocales de las cinco españolas (/ieaou/) a las tres del quechua (/iau/), con lo cual nuestro ejemplo se pronuncia [ís tu sa mán tis]. Los hablantes del español estándar de la región se refieren a este fenómeno con el término despectivo **motosidad**.[16]

Ya mencionamos la importancia del voseo en esta zona, pero resulta interesante retratar más detalladamente (siempre con referencia a Lipski 1996) las condiciones de la existencia del fenómeno en algunos países andinos. En Chile, por ejemplo, el uso de las formas verbales correspondientes a *vos,* tradicionales entre las clases

15. García Mouton (1994:30) señala que este mismo fenómeno se da actualmente en variedades riojanas y de la ribera del Ebro.

16. Ver Cerrón-Palomino 2003.

campesinas y obreras, se ha puesto de moda entre los jóvenes de clase media. El propio pronombre *vos,* sin embargo, se oye poco entre estos hablantes, por lo que se puede hablar en Chile de la existencia de un "criptovoseo". En Bolivia, el uso de *vos* está bastante generalizado en las tierras altas, pero suele combinarse con las formas verbales correspondientes al tuteo: *vos tienes, vos quieres.* En el Perú, está tan arraigado el tuteo en las ciudades que muchos peruanos no se dan cuenta de la existencia del voseo entre los indígenas de varias partes del país. En las tierras altas de Colombia, el voseo compite como pronombre de segunda persona familiar no con el tuteo, cuyo uso se limita a las tierras bajas colombianas, sino con el **ustedeo,** o sea, el uso de *usted* para con los amigos y familiares más íntimos. En Venezuela, el voseo se usa sólo con los niños y las personas a quienes se considera socialmente inferiores.

Los fenómenos sintácticos que más llaman la atención en la región andina pueden ser clasificados según sean propios de los hablantes de las variedades estándares de cada lugar o de la interlengua de los bilingües indígenas. En el español estándar peruano, por ejemplo, está muy generalizado el uso del pretérito perfecto por el pretérito indefinido, diciendo, por ejemplo, *ha muerto el año pasado* por *murió el año pasado.* En peruano, y también en ecuatoriano, se suele emplear el presente de subjuntivo (en vez del imperfecto de subjuntivo) después de un verbo imperfectivo en oraciones como *quería que lo hagamos* (por *quería que lo hiciéramos*). En Venezuela, Colombia y Ecuador se está extendiendo (¡otro cambio en marcha!) el uso del llamado **ser intensivo** en oraciones como *ese señor vino es a caballo* y *yo vivo es en Caracas,* originadas aparentemente a raíz de la omisión de palabras adverbiales de oraciones como las siguientes: *(como) ese señor vino es a caballo* y *(donde) yo vivo es en Caracas.*

Son muy numerosas las divergencias sintácticas en el habla de los bilingües indígenas. Aquí mencionamos sólo las que atañen al uso de los pronombres clíticos. En toda la zona andina se suele duplicar innecesariamente los complementos directos mediante pronombres clíticos: *tú la tienes la dirección* 'tú tienes la dirección', y en tales casos hasta no es rara la falta de concordancia: *tú lo tienes la dirección.* En otros casos se omite el clítico donde en español estándar tendría que emplearse, por ejemplo ante un complemento desplazado hacia la izquierda (*a la chica he visto ayer* 'a la chica la vi ayer') o cuando son necesarios dos clíticos (*¿El dinero? A mi mamá le di* 'a mi mamá se lo di').

En cuanto al léxico, son notables en toda la zona andina los préstamos tomados de las diferentes lenguas indígenas, sobre todo del quechua. Entre los quechuismos más conocidos se cuentan *cancha* 'terreno llano', *chacra* 'granja pequeña', *guacho* 'huérfano', *poroto* 'habichuela' y *zapallo* 'calabaza'. Hay también un sinfín de peculiaridades locales, como el uso peruano de *de repente* en el sentido de 'tal vez' y la interjección colombiana *¡listo!*, que desempeña la misma función que *¡vale!* en España y *¡bueno!* en otras partes del mundo de habla española.

Análisis de texto. Una ecuatoriana de treinta años habla sobre la educación en Ecuador y Estados Unidos.

> *Yo soy de Ecuador y tengo treinta años.*
> [jo sój ðe kwa ðóɹ/ i téŋ go tɹéjn̩ tá ños]
>> /r/ retrofleja implosiva (*Ecuador*)
>> [tɹ̥] "africada" (*treinta*)
> *De lo poco que conozco de la educación aquí, que es un año,*
> [de lo pó kᵘ kⁱ ko nós ko ðe la e ðu ka sjó n̩a kí / ké zu ŋá ño]
>> vocales cerradas y reducidas en duración (*poco, que*)
>> seseo (*conozco, educación*)
>> /n/ final velarizada (*educación, un*)
>> **sonorización** de /s/ en posición prevocálica (*es un*)
> *veo que en verdad sí hay diferencia en el sistema de educación.*
> [bé o kem beɹ ðáð sí áj ði fe rén sja / e ŋel sis té ma ðe ðu ka sjón]
>> /r/ retrofleja implosiva (*verdad*)
>> seseo (*diferencia, educación*)
>> /n/ final velarizada (*en*)
> *Relativamente creo que en el Ecuador es un poco más fuerte la educación.*
> [ře la tí βa mén̩ tᵉ kɹé o ke e ŋe le kwa ðó ɹe sum pó ko más fwéɹ te le ðu ka sjóŋ]
>> /ř/ rehilada (*relativamente*)
>> vocal reducida en duración (*relativamente*)

/r/ retrofleja (*creo, Ecuador, fuerte*)
/n/ final velarizada (*educación*)
seseo (*educación*)
Aquí le veo que es un poco más llevadero.
[a kí le βé o ke és / um pó ko máz ʎe βa ðé ro]
distinción entre /j/ y /ʎ/ (*llevadero*)

EL ESPAÑOL CARIBEÑO. Se incluyen bajo esta categoría los países hispanohablantes de Cuba, Puerto Rico, la República Dominicana y Panamá, además de las zonas costeñas de Venezuela y Colombia. Los demás países centroamericanos contiguos al mar Caribe (Costa Rica, Honduras, Guatemala y, en un grado menor, Nicaragua) tienen un perfil lingüístico muy diferente.

Las variedades del español habladas en la cuenca del Caribe son paradigmáticas de lo que etiquetamos más arriba como español de tierras bajas. Por lo tanto se caracterizan fonéticamente por un vocalismo cuya estabilidad contrasta con la variabilidad del sistema consonántico. Como veremos en la sección siguiente, se trata hasta cierto punto del mismo elenco de rasgos que caracterizan al andaluz y al canario.

La lista de fonemas consonánticos que sufren algún proceso debilitador en el español caribeño es larga. La lateral palatal /ʎ/ se ve sustituida por /j/ (yeísmo). La fricativa velar /x/ cede ante la aspiración glotal de /h/. Las fricativas [β], [ð], [ɣ] (correspondientes a las oclusivas /b/, /d/, /g/) pierden tensión hasta desaparecer en muchos casos: *Cuba* [kú ᵝa] (donde la posición voladiza indica debilidad extrema) o [kú a], *Navidades* [na i á eh]. Incluso se sonoriza /t/ (igual que en canario) en algunos contextos: *se trabaja* [se ðra βá ha], *gramática* [gra má ði ɣa]. El fenómeno debilitador que sin duda más llama la atención es la aspiración y elisión de /s/ implosiva y prevocálica. Aquí contrasta el español caribeño con el rioplatense. Si bien en rioplatense se suele evitar la elisión de /s/ implosiva (*estos vascos* [éh toh βáh koh]), en caribeño se elide con mucha frecuencia ([é to βá ko]). Mientras que en rioplatense está estigmatizada la aspiración de /s/ final prevocálica (*estás aquí* [eh tá sa kí]), en caribeño se aspira libremente ([eh tá ha kí]). Sin embargo, en caribeño como en toda variedad donde se suele aspirar /s/, es un marcador sociolingüístico. Es decir, los hablantes son conscientes de la "incorrección" del fenómeno,[17] y se empeñan en realizar la sibilante en registros formales y cultos. Inevitablemente, los hablantes más educados logran hacer esto con más frecuencia que los menos educados, pero en todo caso el fenómeno se deja medir únicamente por vía estadística, pues la frecuencia de uso de [s], [h] y elisión no es predecible en un enunciado determinado: los hablantes caribeños son perfectamente capaces de decir [eh tá ha kí] en una ocasión y [es tá sa kí] cinco minutos más tarde.

No es /s/ el único sonido que se ve debilitado en posición implosiva. Hay una tendencia general a velarizar la consonante [p] en esta posición, como en *septiembre* [sek tjém bre] y *apto* [ák to], y por regla general se velariza toda /n/ final de palabra: *nación* [na sjóŋ], *bien* [bjeŋ]. De particular interés es la serie de fenómenos que afecta a /r/ y /l/ implosivas. Si bien en andaluz la tendencia es a convertir /l/ en /r/ (*sordao, barcón y mardita sea tu arma se escriben toas con ele*), en puertorriqueño y cubano oriental la tendencia es la inversa: *viene tarde* [bjé ne tál̯ de]. En la Habana y la parte occidental de Cuba, en cambio, se suele elegir otra posibilidad andaluza, la de elidir la consonante **líquida** y geminar la siguiente, pronunciándola como oclusiva: ([bjé ne tád de]). En diferentes partes de la República Dominicana se oyen no sólo estas dos variantes, sino también las siguientes: [bjé ne táh ðe] (aspiración), [bjé ne táŋ de] (nasalización y velarización) y [bjé ne táj ðe] (vocalización, en la región norteña de Cibao).

En lo morfosintáctico, la zona caribeña destaca por su fidelidad absoluta al tuteo y ciertas particularidades sintácticas. Muy llamativa, por ejemplo, es la no inversión de sujeto pronominal y verbo en oraciones como *¿cómo tú te llamas?* y *¿qué tú quieres?* También está muy generalizado el uso de sujetos pronominales de infinitivo después de preposiciones, especialmente *para: para yo creer eso,* donde otros dialectos prefieren *para creer eso yo* o *para que yo crea eso.* En cambio, se limita al dominicano el uso de *ello* en lugar del

---

17. O por lo menos lo están los hablantes alfabetizados, quienes saben que se escribe *s* en estas palabras.

sujeto nulo en expresiones existenciales como las siguientes: *ello hay maíz* 'hay maíz', *ello es fácil llegar* 'es fácil llegar'.

El léxico del español caribeño manifiesta más que las otras variedades los efectos del contacto lingüístico entre el español y el millón y medio de esclavos importados desde África hasta bien entrado el siglo XIX. Con pocas excepciones, los préstamos denotan aspectos de la cultura africana que logran conservarse a pesar de la opresión sufrida por esta parte de la población. El vocabulario dominicano, por ejemplo, comprende palabras afrohispánicas en los campos de la música (*mangulina* 'tipo de música popular'), la comida (*mofongo* 'plato hecho de carne y plátano') y la espiritualidad (*fucú* 'espíritu maligno').

Otro aspecto léxico que atañe al español del Caribe es el gran número de anglicismos que se ha incorporado en algunos dialectos. Si bien el flujo de anglicismos hacia Cuba se ve frenado por la revolución de 1959, se ha intensificado en la variedad cubana hablada por la gran comunidad de exiliados cubanos que viven en el sur del estado de Florida. Roberto Fernández (1983) retrata el papel que desempeñan los anglicismos en esta variedad, diferenciando entre las categorías siguientes: (1) calcos léxicos (en los que una palabra foránea afecta al significado de una palabra oriunda): *actualmente* 'en realidad' (ingl. *actually*), *carpeta* 'alfombra' (*carpet*), *aplicar* 'solicitar' (*to apply*), (2) calcos fraseológicos: *cambiar de mente* 'cambiar de opinion' (*to change one's mind*), *no te dolerá preguntar* 'no vas a perder nada por preguntar' (*it won't hurt you to ask*), *llamar patrás* 'volver a llamar' (*to call back*), (3) compuestos híbridos: *estar lei* 'llegar tarde' (*to be late*), *coger un tan* 'broncearse' (*to get a tan*), *tener fon* 'divertirse' (*to have fun*) y (4) verbos híbridos creados mediante el sufijo verbal *-ear*: *chopear* 'ir de compras' (*to shop*), *foldear* 'doblar' (*to fold*), *taipear* 'escribir a máquina' (*to type*). Servirían muchos de estos mismos ejemplos para el puertorriqueño, dialecto que está expuesto a la influencia del inglés por ser estado libre asociado a Estados Unidos y por el constante flujo demográfico entre la isla y el continente, especialmente Nueva York. Washington Lloréns (1968) cita además los siguientes préstamos del inglés en puertorriqueño: *atachable* 'conectable' (*attachable*), *blanco* 'espacio vacío en un formulario' (*blank*), *blof* 'engaño' (*bluff*) y *hit* 'éxito' (*hit*).

Análisis de texto. Un cubano americano de veintidós años habla sobre su compañero de cuarto.

> *Yo vivo en un proyecto aquí que es del gobierno de los Estados Unidos.*
> [jo ᵝí ᵝo e ŋuŋ / pro jét to a kí / kéh / deg go βjén no ᵟe lo he tá o
>   hu ní o]
>   [βð] muy débiles (*vivo, Estados, Unidos*)
>   /n/ final velarizada (*en, un*)
>   geminación de grupos consonánticos (*proyecto, del gobierno*)
>   /s/ aspirada en posición prevocálica y elidida en posición implo-
>   siva (*es, Estados, Unidos*)
>
> *Y yo vivo gratis. Yo no pago renta.*
> [i jó ᵝí ᵝo ᵞrá ti / jó nó pá ᵞo r̥éŋ ta]
>   [βγ] muy débiles (*vivo, gratis, pago*)
>   /s/ final elidida (*gratis*)
>   *renta* por *alquiler* (anglicismo)
>   mantenimiento del pronombre *yo*
>   /r̄/ ensordecida
>
> *Mi compañero es un colombiano y el tipo es un comemierda.*
> [mi kom pa ñé ro e huŋ ko lom bjá no i et tí po e huŋ ko me mjéd da]
>   /s/ aspirada en posición prevocálica (*es, es*)
>   /n/ final velarizada (*un*)
>   geminación de grupos consonánticos (*el tipo, comemierda*)
>
> *Yo ni sé qué hace en el cuarto mío cuando yo no estoy allí,*
> [jó ni sé ké á se nek kwát to mí o kwaŋ do jó nó e tój a jí
>   geminación de grupos consonánticos (*el cuarto*)
>   yeísmo (*allí*)
>   mantenimiento del pronombre *yo*
>
> *pero el tipo se pone a tocar cosas, se come mi comida,*
> [pe ro et tí po se pó ne a to kár kó sa / se kó me mi ko mí ᵟa]
>   geminación de grupo consonántico (*el tipo*)
>   elisión de /s/ final (*cosas*)
>   [ð] muy débil (*comida*)
>
> *y después cuando yo le pregunto si se comió algo me dice que no,*
> [i ᵟe pwé kwaŋ do jo le pre ᵞúŋ to si se ko mjó ág go / me ᵟí se ke
>   nó]
>   [ðγ] muy débiles (*después, pregunto, dice*)

elisión de /s/ final (*después*)
geminación de grupo consonántico (*algo*)
que no come eso, que no le gusta.
[ke nó kó me é so / ke nó le ᵞúh ta]
  [γ] muy débil (*gusta*)
  aspiración de /s/ implosiva (*gusta*)

**EL ESPAÑOL DE MÉXICO Y DEL SUROESTE DE LOS ESTADOS UNI-
DOS.** Con sus más de cien millones de habitantes y sus casi dos millones de kilómetros cuadrados de territorio, México está muy lejos
de ser dialectalmente homogéneo. Lipski (1996:300–304) distingue
cuatro zonas principales, a saber, central, noroccidental, Yucatán
y costas centrales (Veracruz/Tabasco y Acapulco). Las variedades
del Yucatán y de la costa, por ejemplo, manifiestan algunos de los
rasgos típicos de tierras bajas, como la aspiración de /s/ implosiva y
la sustitución de /x/ por /h/. En el noroeste se manifiesta a menudo
el heheo (*sí, señor* [hí heñór] o [xí xeñór]). En cambio, el dialecto
central, hablado en la capital y por lo tanto de mayor prestigio, es
típico de los dialectos de tierras altas.

En este sentido, resulta interesante comparar la variedad estándar mexicana con la de la otra gran región de tierras altas americanas, a saber, la andina. Entre los muchos rasgos que comparten las
dos variedades figuran la articulación velar de /x/, la frecuente si no
uniforme **asibilación** o rehilamiento de /r̄/ y de /r/ final, la reducción
vocálica —en particular en contacto con /s/— y la conservación de
/s/ implosiva, combinación que hace resaltar la cualidad sibilante de
ambas zonas y justifica que se caractericen tradicionalmente como
"un mar de eses". Claro que también hay diferencias entre las dos
modalidades. En México central, por ejemplo, hay yeísmo, articulación alveolar de /n/ final y tuteo, rasgos que contrastan con la distinción entre /j/ y /λ/, la velarización de /n/ final y el voseo de la zona
andina.

Aún más que el caribeño, el mexicano tiene una gramática —es
decir, morfología y sintaxis— muy castiza. Si se encuentran divergencias, es sobre todo en Chiapas, donde hay un robusto bilingüismo
con el maya. Los ejemplos que cita Lipski (1996:305–6) en este sentido suelen ser semejantes a los que vimos en el español andino de

En enero de 2003 anuncian los medios de comunicación americanos que, según los primeros resultados del censo nacional del año 2000 (para los cuales ver census.gov), los hispanos han llegado a ser la minoría más numerosa del país, con unos 37 millones de personas que representan un 12,7 por ciento de la población total.

La población hispana está incrementando en casi todas las partes del país, pero por razones históricas y geográficas, se concentra sobre todo en tres regiones, cada una con su propio carácter demográfico y dialectal. En el sur del estado de Florida, por ejemplo, la población hispana tiene un carácter marcadamente cubano, a raíz de las sucesivas oleadas de exiliados cubanos que a partir de 1959 han ido estableciéndose allí. La ciudad de Nueva York ha sido tradicionalmente el lugar preferido por los puertorriqueños, quienes, debido a su ciudadanía estadounidense, tienen derecho a residir en los Estados Unidos. Finalmente, la población hispana del suroeste del país se compone mayoritariamente de personas de procedencia mexicana, aunque crece en importancia la inmigración de los países centroamericanos. Según el censo, un 3,7 por ciento de la población hispana de Estados Unidos es de procedencia cubana, un 8,6 por ciento puertorriqueña, un 66,9 por ciento mexicana y un 14,3 por ciento centro- y sudamericana. Un 6,5 por ciento es de procedencia indeterminada.

Los rasgos dialectales de las tres regiones descritas reflejan con bastante fidelidad los que se oyen en los países de origen. Es decir, el habla de los cubanos y puertorriqueños residentes en los Estados Unidos incorpora los rasgos típicos de la zona dialectal caribeña, mientras que el habla de los mexicanos se asemeja mucho a la de México.

No todos los hispanos americanos hablan español, sin embargo: de los 37 millones, sólo 28,1 millones o 76 por ciento afirman ser capaces de hablar la lengua. Debido al proceso de asimilación étnica y lingüística que tradicionalmente tiene lugar en los Estados Unidos, la supervivencia de la lengua en el país depende en gran parte del flujo constante de inmigrantes nuevos. Un estudio sobre la retención de la lengua española (Veltman 1988:44–45) llega a la conclusión de que los inmigrantes hispanohablantes cambian rápidamente al inglés. Un 70 por ciento de los inmigrantes menores de diez años y un

---

EL ESPAÑOL EN LOS ESTADOS UNIDOS *(continuación)*
40 por ciento de los de entre diez y catorce años terminan abandonando el español completamente.

Además de los hispanos que no hablan español y los que todavía no han aprendido inglés, hay un número considerable de bilingües, cuya habilidad de expresarse en las dos lenguas varía mucho. Es común que en el español de estos bilingües se registren rasgos lingüísticos provenientes del inglés tanto en la pronunciación (uso de la [ɹ] retrofleja inglesa por la [r] vibrante española) como en la morfología (*mi blusa es blanco*), sintaxis (*amor es ciego, cerca a la familia*) y léxico (*los están busing para otra escuela*). También es común el cambio de código (*yo sé, porque I went to the hospital* 'fui al hospital'). Para más información sobre este fenómeno ver Varela Cuéllar 1988.

A pesar del ritmo del desplazamiento lingüístico entre estas poblaciones, la lengua española no está perdiendo, sino ganando prestigio en los Estados Unidos. Hay varios canales de televisión que se dirigen a los hispanohablantes, la publicidad se sirve cada vez más del español, y en los establecimientos comerciales y en las instituciones gubernamentales se han hecho omnipresentes las etiquetas y los letreros dirigidos a esta parte de la población. A estas alturas parece inevitable que, a largo plazo, la lengua española se establezca como la segunda lengua nacional del país.

---

bilingües, como el uso de *lo* redundante y sin concordancia (*¿ya lo anunciaste la boda?* '¿ya anunciaste la boda?') y la omisión de clíticos (*¿Son baratas estas tus manzanas? Son.* 'Lo son').

No escasean las palabras que se reconocen internacionalmente como típicas de México, como *cuate* 'amigo', *chaparro* y *chamaco* 'chiquillo', *güero* 'rubio' y varias interjecciones terminadas en *-le* como *ándale, híjole* y *úpale,* que se usan respectivamente para expresar conformidad, sorpresa y esfuerzo al levantar algo. Varios mexicanismos se han exportado junto con su cocina, como *taco, burrito* y *tamal.* Este último es préstamo del nahua, igual que otros muchos como *coyote, ocelote, aguacate, tomate, chocolate* y *chicle.*

Gran parte del suroeste de los Estados Unidos pertenece originariamente a España y luego a México después de su independencia de España en 1821. Texas gana su independencia de México en 1836 para luego existir nueve años como país soberano antes de asociarse a los Estados Unidos en 1845. Indignados por esta anexión, los mexicanos atacan a las fuerzas estadounidenses en 1846, con lo cual se inicia una guerra que termina en 1847 con la total derrota de las fuerzas mexicanas y la cesión, en 1848, de California, Nuevo México y los restantes territorios de la zona.

Los estadounidenses toman posesión de estos territorios y se apresuran a instalar sus propias instituciones y ciudadanos. Pero no por esto se deja de hablar español en este vasto territorio, y en cierto sentido se puede decir que en la actualidad estamos presenciando la reconquista del suroeste por parte de los mexicanos, quienes deberán su eventual victoria no a la dominación militar sino a la demográfica. Los hispanos constituyen ya en el año 2000 un 42 por ciento de la población del estado de Nuevo México, 32 por ciento en Texas y California, 25 por ciento en Arizona y 17 por ciento en Colorado,[18] y la tendencia es claramente ascendente.

Como es de esperar, bajo la dominación de la lengua oficial en los territorios conquistados, el español del suroeste comienza a adoptar palabras y estructuras provenientes del inglés. Son significativas, por representar transferencias estructurales, expresiones como las que citamos en el capítulo 1: *hizo improve mucho* 'mejoró mucho', *va a reenlist* 'va a alistarse de nuevo' y *los están busing a otra escuela* 'los transportan a otra escuela en autobús'. También es importante el fenómeno comúnmente llamado **cambio de código** (ingl. *code-switching*), que se caracteriza por la tendencia a alternar entre lenguas: (*hablo español hasta que I get stuck* 'hasta que me atasco').

Análisis de texto. Un mexicano de treinta y un años habla sobre la comida estadounidense.

> *La comida, aquí, no encuentras la comida que, a la que estás acos-*
> *tumbrado.*
> [la ko mí ða / a kí / nó en kwén̩ trəz la ko mí ða ke / a la kᵉs tá sa kos
> tum brá o]

18. www.quickfacts.census.gov/qfd/states/.

reducción vocálica (*encuentras, que*)

caída de /d/ intervocálica (*acostumbrado*)

Lo que más me causó, lo que más extraña fue la fruta, porque aquí no hay la cantidad

[lo ke máz me kaw só / lo ke má ses trá ñə fwé la frú tə / por ke a kí nó áj la kaṇ tjáð]

reducción vocálica (*extraña, fruta*)

caída de /d/ intervocálica (*cantidad*)

de fruta que hay en esos países.

[de frú ta ke áj e ne sos pa í ses]

No tienes acceso a ella; es muy cara.

[nó tjé ne sak sé so a é jə / éz muj ká rə]

reducción vocálica (*ella, cara*)

seseo (*acceso*)

yeísmo (*ella*)

Tienes tú que buscar lugares donde haya lo que tú quieras.

[tjé nes tú ke βᵘs kár lu ɣá res ðoṇ de á ja lo ke tú kjé ras]

reducción vocálica (*buscar*)

Así es: no tiene sabor. Ni la fruta, las verduras, la carne...

[a sí és / nó tjé ne sa βór / ni la frú tə / las βer ðú rəs / la kán ne]

reducción vocálica (*fruta, verduras*)

geminación de grupo consonántico (*carne*)

Inclusive la carne aquí es sin sabor. No sabe a nada.

[iŋ klu sí βe la kán ne a kí es sin sa βór / nó sá βe a ná]

geminación de grupo consonántico (*carne*)

caída de /d/ intervocálica (*nada*)

La lavan. Yo creo que tiene un proceso de lavado, de la carne.

[la lá βan / yo kró ke tjé num pro sé so ðe lá βa ðo / de la kán ne]

reducción vocálica (*creo, tiene*)

seseo (*proceso*)

geminación de grupo consonántico (*carne*)

....

Preguntas

1. Explique los diferentes usos del término *dialecto*. Distinga entre la dialectología geográfica o regional y la dialectología social.

2. ¿Qué es el "español popular"? ¿Dónde se habla? Enumere cinco rasgos lingüísticos que se identifican con él.

3. ¿Cómo se explica el hecho de que se haya formado un dialecto a partir del castellano en el sur de la Península Ibérica?

4. ¿En qué época se manifiestan por primera vez los rasgos lingüísticos que definen el dialecto andaluz?

5. ¿Cuáles son las semejanzas y diferencias entre el andaluz y el canario? ¿A qué factores históricos se deben estas semejanzas y diferencias?

6. Explique la dicotomía "tierras altas"/"tierras bajas" en la dialectología hispanoamericana. ¿Cómo difieren entre sí estas dos modalidades? ¿A qué factores se debe la existencia de la dicotomía?

7. Las teorías del origen del español americano suelen partir del postulado fundamental de que las bases del español de América se consolidan en el siglo XVI, de modo que los colonos que llegan después de esta fecha tienen que ajustarse lingüísticamente a estas bases. ¿Qué argumentos contradicen este postulado?

8. ¿Qué rasgos lingüísticos originariamente andaluces se manifiestan en los dialectos americanos de tierras altas?

9. ¿En qué dialectos americanos se manifiestan rasgos lingüísticos que se encuentran también en el habla de las Islas Canarias? ¿A qué se deberán estas coincidencias?

10. Explique la historia de los diversos sistemas de pronombres de segunda persona que se encuentran en los dialectos americanos.

11. ¿Hasta qué punto han intervenido en la evolución del español americano las lenguas indígenas? ¿Qué factores explican este grado de influjo?

12. Defina los términos siguientes: yeísmo, ʃeísmo, ʒeísmo, ceceo, seseo, voseo, /s/ implosiva, leísmo, laísmo, desdoblamiento de vocales.

13. ¿Cuáles son las características dialectales más notables del argentino? ¿del andino? ¿del caribeño? ¿del mexicano?

14. Identifique el dialecto representado en cada caso aquí. ¿Qué rasgos lingüísticos le ayudan a hacer la identificación?

- *Cuando uno es chico, ya se ambienta en una situación de calle, de barrio.*
  [kwaṇ do ú no eh tʃí ko / ʃá se am bjéṇ ta e nu na si twa sjóṇ de ká ʃe / de βá r̄jo]
- *De lo poco que conozco de la educación aquí, que es un año*
  [de lo pó kᵘ kⁱ ko nós ko δe la e δu ka sjó ŋa kí / ké zu ŋá ño]
- *Yo vivo en un proyecto aquí que es del gobierno de los Estados Unidos.*
  [jo ᵝí ᵝo e ŋuŋ / pro jét to a kí / kéh / deg go βjén no δe lo he tá o hu ní o]
- *La comida, aquí, no encuentras la comida que, a la que estás acostumbrado.*
  [la ko mí δa / a kí / nó en kwéṇ trəz la ko mí δa ke / a la kᵉ tá sa kos tum brá o]
- *Porque Franco lo que no quería es que el pueblo se culturizara.*
  [por ke fráŋ ko lo ke no ke rí a eh ker pwé βlo se kur tu ri sá ra]

15. Teniendo en cuenta los cambios fonológicos entre el latín y el castellano medieval (capítulo 5), entre el castellano medieval y el español moderno (capítulo 7) y los que caracterizan las diferentes variedades actuales de la lengua, identifique los cambios que se han repetido en la historia de la lengua.

Rudimentos de fonética y fonología españolas

Clasificación de los sonidos en términos articulatorios

Son diferentes los sistemas de identificación para vocales y consonantes.

Una **vocal** es un sonido que se produce al pasar el aire por la boca (o la nariz) sin ninguna obstrucción audible, con la excepción de la vibración de las cuerdas vocales. Una **consonante** es un sonido cuya producción depende de la interrupción del aire pulmonar por algún órgano fonador, generalmente la lengua tocando o aproximándose a otra parte de la boca. Se suele reconocer que los sonidos [j] y [w] tienen carácter vocálico y consonántico a la vez, lo cual explica su participación en los llamados diptongos, o sea, el conjunto de dos elementos vocálicos diferentes que se pronuncian en una sola sílaba. Suelen calificarse de semiconsonantes o semivocales.

Las vocales deben sus diferentes cualidades o timbres principalmente a la posición de la lengua en la boca, aunque también pueden influir otros factores, como la forma de los labios (redondeados o no) y la nasalidad.

El español distingue entre cinco vocales, según el esquema siguiente, cuyos términos cerrada/media/abierta y anterior/central/posterior se refieren a la posición de la lengua dentro de la boca en los ejes vertical y horizontal respectivamente. En español, las vocales anteriores no son redondeadas, las posteriores sí. (Se escriben los sonidos entre corchetes para distinguirlos de las letras, que se escriben con cursiva.)

	ANTERIOR	CENTRAL	POSTERIOR
cerrada	[i]		[u]
media		[e]	[o]
abierta		[a]	

En la identificación articulatoria de las vocales, es costumbre mencionar primero la posición en el eje vertical, luego en el horizontal.

[i] vocal cerrada anterior
[u] vocal cerrada posterior
[e] vocal media anterior
[o] vocal media posterior
[a] vocal abierta central

Para identificar una consonante en términos articulatorios, hay que especificar tres parámetros: (1) su modo de articulación, (2) su punto de articulación y (3) su sonoridad. El término *modo de articulación* se refiere a la manera en que se interrumpe el flujo de aire pulmonar.

Si se interrumpe completamente, la consonante se califica de oclusiva ([ptkbdg]).

Si se interrumpe por una fricación, se califica de fricativa ([fθsx]).

Si la interrupción completa va seguida de una fricación, se califica de africada ([tʃ]).

Si se interrumpe haciendo salir el aire por los lados de la lengua, se califica de lateral ([l]).

Si se interrumpe por una vibración de la lengua (o de la úvula) se califica de vibrante ([r], [r̄]).

Si se interrumpe dejando salir aire por la nariz, la consonante se califica de nasal ([nmñ]).

El término *punto de articulación* se refiere al lugar donde se da la interrupción de aire. En la mayoría de las consonantes, la interrupción se debe a la acción de la lengua, que toca o se aproxima a otras partes de la boca.

Si la lengua toca o se aproxima al velo del paladar, la consonante se califica de velar ([gkx]).

Si la lengua toca o se aproxima al paladar, se califica de palatal ([jʎɲ], [tʃ]).

Si la lengua toca o se aproxima a los alvéolos, se califica de alveolar ([nslrr̄]).

Si la lengua toca o se aproxima a los dientes, se califica de dental ([dt]).

Si la lengua se mete entre los incisivos superiores e inferiores, se califica de interdental ([θ]).

En algunos casos, la lengua no participa en la interrupción del aire.

Si se interrumpe por aproximación o contacto entre los dos labios, se califica de bilabial ([bpm]).

Si se interrumpe por contacto entre el labio superior y los incisivos inferiores, se califica de labiodental ([f]).

Si se interrumpe en la glotis, o sea el espacio entre las cuerdas vocales, se califica de glotal ([h]).[1]

El término *sonoridad* se refiere a la presencia o ausencia de vibración de las cuerdas vocales durante la articulación de la consonante. Las consonantes que se articulan sin la vibración de las cuerdas vocales se llaman **sordas** ([kxstθpfh], [tʃ]), y las que sí van acompañadas de esta vibración se llaman **sonoras** ([gjʎnmɲlrdbr̄]).

Según esta clasificación, se puede montar el esquema siguiente de los fonemas consonánticos del español.

---

1. La consonante [w] suele identificarse como fricativa labiovelar sonora, porque participan en su pronunciación tanto la lengua, que se aproxima al velo del paladar, como los labios, que se redondean.

Punto de articulación

Modo de articulación	Bilabial	Labiodental	Interdental	Dental	Alveolar	Palatal	Velar	Glotal
oclusivo								
sordo	p			t			k	
sonoro	b			d			g	
fricativo								
sordo		f	θ		s		x	h
sonoro						j		
africado (sordo)						tʃ		
lateral (sonoro)					l			
vibrante (sonoro)					r, r̄			
nasal (sonoro)	m				n	ñ		

Las consonantes se suelen identificar de la manera siguiente:

/p/ oclusiva bilabial sorda

/t/ oclusiva dental sorda

/k/ oclusiva velar sorda

/b/ oclusiva bilabial sonora

/d/ oclusiva dental sonora

/g/ oclusiva velar sonora

/f/ fricativa labiodental sorda

/θ/ fricativa interdental sorda

/s/ fricativa alveolar sorda

/x/ fricativa velar sorda

/h/ fricativa glotal sorda

/j/ (semiconsonante) palatal sonora

/tʃ/ africada palatal sorda

/l/ lateral alveolar sonora

/r/ vibrante simple alveolar sonora

/r̄/ vibrante múltiple alveolar sonora

/m/ nasal bilabial sonora

/n/ nasal alveolar sonora

/ñ/ nasal palatal sonora

Fonemas y alófonos

De hecho, el inventario de los sonidos del español es más numeroso que el que acabamos de mostrar, porque algunos sonidos varían según el contexto fonético. Por ejemplo, se pronuncia *con sal* con una nasal alveolar ([kon sál]), pero en *con queso* la nasal es velar ([koŋ késo]). En *hasta* la fricativa alveolar es sorda ([ásta]), pero en *mismo* algunos hablantes la pronuncian sonora ([mízmo]).

Por esta razón se distingue, en la fonología, entre fonemas y alófonos. Un fonema, entidad que se denota por el uso de barras (por ejemplo, /n/ o /s/), es un sonido o grupo de sonidos que, en una lengua dada, sirve para distinguir entre una palabra y otra. Sabemos que

/n/ y /s/ son fonemas distintos porque sirven para distinguir entre pares de palabras que difieren en un sólo sonido como *ni* y *si, en* y *es*. Por otro lado, pares como [s] y [z] o [n] y [ŋ] no constituyen fonemas distintos pues [mísmo] y [mízmo] son iguales semánticamente, igual que [kon] y [koŋ]. Decimos, por lo tanto, que [s] y [z] son alófonos del fonema /s/, y que [n] y [ŋ] son alófonos del fonema /n/. Ahora resulta evidente por qué hay que identificar los fonemas en cada lengua por separado: en inglés /s/ y /z/ son fonemas distintos (*sue* 'hacer pleito' [su:] vs. *zoo* 'jardín zoológico' [zu:]), igual que /n/ y /ŋ/ (*seen* 'visto' [sɪn] vs. *sing* 'cantar' [sɪŋ]). Las dos lenguas tienen los cuatro sonidos en común, pero los organizan de forma diferente.

Procesos fonológicos

Los sonidos lingüísticos sufren una gran variedad de cambios, tanto en el flujo normal de la lengua como en el transcurso del tiempo. Estos cambios se conocen como procesos fonológicos. Las vocales, por ejemplo, pueden cambiar de lugar de articulación tanto en el eje horizontal como en el vertical, como cuando, históricamente, la vocal cerrada breve latina [i] se transforma en la media románica [e]. Las consonantes pueden cambiar en cuanto a su modo o lugar de articulación, o en su sonoridad, cambios ejemplificados, respectivamente, en el cambio de modo (a través de un proceso que se llama *lenición*) de la oclusiva [d] a la fricativa [ð] en posición intervocálica (*da* [dá] vs. *lo da* [lo ðá]), el cambio de lugar de articulación de la [n] alveolar a la [ŋ] velar en *con queso* (proceso denominado "velarización"), y el cambio de sonoridad de la [s] sorda a la [z] sonora en *mismo* (proceso denominado *sonorización*). Tales procesos también se dan en sentido inverso, como cuando la africada [tʃ] se despalataliza en [ts] en algunas variedades modernas, y cuando la [ð] final sonora de *Madrid* se ensordece en [θ] en el habla madrileña. Nuestro panorama de la historia fonológica del español ofrece ejemplos de muchos procesos más, como fricativación, metafonía, epéntesis, confluencia, desfonologización, etc.

Glosario de términos lingüísticos

a **personal:** empleo de la preposición *a* ante un complemento directo personal o personificado

abierto: [vocal] que se articula con la lengua en posición relativamente baja

ablativo: [caso] que expresa en principio el alejamiento o la separación de algo; en latín asume además las funciones del locativo (lugar de una acción) e instrumental (medio o instrumento por el que se ejecuta una acción)

ablativo absoluto: construcción gramatical latina, independiente del resto de la oración, consistente en un sustantivo y (normalmente) un participio, ambos en caso ablativo

absorción: incorporación de un sonido por otro, que a veces incorpora algunos de los rasgos del sonido absorbido

acento espiratorio: elemento articulatorio por el cual se destaca una de las sílabas de una palabra sobre las otras por medio de una mayor intensidad del aire

acortamiento: procedimiento de formación de palabras mediante el cual se elide parte de la sustancia fonética de una palabra

acusativo: [caso] que expresa el complemento directo del verbo

adstrato: lengua que por su contigüidad a otra durante algún tiempo influye sobre ella

africado: modo de articulación que resulta de la combinación de una oclusión con una fricación

aglutinación: fenómeno por el cual dos o más palabras se funden en una unidad

agudo: [vocablo] que tiene el acento fonético en la última sílaba

alófono: variante de un fonema

alomorfo: variante de un morfema

alto: [vocal] que se realiza con una posición de la lengua muy cercana al paladar (también llamado *cerrado*)

alveodental: [consonante] articulada poniendo en contacto la lengua y el área entre los alvéolos y los dientes

alveolar: [consonante] articulada poniendo en contacto la lengua y los alvéolos

americanismo: palabra o rasgo lingüístico propio del español hablado en América o una parte de ella

analítico: 1. [idioma] que utiliza palabras independientes para expresar las relaciones sintácticas; 2. [construcción lingüística] que utiliza palabras independientes para expresar un contenido semántico

analogía: modificación de determinadas palabras para acomodarlas a un modelo más abundante o más normal en la lengua

analógico: [proceso] por el que la forma de una palabra se ve afectada por la de otra palabra o grupo de palabras asociadas

anglicismo: préstamo tomado del inglés

anterior: [vocal] que se articula con la lengua en posición relativamente avanzada

antropónimo: nombre propio de persona

apelativo: nombre común

apical: [consonante] que se articula con el ápice o punta de la lengua

apócope: pérdida de la vocal átona final de una palabra

arabismo: préstamo tomado del árabe

árbol genealógico: esquema que a manera de un árbol, es decir, con un tronco y ramas, se propone representar el parentesco entre las lenguas de una familia lingüística

arcaísmo: palabra o rasgo lingüístico de una época pasada o superada

asibilación: introducción de un elemento sibilante en un sonido

asimilación: proceso mediante el cual un segmento fónico se asemeja a otro cercano

aspiración: transformación de un sonido en [h]

átono: no tónico

bajo: [vocal] que se realiza con la lengua muy alejada del paladar (también llamado *abierto*)

bilabial: [consonante] articulada mediante la acción de los dos labios

bilingüismo: empleo habitual de dos lenguas en una comunidad de habla

calco: préstamo que imita la estructura o significado de una palabra o locución extranjeras, y no su entidad fonética

cambio de código: alternancia entre lenguas en un sólo enunciado

cambio en marcha: cambio lingüístico que está en vías de producirse

carga funcional: relativa abundancia o escasez de pares mínimos en que participa un fonema

caso: función gramatical ejercida por una desinencia flexiva

castellano: 1. dialecto del condado de Castilla; 2. lengua nacional de España

castellano drecho: el castellano medieval regularizado que se forma en la corte de Alfonso X el Sabio

casual: relativo al sistema de casos

causal: tipo de cláusula subordinada que se refiere a la causa de la acción expresada por la cláusula principal

ceceo: confluencia de los fonemas /s/ y /θ/ en favor de éste último

central: [vocal] que se articula con la lengua en posición ni anterior ni posterior

centralización: cambio de la articulación de una vocal hacia el punto central del eje horizontal

cerrado: [vocal] que se articula con la lengua en posición relativamente alta

circunflejo: [entonación] del español rioplatense supuestamente influida por el habla de inmigrantes italianos

clítico: tipo de pronombre que tiene que ir ligado a un verbo

cocoliche: interlengua español-italiano que hablan los inmigrantes italianos antes de asimilarse completamente a la cultura bonaerense

cognado: palabra que está etimológicamente emparentada con otra

complemento: palabra o frase que depende sintácticamente de otra en la oración

composición: procedimiento de formación de palabras mediante el cual dos palabras se combinan en una

compuesto: palabra producida por la composición

concesivo: tipo de cláusula subordinada en que se expresa una objeción o dificultad para el cumplimiento de la acción de la oración principal

confluencia: fusión de dos fonemas en uno, con la pérdida de uno de ellos

conjugación: 1. conjunto de todas las formas de un verbo; 2. grupo a que pertenece un verbo según la terminación de su infinitivo

consecutivo: 1. dialecto que se forma a partir del castellano; 2. tipo de cláusula subordinada en que se expresa una consecuencia de la acción de la oración principal

consonante: sonido lingüístico que se produce por una interrupción completa o parcial de la salida del aire espiratorio

constitutivo: dialecto o lengua que se forma a partir del protohispanorromance

convexo: [superficie] que tiene su parte más saliente en el centro

criollo: 1. lengua híbrida desarrollada a base de una lengua dominante y otra subyacente, utilizada por una comunidad lingüística como lengua nativa; 2. hispanoamericano nacido o descendiente de padres españoles

cronología: orden en que suceden los hechos en el tiempo

cruce: procedimiento de formación de palabras mediante el cual intencionadamente se entremezclan dos palabras para producir una nueva

cultismo: préstamo tomado del latín o del griego clásicos

dativo: [caso] que corresponde a la función de complemento indirecto

declinación: 1. conjunto de todas las formas de un elemento nominal; 2. grupo a que pertenece un elemento nominal según su flexión

dental: [consonante] articulada con la lengua en los incisivos superiores

deponente: tipo de verbo latino de forma pasiva y significado activo

dequeísmo: uso de *de que* por *que*

derivación: 1. evolución historica de una lengua o palabra; 2. formación de palabras mediante prefijos o sufijos

desafricación: proceso mediante el cual una consonante pierde su modo de articulación africado

desdoblamiento de vocales: fenómeno por el que la aspiración de la /s/ implosiva en una palabra provoca la abertura de sus vocales

desfonologización: proceso mediante el cual se pierde una oposición fonológica

desinencia: morfema flexivo final

despalatalización: proceso mediante el cual una consonante pierde su lugar de articulación palatal

desplazamiento lingüístico: proceso por el cual una lengua va siendo sustituida paulatinamente por otra

desvelarización: proceso mediante el cual una consonante pierde su punto de articulación velar

diacrónico: 1. que atañe a la evolución de las lenguas en el tiempo; 2. tipo de lingüística que estudia la evolución de las lenguas en el tiempo

diafásico: [diferencia lingüística] determinada por la diversidad de registros o estilos con que se habla una lengua

dialecto: variedad regional o social de una lengua

dialectología: el estudio de las variedades regionales y sociales de una lengua

diastrático: [diferencia lingüística] determinada por el diverso nivel sociocultural de los hablantes

diatópico: [diferencia lingüística] determinada por la diversa procedencia geográfica de los hablantes

diglosia: tipo de bilingüismo en que dos lenguas o dos modalidades de una sola lengua se emplean en diferentes contextos en una comunidad de habla

diptongación: proceso por el cual se produce un diptongo

diptongo: conjunto de dos elementos vocálicos diferentes que se pronuncian en una sola sílaba

disimilación: proceso por el que uno de dos sonidos similares o idénticos en una palabra se modifica para diferenciarse del otro

doblete etimológico: conjunto de dos palabras con un mismo origen etimológico, una de transmisión culta y otra de transmisión patrimonial

dorsal: [consonante] articulada con el dorso de la lengua

endocéntrico: tipo de palabra compuesta en que uno de los componentes denomina el concepto básico y el otro lo modifica

ensordecimiento: proceso por el cual se hace sordo un sonido, dejando de vibrar las cuerdas vocales

epéntesis: adición de un sonido en el interior de una palabra, especialmente para facilitar la pronunciación

escisión: división de un fonema en dos

esdrújulo: [vocablo] que tiene el acento fonético en la antepenúltima sílaba

español popular: dialecto social típico de la gente poco instruida del mundo de habla española

estándar: modalidad de un idioma que hablan y escriben los hablantes más educados, caracterizada por la fijeza de su gramática, léxico y ortografía

étimo: raíz o vocablo de que procede otro vocablo

etimología: 1. origen de una palabra; 2. estudio del origen de las palabras

exocéntrico: tipo de palabra compuesta en que ninguno de los dos componentes denomina el concepto básico

familia lingüística: conjunto de lenguas que están genéticamente emparentadas

final: tipo de cláusula subordinada en que se expresa la finalidad o la meta de la acción expresada en la cláusula principal

flexión: 1. variación a que es susceptible la forma de una palabra por razón del género, caso, número, persona, tiempo, voz, modo o aspecto; 2. conjunto de las formas que toma una palabra como resultado de la flexión

flexivo: relativo a la flexión, o a la variación gramatical por género, caso, número, persona, tiempo, voz, modo o aspecto

fonema: en la fonología, unidad distintiva mínima

fonémico: relativo a los fonemas

fonética sintáctica: conjunto de reglas que rigen las posibles combinaciones de los sonidos de una lengua

fonético: relativo a los sonidos lingüísticos

fonología: 1. disciplina que estudia la función de los sonidos lingüísticos; 2. sistema de los sonidos lingüísticos (de una lengua)

fonológico: que atañe a la fonología

fonologización: proceso mediante el cual se crea una oposición fonológica nueva

fonotaxis: conjunto de reglas que rigen las posibles combinaciones de los sonidos de una lengua

formación de palabras: conjunto de procedimientos para la creación de vocablos nuevos mediante los recursos internos de una lengua, sobre todo la prefijación, la sufijación y la composición

fricativo: [consonante] cuyo modo de articulación es la fricación

fricativación: proceso mediante el cual una consonante se hace fricativa

fusión: confluencia de dos elementos lingüísticos

galicismo: préstamo tomado del francés

geminación: duplicación de un sonido

genitivo: [caso] que corresponde a la función de indicar posesión o pertenencia

glotal: [sonido] que se articula en la glotis, entre las cuerdas vocales

gramática histórica: la historia del desarrollo fonológico y morfológico de una lengua

gramaticalización: proceso por el cual una palabra se vacía de significado léxico y toma carácter de puro elemento gramatical

heheo: tendencia a aspirar /s/ inicial o intervocálica

helenismo: préstamo tomado del griego

hiato: secuencia de dos vocales pertenecientes a dos sílabas distintas

hipérbaton: alteración forzada del orden normal de las palabras en la frase

homófono: palabra que tiene el mismo sonido que otra, pero con significado diferente

implosivo: [consonante] que se encuentra en posición final de sílaba

indoeuropeo: 1. relativo al protoindoeuropeo o a sus hablantes; 2. el protoindoeuropeo

interdental: [consonante] que se articula colocando la punta de la lengua entre los dientes incisivos superiores e inferiores

interlengua: competencia lingüística típica de la persona que está en vías de aprender una nueva lengua, o cuya adquisición de esta lengua se ha fosilizado

intertónico: átono, pero ni inicial ni final

intervocálico: [consonante] situada entre vocales

italianismo: préstamo tomado del italiano

labiodental: [consonante] que se articula tocándose el labio inferior y los incisivos superiores

labiovelar: [consonante] cuya articulación combina un redondeamiento de los labios y un punto velar de articulación

laísmo: uso del pronombre *la* como complemento indirecto femenino, en lugar de *le*

lateral: [consonante] en cuya articulación el aire sale por los lados de la boca y no por el centro

latín clásico: modalidad alta del latín en la diglosia que se desarrolla en la zona latinohablante

latín hablado: modalidad baja del latín en la diglosia que se desarrolla en la zona latinohablante

latinismo: préstamo culto del latín

latinismo helénico: préstamo griego en latín que pasa por vía culta al romance

leísmo: uso del pronombre *le* como complemento directo masculino, en lugar de *lo,* generalmente cuando se refiere a personas

lengua aislada: lengua sin parentesco lingüístico establecido

lenguas románicas: lenguas vernáculas que resultan de la evolución del latín hablado

lenición: proceso de debilitamiento o aflojamiento articulatorio de consonantes

lexema: raíz de una palabra

léxico: vocabulario o conjunto de las palabras de un idioma

libre: [sílaba] que termina en vocal

líquido: modo de articulación de /l/, /r/ y /r̄/

llano: [vocablo] que tiene el acento fonético en la penúltima sílaba

marcado: notable por ser menos común o normal

medio: [vocal] que se articula con la lengua ni cerca ni lejos del paladar

metafonía: proceso por el cual el timbre de una vocal se modifica bajo la influencia de otra vocal próxima

metáfora: figura que consiste en designar una cosa con el nombre de otra cosa con que tiene una relación de semejanza

metátesis: cambio de lugar de un sonido en el interior de una palabra

método comparativo: la comparación sistemática de lenguas en busca de rasgos lingüísticos semejantes

metonimia: figura que consiste en designar una cosa por el nombre de otra cosa con que tiene una relación en la realidad

modo de articulación: manera en que los órganos fonadores interrumpen el aire espiratorio para producir un sonido determinado

monolingüismo: empleo habitual de una sola lengua en una comunidad de habla

morfema: unidad mínima con significado

morfología: estudio de la forma de las palabras de una lengua, incluyendo la flexión y la formación de palabras

morfología nominal: estudio de la forma de los sustantivos, pronombres, adjetivos y artículos

morfología verbal: estudio de la forma de los verbos

morfológico: que atañe a la morfología

morfosintáctico: que se refiere a la morfosintaxis

morfosintaxis: estudio conjunto de la morfología y de la sintaxis

motosidad: tendencia a los indígenas bilingües de la cordillera andina a reducir la gama de cinco vocales del español a tres (/iau/)

mozárabe: 1. habitante cristiano de la España musulmana; 2. lengua iberorromance hablada por estos habitantes

nasal: [sonido] en cuya pronunciación el aire sale total o parcialmente por la nariz

neologismo: vocablo nuevo en una lengua

nivelación: 1. en la morfología, proceso por el que las formas de un paradigma se regularizan por influjo mutuo; 2. en la dialectología, proceso de simplificación de estructuras lingüísticas complejas y variables que acompaña a una mezcla de dialectos

nominativo: [caso] que corresponde a la función de sujeto

oblicuo: cada uno de los casos menos el nominativo y el vocativo (nótese que algunos gramáticos consideran al acusativo ser caso recto y no oblicuo)

oclusivo: [sonido] en cuya producción los órganos fonadores interrumpen completamente la salida del aire espirado

onomatopeya: palabra cuyos sonidos imitan el sonido o ruido que denota

oración de infinitivo no concertado: construcción sintáctica latina en la cual se suele expresar el sujeto de la cláusula subordinada en acusativo y el verbo en infinitivo

órganos fonadores: las partes del cuerpo humano que participan de la producción de los sonidos lingüísticos

ortografía: conjunto de normas que rigen la representación escrita de una lengua

palatal: [sonido] que se articula aproximándose el dorso de la lengua al paladar

palatalización: proceso por el cual un sonido se hace más palatal

par mínimo: conjunto de dos palabras de significado diferente y que difieren formalmente en un solo fonema

paradigma: conjunto de formas que sirven de modelo en los diversos tipos de flexión como las declinaciones y las conjugaciones

pasiva refleja: construcción sintáctica en la que el elemento pasivo se expresa impersonalmente mediante una construcción reflexiva

patrimonial: [palabra] transmitida por vía popular

patronímico: [apellido] formado por el nombre de pila del padre

plantilla: modelo a base de la cual se crean o modifican palabras analógicamente

posterior: [vocal] que se articula con la lengua en posición relativamente posterior

predorsal: [sonido] que se articula con la parte anterior del dorso de la lengua

prefijo: morfema que, unido a una base en su parte inicial, forma un derivado

préstamo: palabra tomada de otra lengua

prótesis: adición de un sonido, especialmente una vocal, al principio de una palabra

protohispanorromance: lengua iberorromance no documentada del cual se desarrollan el castellano, el astur-leonés y el navarro-aragonés

protoiberorromance: lengua neolatina no documentada que se forma en la Península Ibérica, y de la que se desarrollan el gallego-portugués, el catalán, el mozárabe y las lenguas hispanorromances

protoindoeuropeo: lengua no documentada que existió hace unos nueve mil años cuya evolución ulterior produjo las lenguas indoeuropeas

protolengua: lengua para la que no hay testimonios escritos

protorromance: lengua no documentada que se forma a partir del latín hablado y del que se desarrollan todas las lenguas romances

punto de articulación: lugar donde los órganos fonadores interrumpen el aire espiratorio para producir un sonido determinado

queísmo: uso de *que* por *de que*

reconstrucción: proceso por el que se llega a fijar hipotéticamente, partiendo de lenguas conocidas, una lengua antecedente no atestiguada

recto: [caso] nominativo

reducción vocálica: proceso por el cual una vocal se debilita, ensordeciéndose, abreviándose o cambiando de timbre (elisión o centralización a schwa [ə])

reduplicación: repetición exacta o aproximada de parte de una palabra o de una palabra entera

reduplicación apofónica: repetición de parte de una palabra o de una palabra entera, pero con variación de la vocal tónica

registro: forma o estilo de expresarse condicionado por la situación en que se encuentra el hablante

rehilamiento: vibración que se produce en el punto de articulación de algunas consonantes y que suma su sonoridad a la de las cuerdas vocales

retroflejo: [consonante] como parte de cuya articulación la lengua se eleva y se vuelve hacia el paladar

rotacismo: transformación de una consonante, especialmente de [s] o de [l], en [r]

ʃeísmo: varidad del yeísmo en que [j] es sustituido por [ʃ]

semántico: que se refiere a los significados de los signos lingüísticos

semiconsonante/semivocal: sonido lingüístico que tiene rasgos tanto vocálicos como consonánticos

semicultismo: palabra que no ha sufrido por completo la evolución fonética normal

***ser* intensivo:** construcción gramatical que se encuentra en algunos dialectos españoles, caracterizada por la elisión de un adverbio: *(donde) yo vivo es en Caracas*

seseo: confluencia de los fonemas /s/ y /θ/ en favor del primero

sibilante: [consonante fricativa] que se caracteriza por un ruido semejante a un silbido

sigla: signo lingüístico que consta de las letras iniciales de cada una de las palabras que normalmente constituyen la denominación de algo

significado: concepto o pensamiento representado por un signo lingüístico

significante: forma de un signo lingüístico

signo lingüístico: unidad léxica constituida por un significante y un significado

sílaba: sonido o conjunto de sonidos que se compone de un núcleo (normalmente una vocal) y, opcionalmente, una o más consonantes

sincretismo: concentración de dos o más funciones gramaticales en un único morfema

sincrónico: [perspectiva lingüística] que tiene por objeto describir un momento dado de una evolución lingüística

sintáctico: relativo a la sintaxis

sintaxis: estudio de las relaciones existentes entre los elementos de la frase

sintético: 1. [idioma] que utiliza la flexión para expresar las relaciones sintácticas; 2. [construcción lingüística] que utiliza la flexión para expresar un contenido semántico

sistema casual: sistema de casos

sociolingüística: campo lingüístico que estudia la lengua en su contexto social

sonorización: proceso por el cual un sonido sordo comienza a articularse con vibración de las cuerdas vocales

sonoro: [sonido] que se articula con vibración de las cuerdas vocales

sordo: [sonido] articulado sin vibración de las cuerdas vocales

subordinación: relación entre cláusulas en una oración compuesta, donde una de ellas (la subordinada) depende lógica y gramaticalmente de la otra (la principal)

sufijo: morfema que, unido a una base en su parte final, forma un derivado

superestrato: 1. lengua invasora que no consigue imponerse sobre la lengua aborigen; 2. lengua que ejerce un efecto dominante sobre otra de asentamiento más antiguo

sustantivo: 1. [palabra] que denota el sujeto u objeto de un verbo; 2. [cláusula subordinada] que tiene la función de sujeto u objeto

teoría del andalucismo: teoría que considera el dialecto andaluz como elemento fundamental en la formación del español americano

tónico: [sonido o grupo de sonidos] que lleva el acento de intensidad en una palabra o frase

topónimo: nombre propio de lugar

trabada: [sílaba] que termina en consonante

transmisión: paso de un elemento lingüístico de una lengua a otra, o entre sucesivas modalidades de la misma lengua

tuteo: empleo de *tú* como pronombre familiar singular de segunda persona

ustedeo: empleo de *usted* como pronombre familiar singular de segunda persona

uvular: [sonido] en cuya articulación interviene la úvula

variante: forma lingüística que difiere de otra que se toma como referencia

variedad: dialecto, forma de una lengua típica de un lugar o grupo social

velar: [sonido] cuya articulación involucra una aproximación o contacto de la parte posterior del dorso de la lengua con el velo del paladar

vibrante: [consonante] cuya articulación se caracteriza por un rápido contacto —simple o múltiple— entre los órganos de articulación

vocal: sonido del lenguaje que se produce sin estrechamiento ni oclusión de los órganos fonadores, generalmente con vibración de las cuerdas vocales

vocativo: [caso] que se emplea para llamar o invocar a una persona

voseo: empleo de *vos* como pronombre familiar de segunda persona

voz pasiva: construcción sintáctica cuyo sujeto designa a la persona o cosa que es el objeto de la acción en la correspondiente construcción activa

yeísmo: confluencia de /j/ y /ʎ/ a favor del primero

ʒeísmo: variedad del yeísmo en que [j] es sustituido por [ʒ]

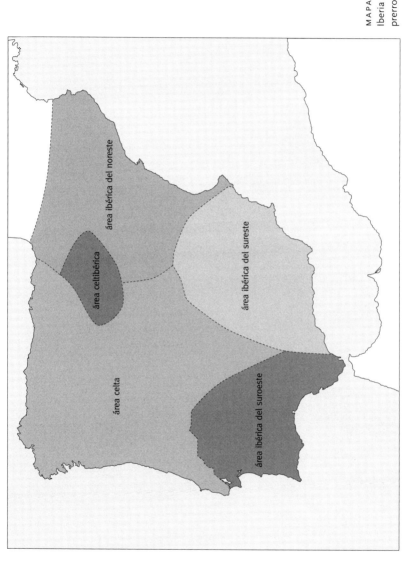

MAPA 1
Iberia
prerromana

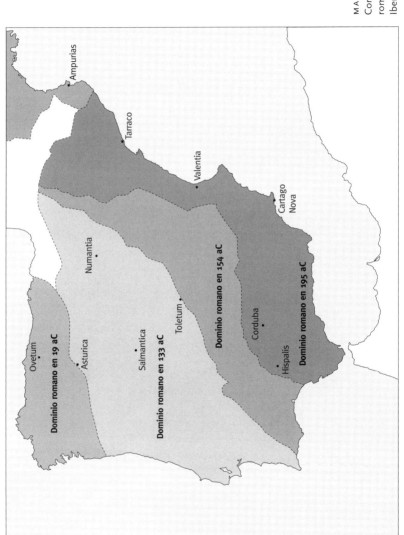

MAPA 2
Conquista
romana de
Iberia

Ampurias

Tarraco

Valentia

Cartago
Nova

Numantia

Dominio romano en 154 aC

Toletum

Corduba

Dominio romano en 195 aC

Ovetum

Dominio romano en 19 aC

Asturica

Salmantica

Dominio romano en 133 aC

Hispalis

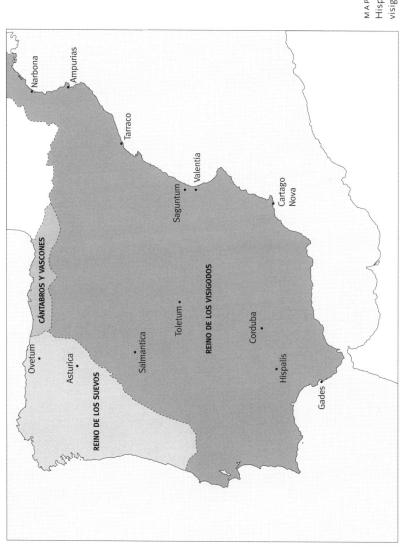

MAPA 3
Hispania
visigoda

Narbona

Ampurias

Tarraco

Valentia

Saguntum

Cartago
Nova

CÁNTABROS Y VASCONES

REINO DE LOS VISIGODOS

Toletum

Corduba

Ovetum

Asturica

Salmantica

Hispalis

Gades

REINO DE LOS SUEVOS

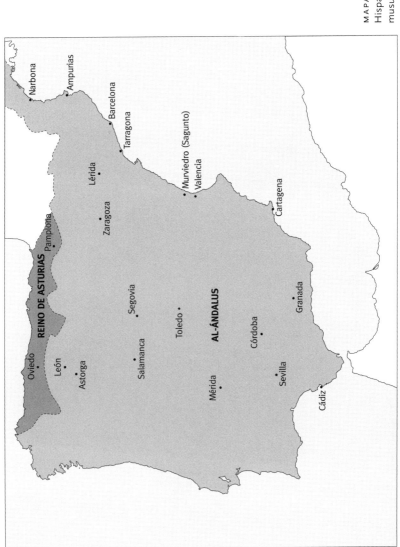

REINO DE ASTURIAS

AL-ÁNDALUS

Narbona

Ampurias

Barcelona

Tarragona

Lérida

Murviedro (Sagunto)

Valencia

Zaragoza

Cartagena

Pamplona

Granada

Segovia

Toledo

Córdoba

Oviedo

León

Astorga

Salamanca

Sevilla

Mérida

Cádiz

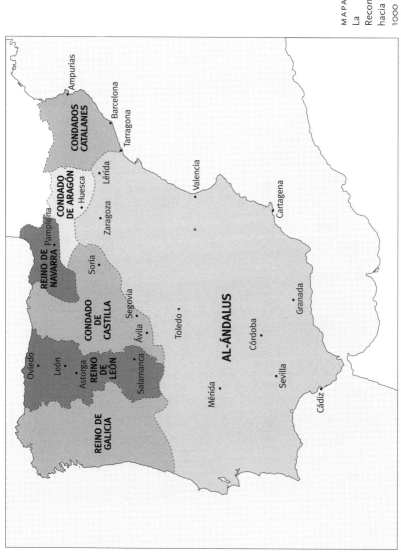

MAPA 5
La
Reconquista
hacia el año
1000

REINO DE GALICIA

REINO DE LEÓN

CONDADO DE CASTILLA

REINO DE NAVARRA

CONDADO DE ARAGÓN

CONDADOS CATALANES

AL-ÁNDALUS

Oviedo
León
Astorga
Salamanca
Ávila
Segovia
Soria
Pamplona
Huesca
Lérida
Zaragoza
Ampurias
Barcelona
Tarragona
Valencia
Cartagena
Granada
Sevilla
Córdoba
Toledo
Mérida
Cádiz

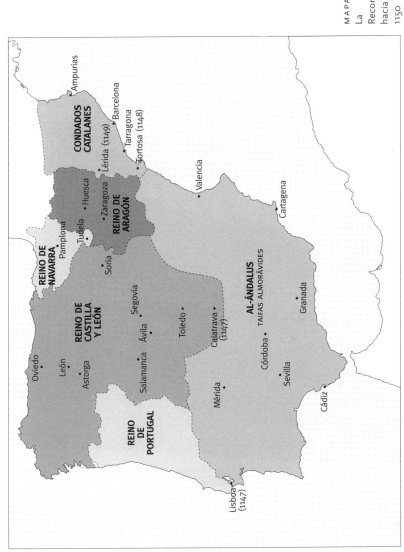

REINO DE NAVARRA

CONDADOS CATALANES

Ampurias

Barcelona

Tarragona

Tortosa (1148)

Lérida (1149)

Huesca

Zaragoza

REINO DE ARAGÓN

Tudela

Pamplona

Soria

Valencia

Cartagena

REINO DE CASTILLA Y LEÓN

Segovia

Ávila

Toledo

Calatrava (1147)

AL-ÁNDALUS

TAIFAS ALMORÁVIDES

Granada

Oviedo

León

Astorga

Salamanca

Mérida

Córdoba

Sevilla

Cádiz

REINO DE PORTUGAL

Lisboa (1147)

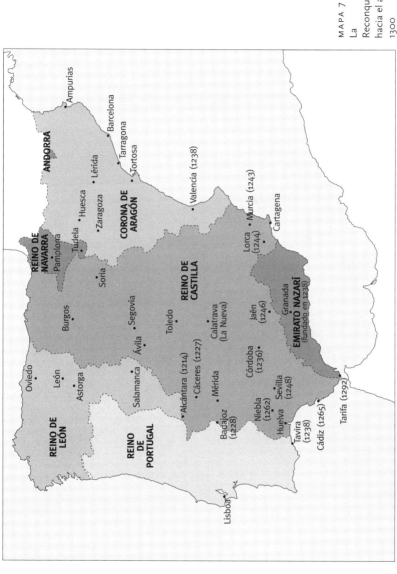

Ampurias

Barcelona

Tarragona

Tortosa

ANDORRA

Huesca
Lérida

Zaragoza

Valencia (1238)

**CORONA DE
ARAGÓN**

**REINO DE
NAVARRA**

Tudela
Pamplona

Soria

Murcia (1243)

Cartagena

Lorca
(1244)

**REINO DE
CASTILLA**

Burgos

Segovia

Toledo

Calatrava
(La Nueva)

Jaén
(1246)

Granada

EMIRATO NAZARÍ
(fundado en 1238)

Oviedo

León

Astorga

Ávila

Salamanca

Alcántara (1214)

Cáceres (1227)

Mérida

Córdoba
(1236)

Sevilla
(1248)

**REINO DE
LEÓN**

Badajoz
(1228)

Niebla
(1262)

Huelva

Tavira
(1238)

Cádiz (1265)

Tarifa (1292)

**REINO
DE
PORTUGAL**

Lisboa

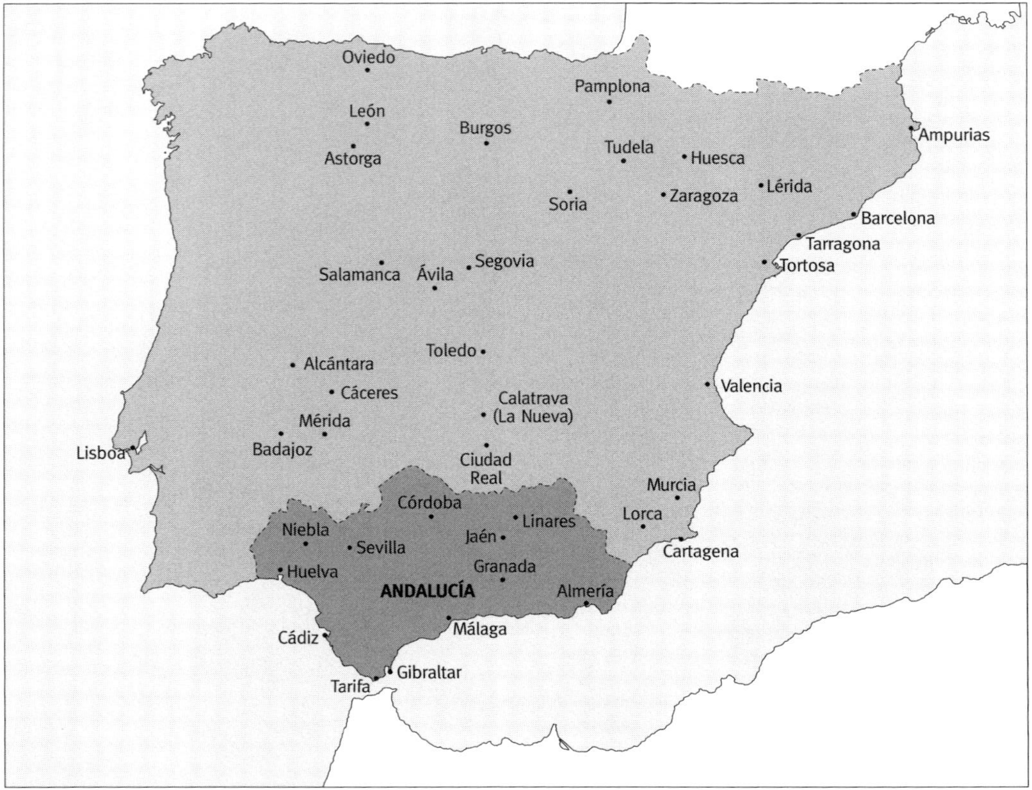

MAPA 8
Andalucía

MAPA 9. Hispanoamérica

Obras citadas

Alatorre, Antonio. 1989. *Los 1,001 años de la lengua española*. México: Tezontle.

Alborg, Juan Luis. 1972. *Historia de la literatura española: Edad Media y Renacimiento*. 2ª ed. Madrid: Gredos.

Almeida, Manuel, y Carmen Díaz Alayón. 1988. *El español de Canarias*, Santa Cruz de Tenerife: Romero.

Alonso, Amado. 1942. *Castellano, español, idioma nacional: Historia espiritual de tres nombres*. 2ª ed. Buenos Aires: Losada.

Alvar, Manuel. 1996. "Canario", en *Manual de dialectología hispánica: El español de España*, dir. Manuel Alvar, 325–38. Barcelona: Ariel.

Alvar, Manuel, et al., eds. 1967. *Enciclopedia lingüística hispánica*, vol. 2, *Elementos constitutivos, fuentes*. Madrid: Consejo Superior de Investigaciones Científicas.

Alvar Ezquerra, Manuel. 2002. *De antiguos y nuevos diccionarios del español*. Madrid: Arco/Libros.

Azkue, Resurrección María de. 1969. *Diccionario vasco-español-francés*. 2 vols. Orig. 1906. Bilbao: Enciclopedia Vasca.

Bahner, Werner. 1966. *La lingüística española del Siglo de Oro: Aportaciones a la conciencia lingüística de la España de los siglos XVI y XVII*. Madrid: Ciencia Nueva.

Barton, Simon. 2004. *A History of Spain*. New York: Palgrave Macmillan.

Bello, Andrés. 1951. *Gramática de la lengua castellana destinada al uso de los americanos*. Orig. 1847. Caracas: Ministerio de Educación.

Brumme, Jenny. 2003. "Historia de la reflexión sobre las lenguas románicas: español", en *Romanische Sprachgeschichte*, dir. Gerhard Ernst et al., 1:265–79. Berlin: Walter de Gruyter.

Butt, John, y Carmen Benjamin. 1988. *A New Reference Grammar of Modern Spanish*. London: Edward Arnold.

Candau de Cevallos, María del C. 1985. *Historia de la lengua española.* Potomac, MD: Scripta Humanistica.

Cano Aguilar, Rafael. 1992. *El español a través de los tiempos.* Madrid: Arco/Libros.

Caravedo, Rocío. 2003. "Principios del cambio lingüístico: Una contribución sincrónica a la lingüística histórica." *Revista de filología española* 83:39–62.

Cerrón-Palomino, Rodolfo. 2003. *Castellano andino: aspectos sociolingüísticos, pedagógicos y gramaticales.* Lima: Pontificia Universidad Católica del Perú.

Collins, Roger. 1999. *Early Medieval Europe, 300–1000.* 2ª ed. New York: St. Martin's.

Comrie, Bernard, ed. 1990. *The World's Major Languages.* Oxford: Oxford University Press.

Corominas, Joan, con la colaboración de José A. Pascual. 1981–90. *Diccionario crítico etimológico castellano e hispánico.* 6 vols. Madrid: Gredos.

Corriente, Federico. 1997. *Poesía dialectal árabe y romance en Alandalús.* Madrid: Gredos.

Dietrich, Wolf, y Horst Geckeler. 1990. *Einführung in die spanische Sprachwissenschaft: Ein Lehr- und Arbeitsbuch.* Berlin: Erich Schmidt.

Diez, Miguel, Francisco Morales, y Ángel Sabín. 1980. *Las lenguas de España.* 2ª ed. Madrid: Ministerio de Educación.

Echenique Elizondo, María Teresa, y María José Martínez Alcalde. 2000. *Diacronía y gramática histórica de la lengua española.* Valencia: Tirant lo Blanch.

Elcock, W. D. 1975. *The Romance Languages.* Ed. revisada por John N. Green. London: Faber and Faber.

Elvira, Javier. 2002. "Sobre el desarrollo de la pasiva refleja en español medieval", en *Actas del V Congreso Internacional de Historia de la Lengua Española,* dir. M. Teresa Echenique Elizondo et al., 1:597–607. Madrid: Gredos.

England, John. 1980. "The Position of the Direct Object in Old Spanish." *Journal of Hispanic Philology* 5:1–23.

Fear, A. T. 2000. "Prehistoric and Roman Spain." En *Spain: A History,* dir. Raymond Carr, 11–38. Oxford: Oxford University Press.

Fernández, Roberto G. 1983. "English Loanwords in Miami Cuban Spanish." *American Speech* 58:13–19.

Galmés de Fuentes, Álvaro. 1983. *Dialectología mozárabe.* Madrid: Gredos.

Garcés Gómez, María Pilar. 2002. "Aspectos de la evolución del neutro en español", en *Actas del V Congreso Internacional de Historia de la Lengua Española,* dir. M. Teresa Echenique Elizondo et al., 1:621–31. Madrid: Gredos.

García Gómez, Emilio. 1975. *Las jarchas romances de la serie árabe en su marco.* Madrid: Alianza.

García Mouton, Pilar. 1994. *Lenguas y dialectos de España.* Madrid: Arco/Libros.

Gifford, D. J., y F. W. Hodcroft. 1966. *Textos lingüísticos del medioevo español.* 2ª ed. Oxford: Dolphin.

Gómez Capuz, Juan. 1996. "Tendencias en el estudio de las diversas etapas de la influencia angloamericana en español moderno (con especial atención al nivel léxico)", en *Actas del III Congreso Internacional de Historia de la Lengua Española*, 2 vols., dir. A. Alonso González et al., 2:1289–307. Madrid: Arco/Libros.

Gray, R. D., y Q. D. Atkinson. 2003. "Language-Tree Divergence Times Support the Anatolian Theory of Indo-European Origin." *Nature* 426:435–39.

Hall, Robert A., Jr. 1974. *External History of the Romance Languages*. New York: American Elsevier.

Harris, Martin. 1988. "The Romance Languages", en *The Romance Languages,* dir. Martin Harris y Nivel Vincent, 1–25. New York: Oxford University Press.

Harris-Northall, Ray. 1990. "The Spread of Sound Change: Another Look at Syncope in Spanish." *Romance Philology* 44:137–61.

———. 1999. "Official Use of the Vernacular in the Thirteenth Century: Medieval Spanish Language Policy?" En *Advances in Hispanic Linguistics: Papers from the Second Hispanic Linguistics Symposium,* dir. Javier Gutiérrez-Rexach y Fernando Martínez-Gil, 1:152–65. Somerville, MA: Cascadilla.

Hartman, Steven Lee. 1992. "Evolución lingüística interna", en *Lexikon der Romanistischen Linguistik,* dir. Günter Holtus et al., 6:1:428–40. Tübingen: Niemeyer.

Hernández Alonso, César. 1996. "Castilla la Vieja", en *Manual de dialectología hispánica: El español de España,* dir. Manuel Alvar, 197–212. Barcelona: Ariel.

Juilland, Alphonse, y E. Chang Rodríguez. 1964. *Frequency Dictionary of Spanish Words*. La Haya: Mouton.

Jungemann, Fredrick H. 1955. *La teoría del sustrato y los dialectos hispano-romances y gascones*. Madrid: Gredos.

Kasten, Lloyd, John Nitti y Wilhelmina Jonxis-Henkemans. 1997. *The Electronic Texts and Concordances of the Prose Works of Alfonso X, El Sabio*. CD-ROM. Madison, WI: Hispanic Seminary of Medieval Studies.

Keniston, Hayward. 1937. *The Syntax of Castilian Prose: The Sixteenth Century*. Chicago: University of Chicago Press.

Kulikowski, Michael. 2004. *Latin Roman Spain and Its Cities*. Baltimore: Johns Hopkins University Press.

Lafón, René. 1960. "La lengua vasca", en *Enciclopedia lingüística hispánica*, vol. 1, *Antecedentes, onomástica,* dir. Manuel Alvar et al., 67–97. Madrid: Consejo Superior de Investigaciones Científicas.

Lapesa, Rafael. 1981. *Historia de la lengua española*. 9ª ed. Madrid: Gredos.

Lázaro Carreter, Fernando. 1949. *Las ideas lingüísticas en España durante el siglo XVIII*. Barcelona: Crítica.

Lázaro Carreter, Fernando, y Vicente Tusón. 1981. *Literatura española 2*. Madrid: Anaya.

León, Víctor. 1980. *Diccionario de argot español*. Madrid: Alianza.

Lipski, John. 1996. *El español de América*. Madrid: Cátedra.

Lleal, Coloma. 1990. *La formación de las lenguas romances peninsulares*. Barcelona: Barcanova.

Lloréns, Washington. 1968. *El habla popular de Puerto Rico.* Río Piedras, PR: Academia de Artes y Ciencias.

Lloyd, Paul M. 1987. *From Latin to Spanish,* vol. 1, *Historical Phonology and Morphology of the Spanish Language.* Philadelphia: American Philosophical Society.

López-Davalillo Larrea, Julio. 1999. *Atlas histórico de España y Portugal: Desde el Paleolítico hasta el siglo XX.* Madrid: Síntesis.

Lorenzo, Emilio. 1966. *El español de hoy, lengua en ebullición.* Madrid: Gredos.

Luquet, Gilles. 1988. "Sobre la desaparición del futuro de subjuntivo en la lengua hablada de principios del siglo XVI", en *Actas del I Congreso Internacional de Historia de la Lengua Española,* dir. M. Ariza et al., 1:509–14. Madrid: Arco/Libros.

Malkiel, Yakov. 1959. "Toward a Reconsideration of the Old Spanish Imperfect in *-ía* ~ *-ié." Hispanic Review* 26:435–81.

Marín, Diego. 1969. *La civilización española.* Chicago: Holt, Rinehart, and Winston.

Menéndez Pidal, Ramón. 1973. *Manual de gramática histórica española.* 14ª ed. Madrid: Espasa-Calpe.

Mondéjar Cumpián, José. 2002. *Castellano y español: Dos nombres para una lengua, en su marco literario, ideológico y político.* Granada: Editorial Comares.

Moreno Fernández, Francisco. 1996. "Castilla la Nueva", en *Manual de dialectología hispánica: El español de España,* dir. Manuel Alvar, 213–32. Barcelona: Ariel.

Moyna, María Irene. 2000. "Compounding in Spanish: Patterns and Changes." Tesis doctoral, University of Florida.

Moyna, María Irene, y Beatriz Ceballos. s.f. "The Last Stages in the Replacement of *tuteo* by *voseo* in Río de la Plata Spanish: Evidence from Plays Written between 1880 and 1911." Manuscrito.

Narbona, Antonio, Rafael Cano y Ramón Morillo. 2003. *El español hablado en Andalucía.* Sevilla: Fundación José Manuel Lara.

Noll, Volker. 2001. *Das amerikanische Spanisch: Ein regionaler und historischer Überblick.* Tübingen: Niemeyer.

Parodi, Claudia. 1979. "Orden de los pronombres átonos durante el primer cuarto del siglo XVI en el español novohispano." *Nueva Revista de Filología Hispánica* 28:312–17.

Pattison, David Graham. 1975. *Early Spanish Suffixes. A Functional Study of the Principal Nominal Suffixes of Spanish up to 1300.* Oxford: Basil Blackwell.

Penny, Ralph J. 1992. "La innovación fonológica del judeoespañol", en *Actas del II Congreso Internacional de Historia de la Lengua Española,* dir. M. Ariza et al., 2:251–57. Madrid: Pabellón de España.

———. 1993. *Gramática histórica del español.* Barcelona: Ariel.

———. 2000. *Variation and Change in Spanish.* Cambridge: Cambridge University Press.

———. 2002. *A History of the Spanish Language.* 2ª ed., Cambridge: Cambridge University Press.

Pharies, David. 1985. "The Etymology of Spanish *títere* 'puppet'." *Journal of Hispanic Philology* 10:61–70.

———. 1986. *Structure and Analogy in the Playful Lexicon of Spanish.* Tübingen: Niemeyer.

———. 1990. *The Origin and Development of the Ibero-Romance -nc-/-ng- Suffixes.* Tübingen: Niemeyer.

———. 2002. *Diccionario etimológico de los sufijos españoles.* Madrid: Gredos.

Pountain, Christopher. 1985. "Copulas, Verbs of Possession and Auxiliaries in Old Spanish: The Evidence for Structurally Interdependent Changes." *Bulletin of Hispanic Studies* 62:337–55.

Pro Ruiz, Juan, y Manuel Rivero Rodríguez. 1999. *Breve atlas de historia de España.* Madrid: Alianza.

Rainer, Franz. 1993. *Spanische Wortbildungslehre.* Tübingen: Niemeyer.

Ramsey, M. Montrose. 1902. *A Spanish Grammar with Exercises.* New York: Holt.

Real Academia Española. 1973. *Esbozo de una nueva gramática de la lengua española.* Madrid: Espasa-Calpe.

———. 2001. *Diccionario de la lengua española.* 22ª ed. Madrid: Espasa-Calpe.

Real Academia Española de Ciencias Exactas, Físicas y Naturales. 1996. *Vocabulario científico y técnico.* 3ª ed. Madrid: Espasa-Calpe.

Reyes, Rogelio. 1982. "Language Mixing in Chicano Spanish", en *Spanish in the United States: Sociolinguistic Aspects,* dir. Jon Amastae y Lucía Elías-Olivares, 154–65. Washington, DC: Georgetown University Press.

Rini, Joel. 1992. *Motives for Linguistic Change in the Formation of the Spanish Object Pronouns.* Newark, DE: Juan de la Cuesta.

———. 1995. "The Evolution of the Nature and Position of the Spanish Clitic Pronoun." *La Corónica* 24:173–95.

———. 1999. *Exploring the Role of Morphology in the Evolution of Spanish.* Amsterdam: Benjamins.

Rojo, Guillermo, y Alexandre Veiga. 1999. "El tiempo verbal: Los tiempos simples", en *Gramática descriptiva de la lengua española,* dir. Ignacio Bosque y Violeta Demonte, 3 vols., 3:2867–934. Madrid: Espasa Calpe.

Sepúlveda Barrios, Félix. 1988. *La voz pasiva en el español del siglo XVII: Contribución a su estudio.* Madrid: Gredos.

Thody, Philip, con la colaboración de Howard Evans y Michelle Pepratx-Evans. 1996. *Le Franglais: Forbidden English, Forbidden American; Law, Politics and Language in Contemporary France—A Study in Loan Words and National Identity.* Atlantic Highlands, NJ: Athlone.

Varela Cuéllar, Beatriz. 1988. "El español en los Estados Unidos", en *Actas del Primer Congreso Internacional de Historia de la Lengua Española,* dir. M. Ariza et al., 2:1575–80. Madrid: Arco/Libros.

Varela, Soledad, y Josefa Martín García. 1999. "La prefijación", en *Gramática descriptiva de la lengua española,* dir. I. Bosque y V. Demonte, 3 vols., 3:4993–5040. Madrid: Espasa Calpe.

Veltman, Calvin. 1988. *The Future of the Spanish Language in the United States.* New York: Hispanic Policy Development Project.

Walsh, Thomas J. 1985. "The Historical Origin of Syllable-Final Aspirated /s/ in Dialectal Spanish." *Journal of Hispanic Philology* 9:231–46.

Wright, Leavitt Olds. 1932. *The -ra Verb Form in Spain. The Latin Pluperfect Indicative Form in Its Successive Functions in Castilian, with a Table of Ratios of These Functions Compared with Those of Parallel Forms,* University of California Publications in Modern Philology 15. Berkeley: University of California Press.

Wright, Roger. 1982. *Late Latin and Early Romance in Spain and Carolingian France.* Liverpool: Francis Cairns.

Zamora Vicente, Alonso. 1970. *Dialectología española.* 2ª ed. Madrid: Gredos.

Índice de palabras

a, 92, 127, 128, 131, 132, 161
-aba, 97
abeja, 89, 90, 100, 166
abondado, 137
aceituna, 45
acequia, 45
ación, 191
acorrer, 137
actordirector, 176
actualmente, 221
actuario, 169
adaptar, 173
-ades, 158
adolece, 7
aduana, 45
aerosol, 31
affincado, 137
afónico, 175
afrontar, 7
agasajar, 41
agradecer, 137
agresivo, 172
agrupar, 173
agua, 31, 120, 156
aguacate, 225
agudización, 7

agudizamiento, 7
águila, 120
aina, 137
ainda, 144
-áis, 158
ajo, 78, 79, 89, 90, 100, 166, 211
ajoaceite, 176
al cabo, 7
al final, 7
albañil, 45
alcalde, 45, 179, 198
alcaldía, 175
alcázar, 45
alcoba, 45
alçobispo, 198
alfarero, 45
alfiler, 45
alfombra, 221
Alfonso, 41
algodón, 45
alguacil, 45
alicaído, 176
Alicante, 35
almacén, 45
almeja, 170
almirante, 45, 187

alquiler, 45
alta, 108
altas, 108
alternativa, 7
altísimo, 175
alto, 108, 182
altos, 108
altura, 182
alubia, 45
alza, 163
am(b)idos, 137
ama, 122
amábais, 121
amábamos, 121
amades, 122
amado, 104
amáis, 122, 213
amamos, 122
aman, 122
amar e, 104, 126
amar, 104
amara, 125, 127
amare, 126
amáremos, 126
amaría, 126
amas, 122
amás, 213
amase, 125, 126
amasse, 126
amaua, 125
amáuamos, 125
ame, 125
amé 125
amigo, 82
amo, 122, 125
amortido, 137
amos, 137
Ampurias, 35
an, 127
analfabestia, 173, 185
analfabeto, 173
anatomía, 78, 172

anca, 163
ancho, 163
ándale, 225
andé, 191
ando, 163
anduve, 2
anemia, 172
ángel, 96
anno, 98
anorexia, 183
anque, 191
antecámara, 175, 185
antiamericano, 175
antioxidante, 183
antiséptico, 198
antjguas, 98
antropófago, 175
añejo, 100, 166
año, 91
aplicar, 2, 221
apto, 220
aquéllas, 113
-ara, 159
arancel, 45
araña, 177
arcarde, 198
archiduque, 175, 179
arçobispo, 198
aristocracia, 175
arpa, 156
arrebatarse, 137
arroz, 45
art, 85
arte, 85
artejo, 169
arteria, 172
artículo, 169
as, 127
ascondudo, 137
asistir, 8
asmar, 137
asno, 84, 100

astronomía, 25
asumir, 2
atachable, 221
atender, 8
ato, 191
átomo, 78, 96
auedes, 127
auemos, 127
auer, 126, 131, 137, 160
auié, 126, 127
auol, 137
autoadhesivo, 175
autoridad, 178
avioneta, 175
ay, 158
aya, 41
ayna, 137
azotea, 45
azúcar, 45

baba, 163
baby alarma, 176
badana, 45
baile, 185
balcón, 171
balde, 170
banana, 31, 171
bancarrota, 25, 171
banco, 42, 168
bañera, 185
baño, 168, 172, 184
barcón, 198, 220
barón, 42
barriga, 185
barrio, 34, 45
bastón, 165
batallón, 171
bautismo, 172
bayoneta, 25
beleño, 34
benignidat, 169
bermejo, 100, 101, 166

bestia, 173
bestseller, 172
beuir, 137
bianual, 175
biblia, 172, 185
bibliografía, 175
bicho, 185
bien, 81, 84, 220
bikini, 172
bisabuelo, 186
bistec, 186
bisutería, 171
bit, 183
blanca, 186
blanco, 42, 168, 185, 186, 221
blancura, 181
blandir, 42
blasfemar, 172
blof, 221
bobo, 193
boca, 82
boda, 108
bodi, 186
boina, 35
bondad, 85
bongó, 170
boquiabierto, 185
botella, 171
boxeador, 175
boz, 137
braço, 152
braga, 34, 168
braza, 107, 108
brigada, 171
bromista, 175
broncearse, 221
brotar, 41
bruñir, 42
brutal, 186
bueno, 82, 84, 218
bufón, 171
buitre, 186

bullebulle, 173
buque, 42, 170
burrito, 225
burrocracia, 185
buscar, 137
buzón, 186

ca, 11, 137
caballo, 79, 91, 154
cabaña, 100
cabe, 151
cabeças, 98
cabeza, 25, 93, 95, 153, 197
cabezón, 186
cabo, 95, 100, 107
cabra, 90
cabroncete, 186
Cáceres, 45
caché, 183
caddie, 172
caddy, 172
cadena, 90
cadera, 170
cadete, 171
Cádiz, 35
caer, 192
caldo, 169
cálido, 169
californiano, 186
calle, 164
callo, 78
cama, 34, 163, 168, 187
cambio, 178
camello, 178
camino, 34, 168
camping, 171
campociudad, 176
cancha, 218
candado, 85, 100, 121
canoa, 170
cantado, 78
cantas, 82

canto, 82
caprípedo, 175
carabela, 170
caro, 81
carpeta, 221
carrera, 137
carro, 34, 163, 164, 168, 216
Cartagena, 35
casa, 78, 98, 144, 152, 155, 195, 207
Castilla, 46
catar, 137
catarro, 78, 96
catástrofe, 187
cátedra, 170
cave, 151
caxa, 155
cayado, 165
cayo, 78
caza, 155, 195
cedaço, 155
cede, 122
cededes, 122
cedéis, 122
cedemos, 121, 122
ceden, 11, 121, 122, 123
cedes, 122
cedo, 82, 122
cencerro, 35
centilitro, 175
centro, 23
cera, 23, 78, 81, 88
cerca, 88
cero, 163
cerrar, 155
cerveza, 34, 168
cesta, 168, 172
cevo, 90, 151
chacal, 31
chacha, 173, 174
chacra, 218
chamaco, 225

champú, 172
cháncharras máncharras, 173
chaparro, 225
charco, 34
charlar, 171
chau, 214
che, 214
chicle, 225
chico, 11
chimia, 171
chimpancé, 31
chocolate, 225
chopear, 221
chubasco, 170
cibdat, 98
ciclo, 187
ciego, 88, 100
cielo, 23
cien, 23
cienpiés, 177
cinco, 144
cine, 185
clima, 25, 172
clon, 172, 183
cocacolonización, 186
cocer, 196
coche cama, 176
coche, 178, 198
cóctel, 172
cole, 173
cólera, 172
colgar, 170
colmo, 92, 100
colocar, 170
combrá, 137
come, 163
comé, 213
comediante, 171
comehostias, 186
comel, 198
comer, 137, 198, 216
comerás, 212

comés, 213
comía, 125
comíais, 212
comíamos, 125
comías, 212
comié, 125
comiemos, 125
comienço, 10
comienzo, 10
comiere, 126
comiéremos, 126
comiestes, 191
comistes, 212
como, 97
comoquier, 13
con, 87, 129, 235
conde, 85, 97
conduje, 100, 166
conectable, 221
conga, 170
conmigo, 110, 120
connusco, 110, 121
conortar, 137
consennar, 137
consigo, 110
contigo, 110, 113
conuusco, 110
copa, 91
corcho, 176
corona, 178
coronel, 25
corporación, 169
corre, 163, 173, 174
correcorre, 173, 174, 185
cortejar, 171
corteza, 82, 100, 166
cosa, 82
coser, 175, 196
costura, 84
coxo, 144
coyote, 225
cras, 137

crebanto, 137

creçer, 195

crédito, 171

crepúsculo, 187

crucial, 172

crudo, 90

cruz, 96

cualo, 201

cuate, 225

cuatro, 31

cuba, 90, 151

Cuba, 219

cuchara, 168, 172

cucurucú, 185

cuedar, 137

cuemo, 97, 137

cuende, 85, 92, 97, 137

cuentagotas, 176, 179

cuerda, 168, 172, 185

cuerno, 107

cuerpo, 107

cueyta, 137

cutiano, 137

da, 235

dada, 163

dale, 163

de repente, 218

de, 115

dé, 115

debe, 122

debedes, 122

debéis, 122

debemos, 121, 122

deben, 11, 121, 122

debes, 122

debo, 122, 123

defender, 137

delant, 85

delante, 85

delgado, 94, 95, 170, 180

delicado, 170

dende, 137

dentista, 185

departir, 137

derecho, 181

derechura, 181

descoser, 173, 175

desfibrilar, 183

desque, 137

destierro, 146

desuso, 137

desván, 198

dexassen, 98

dezir, 144

di, 92

dia, 98

día, 106

diacrónico, 175

diáfano, 169

diarrea, 172

dice, 166

diente, 31, 100

diestro, 97

diezmo, 100, 166

dinamita, 177

dineral, 175

dinero, 175

discernir, 173

disgusto, 198

dixe, 89

dixiemos, 98

dixo, 10

dize, 152

do, 137, 158

doblar, 221

documentable, 175

dolor, 82

dotor, 191

doy, 158, 159

drogadicto, 176

dulzura, 181

dumping, 172

duro, 25, 82

e, 127
-ear, 221
-edes, 158
eguar, 137
-éis, 127, 158
el, 118, 119
él, 113, 114, 144
ela, 118
elas, 119
ella, 113, 144
ellas, 113, 114
ello, 113, 116, 220, 221
ellos, 114
elos, 119
Elvira, 41
embarazada, 178
emboscar, 171
eminente, 164
emos, 127
empalme genético, 183
émulo, 164
en realidad, 221
en, 235
encabezar, 173
ende, 137
enderesçar, 137
enderescer, 137
endocardio, 175
enfinta, 137
enfrentar, 7
engaño, 221
engenno, 137
-engo, 41
entrar, 192
entrecomillar, 173
epicarpio, 175
epilepsia, 172
equidistante, 175
es, 235
ésas, 113
escáner, 8, 183
escaño, 138

escoba, 95, 101
escoger, 173
escondido, 137
escrito, 101
escuela, 92
esculpido, 146
esculto, 146
escuridad, 11
esmoquin, 171
espada, 156
español, 175
españolizar, 175
esperar, 92
esposo, 101
esquí, 31
esquife, 170
esquila, 156
esse, 89
estadounidense, 185
estandarte, 42
estaño, 101
estar, 12, 92
éste, 113
estó, 158, 159, 166
estorcer, 138
estoy, 158, 166
estrafalario, 25
estrecho, 89, 94, 95, 170, 181
estrechura, 181
estricto, 170
éticomoral, 176
etiqueta, 31
euar, 138
euskera, 35
evangelista, 169
excarcelar, 175
exilio, 146

fablasse, 152
fachada, 171, 179
falda, 11, 177
fallamos, 98

fallecer, 175

fanega, 45

fango, 42, 168

fascas, 138

fax, 8

faya, 83

faz, 106

fazienda, 138

ferir, 137

Fernando, 41

ferroviario, 175

fi(n)car, 138

fijo, 94, 98, 144

finiestra, 138

firma, 172

fiuza, 138

fizo, 98

flecha, 42

flor, 82, 89, 96

flutuoso, 146

foldear, 221

fonética, 172

fraile, 96

freído, 77

fremoso, 137

frígido, 170

frío, 31, 89, 170

frito, 77

fucú, 221

fuego, 25

fuente, 89, 97

fuerte, 108

fuertes, 108

fuessen, 98

funche, 170

funcionamiento, 175

fútbol, 25

gachí, 181

gago, 163

galera, 170

gallina, 144

ganar, 41

gandulitis, 186

gangrena, 172

ganso, 41

garaje, 31

garir, 44

gato, 163

ge lo, 115, 117, 156

genoma, 8

gentil, 197

gime, 163

Godones, 41

Godos, 41

golf, 172

golfo, 170

golpe de ojo, 171

golpear, 137

gordo, 34

gordote, 175

gota, 91, 101

gradescer, 137

gramática, 219

grand, 85

grande, 25, 85

grisáceo, 175

grogui, 186

guacho, 218

Guadalquivir, 45

Guadarrama, 45

guante, 42

guarapo, 170

guasca, 170

Gudillos, 41

güeno, 191

güero, 225

guerra, 42, 168

guisa, 138

guisar, 138

habemos, 201

haber, 8, 160

había, 15

habían, 15

hábitat, 169

habla, 92, 100

hablá, 213

hablad, 213

hablades, 158

habláis, 158, 213

hablan, 198

hablarás, 212

hablaríais, 212

hablarías, 212

hablás, 213

hablaste, 15, 212

hablasteis, 212

hablastes, 15, 191, 212

hablo, 104

hacer caso omiso, 2

hacer, 12

haiga, 191

halla, 11, 78, 153

hallar, 175

hallazgo, 175

hambre, 95, 100, 120, 156

harina, 151

harpa, 42, 168

hasta, 234

hay, 158

haya, 11, 78, 153

háyamos, 191

he, 126

hentil, 197

hermoso, 137

hervir, 123

hidratación, 175

hierro, 81, 84, 100, 101

hija, 25, 81, 82

hijo, 95, 152, 153, 197

híjole, 225

hipoglucemia, 183

Hispania, 35

hit, 221

hoja, 95, 108

hombre, 92, 180

hombro, 92, 95, 100, 101

honor, 164

hora punta, 185

horma, 100, 101

hueso, 84, 91, 100, 101

hueste, 138

huir, 123

hurto, 96

-ía, 128

-ías, 128

ibero, 34

-ides, 158

-ié, 128

-iera, 159

-iés, 128

ignorar, 2

iguana, 170

ilícito, 169

ilustrar, 164

imagen, 137

inacción, 175

incaico, 175

incorrupto, 169

inoto, 169

intelecto, 169

interacción, 185

interferencia, 169

interferir, 175

internet, 77, 183

intitular, 173

invierno, 82

-ís, 158

isla, 95, 100, 101

izquierdo, 35

jaguar, 170

jefe, 31, 163, 187

jerarquía, 169

jícara, 170

jota, 193

jubilar, 8
judeoespañol, 144
juegar, 191
jueves, 82
junco, 165
junior, 169

kilo, 163

la, 114, 117, 118, 119, 243
labrantío, 175
lacio, 96
ladino, 144
lamelame, 173
lança, 83, 88
las, 114, 117, 119
lazrar, 138
le, 116, 117, 157, 243
le la, 118
le lo, 117, 118
le, 114, 115
leal, 90, 170, 180
leche, 107, 164
lecho, 95
legal, 170
lele, 173, 174
lelo, 116, 173, 174
lendakari, 181
leña, 89, 107, 108
les, 114, 115, 117, 157
les las, 117
librar, 138
liderato, 175, 179
lidiar, 170
lifting, 8
ligereza, 98
limpiabotas, 176
lindar, 85, 101
liposucción, 183
listo, 218
litigar, 170
llaga, 90, 173, 174

llama, 91, 96, 170
llamado, 98
llamo, 163
llave, 91, 100
llegar, 82, 122, 180
llegas, 122
llego, 122
llegue, 122
lleguemos, 122
llevastes, 201
llosa, 100, 166
lo, 114, 116, 117, 118, 119, 153, 225
lobo, 106
lobos, 106
loco, 182
locura, 182
lombriz, 101, 166
los, 98, 114, 117, 119, 127, 157, 206
luces, 106
lucífugo, 175
lumazo, 138
lumbre, 100, 101
luna, 106
lunas, 106
lune, 106
luua, 138
luz, 100, 101, 106
luzes, 91

macula, 169
madreniño, 176
Madrid, 45, 235
madrigal, 25
magnífico, 175
maguer, 138
maguey, 170
maíz, 187
Málaga, 35
malanga, 171
maleza, 100, 101, 166
mamarramiáu, 173
mambo, 170

mamografía, 183

mancebo, 138

mandar, 130

mandioca, 170

manga, 100, 101

mangulina, 221

mano, 82, 163

manos, 82

manteca, 34

mar, 85, 107

maravedí, 45

marketing, 172

marxismo-leninismo, 176

marzo, 166

mayor, 109

me, 109, 110

mear, 123

mechánica, 149

medalla, 96

mediodía, 176

megabyte, 183

megavoltio, 175

mehor, 197

meior, 98

mejillón, 170

mejor, 101, 109, 166, 197

menester, 138

menguar, 123

menopausia, 181

menor, 109

-ment, 131

-mente, 131, 181

mercancía, 25

merced, 85, 112

mesa, 89, 150

meses, 101

mesita, 175

metepatas, 186

mexicanobrasileño, 185

México, 163

mi, 109, 110, 113, 121

mía, 191

mib, 44, 121

michelines, 186

mieditis aguditis, 186

miedo, 84, 101

miel, 107

mientes, 138

-mientre, 131

mili, 185

miniatura, 171

minifalda, 175

miraclo, 169

miraron, 11

miráronse, 11

misil, 172

mismo, 234

míster, 186

mistir, 13

mofongo, 221

moldar, 101

mono, 163

montannas, 98

monte, 97, 165

morir, 137

morrá, 137

mozotros, 144

muchacha, 173, 174

mudar, 82

muelle, 170

mujeriego, 175

mundo, 96

nación, 220

nada, 187

naranja, 45

narizotas, 186

natura, 138

nauta, 169

Navardún, 34

Navidades, 219

necro, 186

nefando, 169

nenguno, 191

neobarroco, 175
Neptuno, 165
ni, 235
niñería, 175
nítido, 169
noche, 2, 88, 89, 95
nombre, 107
nos, 109, 110, 112, 120, 121, 156
nosotros, 110, 112, 120
notable, 171
noticias, 137
novela, 171
novelo, 146
noviazgo, 187
nuestro, 111
nueuas, 137
nuevo, 146
nutrición, 185
ñiqueñaque, 173

o, 138
objeto, 96
obra, 107, 108
obrar, 170
obrero, 95
ocelote, 170, 225
oides, 122
oigo, 122
oís, 122
oímos, 122
ojo, 31, 95, 165
ojo de buey, 176
ombligo, 94, 95, 179
ombro, 95
omne, 97, 180
omnipotent, 169
onça, 100
onde, 138
onza, 101, 166
opción, 7
operar, 170
orbanizar, 191

orbe, 165
ordenar, 130
oreja, 94, 95, 100, 166
organo, 169
órgano, 172
orsay, 186
os, 113, 157, 206
oscilante, 146
oscuridad, 11
osso, 195
OTAN, 185
otoño, 89
otros, 112
ouo, 137
oye, 122
oyen, 122
oyes, 122

paço, 195
padece, 7
padre, 25
padres, 82
paece, 191
paganini, 181
pagar, 181
pagarse, 138
palabra, 187
paloma, 89
palombika, 144
pan, 85
pantalón, 171
papa, 170
para, 216, 220
parabrisas, 185
parir, 123
parking, 171
parte, 85, 106
partes, 106
passo, 195
paxaro, 155
payasada, 175
pechar, 138

pedir, 130
peligro, 137
pelo, 25
pena, 81
penalti, 172
penalty, 172
penene, 186
peor, 109
perdurable, 175
perdurar, 175
pereza, 90
periglo, 137
perro, 34
peseta, 198
peso, 163
picapica, 186
piedra, 100, 101
piel, 31
pino, 165
pintoresco, 171
pito, 181
pitopausia, 181
píxel, 8
pizarra, 35
planta, 172
plazer, 137, 138
pleyto, 138
plogo, 137
pluma, 177, 178
plumífero, 186
poeta, 78
policíaco, 175
poluto, 146
poridat, 138
poroto, 218
porque, 11
portátil, 175
pos, 191
posar, 166
pozo, 83, 88, 166
premia, 138
preñada, 178

proceçion, 169
procrastinar, 169
profe, 173
progesterona, 183
provecho, 91
providencia, 169
prueban, 100
psiquiatra, 172, 175
puchar, 13
pudrir, 123
pueblo, 84, 92, 95
puénting, 8
puercada, 186
pulicía, 191
púnico, 35
punnar, 138

quaraenta, 90
quark, 172
que, 130, 128, 137, 240, 246
quedar, 192
quedo, 138
quien, 87
quieres, 217
quiero, 163
quiquiriquí, 173
quito, 138
quórum, 169

-ra, 160, 166
radar, 172
Ramiro, 41
real, 101
rebatarse, 137
recabdo, 138
recelar, 138
recesión, 169
recibir, 123
recobrar, 95
red, 177
rediez, 186
régimen, 187

regno, 137

rehén, 45

reina madre, 176

reino, 137

reír, 123

remarcable, 171

remedio, 107

Revillagodos, 41

rey, 163

rifirrafe, 173

ringorrango, 185

robot, 187

rojizo, 175

rojo, 175

romance, 29, 101, 166

ropa, 41

rosa, 91, 195

rostro, 146

roto, 100, 101

rueda, 84

saber, 23, 137

sabio, 23

sabudo, 133

sacacorchos, 176

sacar, 176

saco, 23

sacro, 169

sal, 107

samba, 170

sanchopancesco, 175

sangre, 23

sazón, 101

sazón, 95, 100, 166

se, 115, 156

-se, 160

se lo, 115, 117, 156

se las, 117

sé, 115

seco, 91

sed, 81

seer, 90

sefardí, 144

segudar, 138

seguro, 82, 90

semeiar, 138

senda, 95, 101

señor, 82, 180, 198, 223

señoría, 112

sepa, 95

septiembre, 220

ser, 133

serenata, 171

servicio, 169

set, 24, 25

sexy, 24

si, 235

sí, 223

sidi, 44

sieglo, 138

siempre, 98

siéntensen, 201

sierra, 177

siete, 89, 95, 100, 101

siglo, 96

sigún, 191

sin techo, 177

siniestro, 35, 97, 121, 138

sirviente, 175

sismo, 172

sitio web, 2

so, 87, 138, 158, 159, 166

sobrepasar, 173

sobrina, 31

socavar, 173, 187

soda, 24

sofá, 171

sofisticado, 172, 178

sois, 213

sol, 165

soldada, 138

solicitar, 2, 221

soltero, 84, 179, 180

soneto, 171

sopa, 42, 168

sopo, 137

soprano, 25, 171

sordao, 198, 220

sordomudo, 176

sos, 213

sospecha, 82

soy, 158, 163, 166

su, 157

su merced, 159

subdesarrollo, 175

subsidio, 169

sucio, 146

suegra, 31

suegro, 90

sueldo, 84, 100, 101, 180

sufijoide, 175

suma, 96

sumulacra, 169

superconductor, 175

superinteligente, 175

suponer, 2

surco, 96

sus, 157, 206

suso, 138

taco, 225

taipear, 13, 221

tajar, 101, 166

tal, 163

tamal, 225

tamanno, 138, 180

tamaño, 180

tamién, 191

tamo, 34

tampoco, 201

tan, 87, 163

tándem, 169

tanque, 170

tarjeta, 177

taxi, 163

te, 111, 156

teja, 89, 90

telescopio, 175

télex, 172

temprano, 84

tendrié, 158

tendriés, 158

tené, 212

tenéis, 213

tener, 126, 137, 160, 214

tenés, 158, 213

tengas, 212

tengás, 212

tenié, 158

tenudo, 133

terná, 137

theatro, 149

thetórica, 149

ti, 111, 113

tib, 44

tiempo, 84, 107, 201

tienes, 217

tierra, 31

tieso, 166

timonel, 170

tinieblas, 11

tintirintín, 173

tiquismiquis, 185

títere, 180, 181

tiza, 170

tocadiscos, 176

toller, 138

tomate, 225

tornar, 138

torrar, 123

trabaja, 219

traer, 137

traíba, 191

trailer, 172

transporte, 175

trasnochar, 173

trastos, 150

trauar, 138

trebeio, 138
tregua, 42, 168
tren, 216
trenta, 191
tristeza, 195
trochemoche, 173
troxo, 137
truje, 191
trust, 172
tu, 111, 112, 156, 157
tú, 157, 158, 206, 212, 214, 247
tuerto, 138
túrbido, 169
tuturuvía, 173
tyniebla, 11

-udo, 133
uegada, 138
uerguenna, 137
uezinos, 98
uieios, 137
último, 168, 169
ultra, 186
una, 120
UNAM, 173
unas, 120
uno, 120
unos, 120
uña, 31
uos, 111, 112, 113, 156, 157
uos otros, 112, 157
uos todos, 112
uosotros, 110, 112, 113, 156
úpale, 225
-ura, 181
usted, 144, 157, 158, 179, 213, 214, 147
ustedes, 157, 158, 193, 195, 198, 199,
    206
uuestra merced, 112, 156, 157
uuestras mercedes, 112, 156, 157
uuiar, 138
uuscar, 137

vaca, 163
vacía, 11
vagón, 171
vaiga, 191
vala, 163
vale, 163, 218
varón, 42
vasco, 35
vascuence, 35
vaso, 177
vazia, 11
vençudo, 133
vénganos, 201
venir, 137
ventiscaua, 11
verdad, 93, 95
verde, 82
vergüenza, 137
verná, 137
vicioso, 98
vida, 98
vide, 191
vídeo, 172
vido, 11
viejos, 137
viento, 11, 25
vine, 82
viña, 83, 89
vio, 11
virginidat, 169
vitrina, 31
viví, 213
vivir, 137
vivirás, 212
vivís, 213
vo, 158, 159
voarced, 157
vos, 144, 157, 166, 206, 212, 213, 214,
    217
vosotros, 120, 157, 158, 193, 195, 198, 199,
    205, 206, 208, 212, 213
voy, 158

voz, 137
vuasted, 157
vuesarced, 157
vuestra merced, 179, 206
vuestro, 206
vulgo, 107
vulto, 146
vusted, 157

wáter, 163
web, 183
web, 77
whisky, 163

xabon, 155
xugo, 155

y, 138, 158, 159
-y, 158

ya, 87
yaya, 174
yazer, 137
yeso, 163
yire, 44
ymagen, 98
ymaien, 137
yo, 109, 110, 112
yogo, 137
yugo, 96
yuso, 138

zaguán, 45
zahondar, 155
zanahoria, 45
zapallo, 218
zueco, 155
zumbar, 173, 174
zunzún, 173, 174

Índice de materias

ablativo, 60
ablativo absoluto, 70–71
abreviaturas, xv–xvi
absorción, 86
acentuación latina, 58
acortamiento, 173
acusativo, 60
adjetivos: cambios del latín al castellano medieval, 108–9; comparativos, 108–9; demostrativos, 118; latinos, 65–67; colocación, 129
Adriano (emperador), 55
adstrato, 45
afrohispanos, 204
Agripa, 37
Al-Ándalus, 43; califato, 47
Alarico, 39
Alfonso X el Sabio, 50, 154
Almería, 192, 193
Almohades, 47, 194
Almorávides, 194
alófonos, 151, 163, 234–35
alomorfos, 119
América Central, 202, 213, 221, 224
americanismos, 149

Américas: conquista y colonización, 202–3; descubrimiento, 142, 143, 202; desplazamiento lingüístico en, 38
análisis de texto, 71–73, 97–99, 134–36, 199–200, 214–15, 218–19, 222–23, 226–27
analogía, 97
andalucismo, teoría del, 206–8
andaluz, 192–99, 205–6, 220
Andes, español andino, 215–19
anglicismos, 7, 171–72; en español caribeño, 221; reacción francesa hacia, 7. *Véase también* inglés
Aníbal, 36
antigüedad clásica grecolatina, estudio, 145
antillano, período, 206
antropónimos, 41
apelativos, 41
a personal, 131–32, 161
apócope, 85*n*
aprendizaje imperfecto, teoría del cambio lingüístico, 13
árabe, influencia, 42, 183; influencia sobre el andaluz, 194; préstamos (por campo semántico), 45

arabismos, 43
Aragón, 48, 202
árbol genealógico, 22
arcaísmos, 136–38; en español americano, 206–7; en español popular,
191–92; verbales, 191
Argentina, 207, 209, 210, 214
Arizona, 226
arrianismo, 40
Arte de la lengua castellana (Nebrija),
143
articulación, de [ş], 152–53; ho-
morgánica, 163
artículos, 11; definidos, 116, 118–20;
indefinidos, 120; neutros, 119
asibilación, 216, 223
asimilación, principio, 86; de ciertos
grupos consonánticos, 89
asimilación étnica y lingüística en
EEUU, 224
aspiración de /s/ en posición implosiva,
17, 193, 195, 198n, 198–99, 201, 205,
208, 211, 212, 214–15, 219–20, 220
Atahualpa, 203
Atila, 40
auer como auxiliar, 131, 160–61

bárbaros, 39–40
Barroco español, 147–48, 149, 184
batalla de Las Navas de Tolosa (Jaén),
47, 192
Bello, Andrés, 117–18
Biblia Romanceada, 10
bilingüismo, con lenguas amerindias,
204, 216; definición, 28; y desplazamiento lingüístico, 13; en Estados
Unidos, 225
Bolivia, 209, 217
Borbones, dinastía, 148, 184
Buenos Aires, 210, 211, 214–15
/b/ y /β/, confluencia de fonemas, 151
/b/ y /g/, ante [wé], 191

Cádiz, 47
calcos semánticos del inglés, 2, 172,
221
califato de Al-Ándalus, 47
California, 226
cambio analógico, 97; en la evolución al
castellano medieval, 120–22; verbal,
191; interferencia analógica, 97
cambio de código, 225, 226
cambio eufemístico, 178
cambio fonológico, cambios fonéticos
comparados, 77–78; cambios
vocálicos, 80–86; en andaluz, 195-96;
en castellano medieval, 150–56; en la
época románica, 79–92; excepciones
al cambio regular, 95–97; incompleto,
96–97; naturaleza, 77–79; principales
cambios hasta el castellano medieval, 80, 151; cambios consonánticos,
en castellano medieval, 150–56; en
español popular, 191; lista, 87–92
cambio semántico, como categoría de
cambio lingüístico, 11; tipos, 177–78
cambios gramaticales. *Véase* cambios
morfosintácticos
cambios léxicos, 8; como categoría de
cambio lingüístico, 11
cambios lingüísticos, cambio fonológico
relacionado, 77; cambios en marcha,
8–9; categorías, 11–12; causas, 12–14;
clasificación, 11–12; mecanismos,
14–18; naturaleza, 7; y prestigio,
17, 154; y sociolingüística, 14–18;
tentativas de pararlo, 7; a través de
testimonios escritos, 9–11; vistos
como degradación, 2
cambios morfológicos, 11; en castellano
medieval, 156–60
cambios morfosintácticos, 8, 220–21
cambios semánticos, 8
cambios sintácticos, 2, 11; en la evolución al castellano medieval, 128–34;

entre el castellano medieval y el actual, 160–64

Cartago, 35

carga funcional, 154–55

Caribe, 203; español caribeño, 208, 219–23

Carlos II, 148

Carlos V, 146, 147

Cartagena de Indias, 207

caso, 59; oblicuo, 105, 113; recto y oblicuo (en inglés), 8–9

castellano, auge, 47–51; como lengua de enseñanza superior, 150; como lengua oficial *de facto,* 49; en el Nuevo Mundo, 206; familia lingüística, 29; como nombre de la lengua, 143, 145; variedades en dos Castillas, 191–92; uso en forma escrita, 183

castellano drecho, 50

castellano medieval, apogeo, 50; cambios fonológicos, 150–56; cambios morfológicos, 156–60; cambios sintácticos, 160–64; derivaciones, 92–95; pronombres de primera persona, 109–11; pronombres de segunda persona, 108–11

Castilla, derivación a partir del latín, 46*n*, 46; expansión territorial, 48; independencia, 47; reconquista, 202

catalán, genealogía, 29, 30; préstamos, 170

catolicismo, adopción por los visigodas, 40; defendido por Felipe II, 146; adopción de liturgia en lengua vernácula, 55; oposición a la Ilustración, 184

ceceo, 195, 196

Celestina, La (Rojas), 146

celtas, 34; palabras patrimoniales de origen céltico, 168

celtíberos, 34

centralización, 150*n*

Cervantes, Miguel de, 147

Chile, 207, 209, 213, 216–17

clasificación articulatoria de sonidos, 231–34

cláusulas causales, 130; concesivas, 130; consecutivas, 130; finales, 130; sustantivas, 130

cocoliche, 208, 212

cognados, 22, 22–24

Colombia, 207, 209, 210, 217, 218, 219

Colón, Cristóbal, 201

Colorado, 226

composición, concepto, 173

compuestos, binomios, 176; categorías, 176–77; componentes esenciales, 176; endocéntricos, 176; exocéntricos, 176–77; componentes finales, 175; híbridos, 221

conceptos lingüísticos utilizados, xiii

Concilio de Tours, 49*n*

condicional, desinencias, 128; de indicativo, 126; en romance, 128; uso en prótasis de oraciones condicionales, 191

confluencia, 78; de los fonemas /b/ y /β/, 151; vocálica, 80–81, 105

confusión de /r/ y /l/, 198

conjugaciones: castellanas, 120; y declinaciones, 61; españolas y latinas comparadas, 68–69, 122–23

conjunción condicional, 129–30; subordinante, 129–30

conmigo, 110, 120–21

consonante, africada, 56; asimilación de ciertos grupos consonánticos, 89; bilabial, 88, 233; clasificación, 231; cambios consonánticos, 85–92; esquema de fonemas consonánticos, 233–34; en español andino, 216; glotal, 233; labiodental, 233; latina, 56–57; líquida, 25, 220; modo de articulación, 232; oclusiva labiovelar

consonante, africada (*Cont.*) sorda, 57;
    palatal, 86; pérdida en posición final,
    86–87; procesos fonológicos, 235;
    punto de articulación, 232–33; retro-
    fleja, 216; sonora, 233; sonoridad, 233;
    sorda, 233
convenciones tipográficas, lista, ix
conversos, 142
Cordillera Cantábrica, 37
Córdoba, 47, 192
Corominas, Joan, 180–81
Cortés, Hernán, 202–3
Costa Rica, 209, 213, 219
Covarrubias, Sebastián de, 148
criollos, 204
cripto-voseo, 217
cronología, 80
cruce, 173
Cuba, 201, 202, 207, 209, 219, 220
cubanoamericanos, 221–23, 224
cultismos, 96, 168–69; helénicos, 145;
    latinos, 145

[d] final, pérdida, 92
dativo, 60
declinaciones, 61–65, 65–67, 106
dequeísmo, 192
derivación, 92–95; y el cambio fo-
    nológico, 78, 92–95; concepto, 92;
    en la formación de palabras, 172–73
desafricación de [ts] y [dz], 152, 195–96,
    206
descubrimiento de América, 4, 142, 143,
    202, 206–7
desdoblamiento de vocales, 193
desfonologización. *Véase* confluencia
desinencias, 12; casuales, 105; latinas, 59
despalatalización de [ts], 2, 88
desplazamiento lingüístico, 12, 38, 225
desvelarización, 88
dialecto, significado del término,
    189–90

dialectología, 16, 190; social, 190; tradi-
    cional, 190
dialectos, castellanos, 4; en España, 190;
    consecutivos o constitutivos, 190
*Diccionario crítico etimológico castellano
    e hispánico* (Corominas), 180–81
Diccionario de la lengua castellana, 149
*Diccionario etimológico de los sufijos
    españoles* (Pharies), 181
diccionarios, 148; primer diccionario
    monolingüe del español, 148
diglosia, entre el árabe hispánico y el
    protoiberorromance, 44; concepto,
    28; en latín, 27–28, 54; en zonas de
    habla románica, 48; en latín medieval
    o bajo, 55; entre el romance y el latín,
    169
dígrafos, 164
diptongación, 84
diptongos latinos, 56, 59, 231
disimilación, 92
dobletes etimológicos, 169–70
don Quijote, 147
duración vocálica, en latín, 58; pérdida,
    82–83

[e], en hiato > [j], 83
[e], final, pérdida, 85, 85*n*
Ebro, Valle del, 34, 37, 46
eclosión demográfica, 207–8
Ecuador, 209, 217
el, con sustantivos femeninos, 156
ello, 220–21
El Salvador, 209, 213
encomienda, 204
Enrique IV el Impotente, 141
ensordecimiento, 150*n*; de sibilantes
    sonoras, 152, 196–97, 206, 211
entonación, Río de la Plata, 212; circun-
    fleja, 212
epéntesis, 92
escisión, 78

España, 209, 218

español, como lengua oficial, xii, 204; demografía, 209–10; estándar, 189–90; genealogía, 29–31, 183; impacto del Renacimiento, 182–83; número de hablantes, xii; como término para referirse a lengua de Castilla, 143

español americano, 202–27; andino, 215–19; caribeño, 211, 219–23; chicano, 13; diferencias lingüísticas resumidas, 204–5; en Estados Unidos, 209, 224–25; estructura dialectal, 204–5; de México y el suroeste de EEUU, 211, 223–27; rioplatense, 211–15; de tierras altas, 205–6, 208, 215–18, 223; de tierras bajas, 205, 208, 219

español popular, arcaísmos en, 191–92; concepto, 191

estándar, lengua, 189

estructuras, analíticas, 104; sintéticas, 104

etimología, 167, 178–82

étimos, 121

euskera, impacto de la invasión romana, 182; sibilantes, 155–56

falisco, 27

familia afroasiática, 26; dravídica, 26; indoeuropea, 26–27; níger-kordofania, 26; sino-tibetana, 26; turca, 26; urálica, 26

familias lingüísticas, 21–25; de especial importancia, 26–29; metodología para identificarlas, 22–25

Felipe II, 146, 154

Felipe IV, 147

Felipe V, 149

Felipe de Anjou, 148

Felipe el Hermoso, 146

fenicios, 35

Fernando II de Aragón, 142

Fernando III el Santo, 47, 49

Filipinas, 209

[fl], palatización en posición inicial, 91–92

flexión, 104

fonemas, 234–35; concepto, 234; escritos con dígrafos, 164; consonánticos, 151; latinos, 55–56

fonética sintáctica, 92

fonología, latina, 55–57; procesos fonológicos, 235

fonologización, 78

fonotaxis, y extranjerismos, 2

formación de palabras, 12, 172–73

Forum Judicum, 41

francés, 49; auge de su influencia, 171; galicismos, 96; genealogía, 11, 29, 30; préstamos, 171; pronombres de segunda persona, 112n, 112; reacción a los anglicismos, 7; resistencia al cambio, 7; adopción del vernáculo como lengua oficial, 49

Francia, y los visigodos, 40

Franco, Francisco, 148

francos, 40, 42

fricativas, alveodentales, 152; dentales, 152; interdentales, 152–53, 154; sonoras, 56

fricativa uvular sorda /X/, 17

fricativación, 198

fueros, 41

fusión. Véase confluencia

futuro de subjuntivo, 126, 159; en español actual, 159

futuro perfecto de indicativo, 126

galicismos, 96, 171. Véase también francés

gallego, genealogía, 29, 30

galorromance, 105

ge lo > se lo, 117–18, 156

geminación, 198, 223–25

geminados, 56

género, cambios entre el latín y el castellano medieval, 106–8; en latín, 61–65
genitivo, 60
germanismos, 41–42, 168
Gómez de Sandoval y Rojas, Francisco, 147
Góngora y Argote, Luis, 147–48, 164–65, 184
González, Fernán, 47
gramática, concepto, 103
gramática histórica, 179
gramaticalización, 103, 130
Granada, 47, 142, 192, 194–95
griego, influencia en Roma, 54. *Véase también* helenismos
griegos, 35
grupos consonánticos, ajuste, 92
guanches, 200
guaraní, 210
Guatemala, 209, 213, 219
Guerra Civil Española, 148
guerras púnicas, 36–37
Guinea Ecuatorial, 209

[h], inicial, pérdida, 87, 151
habre como verbo auxiliar, 126–27
Habsburgo, dinastía, 146–47
Haití, 202
hebreo, 21n
heheo, 198
helenismos, como palabras patrimoniales, 168; latinos, 169; prefijales, 175; transmitidos a través de lengua intermedia, 172. *Véase también* griego
heterogeneidad, 15
hiato, 83
hiperbatón, 145
Hispania, 35, 36; romanización, 36–38
hispanorromance, dialectología, 190
historia de una lengua, 1–3; externa e interna, xi; fases antiguas, 180

homofonía, 11
Honduras, 209, 213
hunos, 40

iberos, 32
iberorromance, sistema casual, 105
idiolecto, 189n
ille, 113–15, 118–19
Ilustración, 148, 184
imperativo, y colocación de pronombre clítico, 161–62
imperfecto, desinencias, 128; de indicativo, 125; de subjuntivo, 126
imperio español, auge, 146–47
Imperio Romano, causas de su desintegración, 38–39; fundación, 54
indígenas, como población americana, 204; impacto de la conquista sobre, 203–4
infinitivo presente activo, 127
indoeuropeo, 27
ingenioso hidalgo don Quijote de la Mancha, El (Cervantes), 147
inglés, cambios fonológicos incompletos, 97; como fuente de neologismos, xii; calcos, 174; interferencia, 225; pérdida de vocales intertónicas, 83–84; como intermediario de préstamos cultos, 169; préstamos, 171n, 171–72; sistema ortográfico, 3
inglés americano, casos recto y oblicuo, 8–9
Inquisición, 142
interferencia entre lenguas, 12–13
interlenguas, 210, 217
invasiones, impacto en la lengua, 182
invasión musulmana, 42–46; napoleónica, 148; romana, 4, 33
Isabel I la Católica, 142
Islas Canarias, 208; dialecto, 200–202, 208
Israel, el sefardí en, 144–45

Italia, 144; inmigrantes a las Américas, 207–8, 212

italianismos, 45, 96

italiano, auge de su influencia, 171; como fuente de neologismos, xii; como lengua de prestigio, 45; genealogía, 11, 29, 30; préstamos, 171

[j], absorción, 86

Jaén, 47, 192, 193

jarchas, 43, 44

Jerez, 47

Juan II de Castilla, 141

Juana (la Beltraneja), 141

Juana la Loca, 146

judeo-español, 144

judíos, expulsión, 142–43, 144

[k], final, pérdida, 92

[kl], palatización en posición inicial, 91–92

/l/, rotacismo, 199; y pérdida de vocales intertónicas, 83

[λ], desarrollo a partir de [jl], 86; rehilamiento en [ż], 90

Labertino de la Fortuna (Mena), 145

Labov, William, 14–15

ladino, 144

laísmo, 192

latín, adjetivos, 65–67; adjetivos demostrativos, 118; artículos, 11, 116; como lengua de educación superior, 149–50, 150*n*; como lengua de prestigio, 38; como lengua sintética, 103–4; como *lingua franca,* 38; en componentes finales de compuestos, 175; conjunciones subordinantes, 129–30; consonantes, 56–57; declive de su literatura, 54; derivaciones en castellano medieval, 92–95; desinencias, 12; diglosia, 27–29, 55; diptongos, 56; escrito o clásico, 28; etapas en su historia, 54–55; hablado, 29; hablado y escrito, 2–3, 48–49; ibérico, xii; importancia de Roma, 53; imposición en la Península Ibérica, 37–38; descendientes, 11; como lengua única en la Península Itálica, 27; morfología verbal, 68–69; ortografía, 57–58; y las palabras patrimoniales, 167, 168; pronombres, 67–68; pronombres demostrativos, 113; pronunciación, 57–59; sistema causal, 59–68; subjuntivo, 126; subordinación, 70; sufijos cultos, 175; sustantivos, 11; tardío, 54; tiempos verbales comparados con los del español, 126; transmisión culta, 95–96; vocales, 55–56; voz pasiva, 69, 123–24; vulgar, 29. *Véase también* diglosia

latín medieval, 9

latinismos, y el cambio fonológico, 95; en Góngora, 164, 165; en Juan de Mena, 169; helénicos, 78; prefijales, 175

leísmo, 116, 192

lengua romance, obras escritas en, 49

lenguas aisladas, 26*n*

lenguas amerindias, en Argentina, 214; influencias en español americano, 182; préstamos, 170. *Véase también* indígenas

lenguas, antecedentes, 25, 27; clásicas, 145; criollas, 21*n*; románicas, 23, 29; vernáculas, renovación, 145

lenición, 78, 90–91; concepto, 86

León, 46, 48, 193

lexemas, 179

léxico, vías de integración léxica, 167–78; y el cambio lingüístico, 15; concepto, 167; componentes, 167; etapas, 182–84; historia, 167–84

lingüística, definición, 16

lingüística, aplicada, 16; diacrónica, 16; geográfica, 16; histórica, 16

[ll], palatalización, 91

Loja, 192

lunfardo, 208

[l] y [n] ante [j], palatización, 89, 91

[m], final, pérdida, 87

Málaga, 192

marca social, 15, 17

Marruecos, 144

[mb] > [m], 191

Mena, Juan de, 145–46, 169, 183–84

menor esfuerzo, principio, 13

-mente (sufijo), 131

metafonía, 95

metáfora, 177

metátesis, 92

método comparativo, 22–25

metonimia, 177–78

mexicanismos, 225

México, 209; conquista, 202–3, 203n; divergencias entre regiones, 223, 225; variedad, 223–27

moaxaja, 44

Moctezuma, 203

modo de articulación, 56, 232

monolingüismo, 38

monoptongación, 191

morfemas, 119

morfología, cambio analógico en castellano medieval, 120–22; y gramática, 103; nominal, 59–68; sustantiva, 104–8; verbal 68-69, 120

morfosintaxis, del latín, 104

moriscos, 148

motosidad, 216

mozárabe, 31n, 45; extinción, 194–95; influencia sobre el andaluz, 194; influencia sobre el castellano, 45, 45n; como variedad sureña del iberorromance, 43

musulmanes, expulsión, 142; impacto en iberorromance, 183. Véase también reconquista

[n], velarización en posición final, 208; y pérdida de vocales intertónicas, 83

Nebrija, Antonio de, 143, 195

neologismos, 77

neutro, 106–7; y la forma de artículos, 119

Nicaragua, 209, 213, 219

nivelación, 121; analógica, 121; demográfica, 193; períodos, xiin, 193

[nn], palatalización, 91

nos, 110, 112

nosotros, 120

Nuevo México, 226

Numancia, 37

obscurantismo, 184

occitano, genealogía, 29, 30

Odisea (Homero), 54

Odoacro, 39

onomatopeya, 173

oración de infinitivo no concertado, 70, 130

orden de palabras: evolución al castellano medieval, 128–29; latín y español comparados, 69–70; verbo-complemento, 129n, 129; verbo-sujeto, 129

Orthographia española, 149

ortografía: alfonsí, 98; criterio etimológico abandonado, 149; latino, 57–58; mito sobre carácter fonémico de ortografía española, 163–64; pronunciación que no refleja, 9; y pronunciación, 3; Real Academia Española, 149

os, 111

Países Bajos, 144

palabras, agudas, 58; llanas (paroxítonas), 58; patrimoniales, 167, 168

palatalización, 86; de consonantes velares en grupo interior, 88–89; de geminadas [ll] y [nn], 91; de [kl], [pl], [fl] en posición inicial, 91–92

Panamá, 209, 219

paradigma, 61

Paraguay, 209, 213

pasiva refleja, 133–34, 161

patronímico, 41

Pelayo, 46

Península Itálica: Lacio, 54; llegada del latín, 27; romanización, 36

períodos del latín: clásico, 54; contemporáneo, 55; medieval o bajo, 55; posclásico, 54; preclásico, 54; preliterario, 54, tardío, 54

Perú, 209, 213, 217; conquista, 203–4

[pl], palatización en posición inicial, 91–92

plantilla, 173, 174; reduplicativa lúdica, 174

pluscuamperfecto, 159; dos formas, 4; de indicativo, 125; de subjuntivo, 126

poblaciones paleo-hispánicas, 33–35

porteño, 211

Portugal, 144, 200, 202

portugués: aspiración de /s/ en posición implosiva, 198*n*; genealogía, 29, 30; préstamos, 170

posición verbal, 129

prefijos, 173, 175

préstamos: africanos, 170, 221; cultos, 95–96; en la etimología, 178–79; en la reconstrucción, 25; fuentes, 179; ingleses, 221; latinos en castellano, 167; mexicanos, 225; populares o cultos, 168–69; andinos, 218; transmisión, 168, 169; transmitidos durante el Renacimiento, 183–84

prestigio: en cambios lingüísticos, 17, 154; en Estados Unidos, 225; del italiano, 45; del latín, 150*n*; y el desplazamiento lingüístico, 38

pretérito perfecto, 127

principio del menor esfuerzo, 13

pronombres clíticos, 114; castellano medieval y español moderno comparados, 132–33; colocación, 132*n*, 132–33; contigüidad, 162; en castellano medieval, 156, 161–62; *ge*, 156; *se* por *le(s)*, 114; en el español de los indígenas bilingües, 217–18

pronombres: cambios del latín al castellano medieval, 109–16; pronombres de dativo, 110; demostrativos latinos, 113; de primera persona, 109–11; de segunda persona, 111–13, 156–59; de sujeto, 114–15; de tercera persona, 111–15, 118; latinos, 67–68; neutros, 116

pronombres personales: del español, 68; su evolución, 109–16; latinos, 67–68; de primera persona, 109–11; de segunda persona, 111–13, 156–589; de tercera persona, 113–16

pronombres reflexivos, 115

pronunciación, latina, 57–59; y ortografía, 3, 163–64

propagación gradual, 17

prótesis, 92

protestantismo, 146

protohispanorromance, 30; y lenición, 78

protoiberorromance, 29–30

protoindoeuropeo, 27; llegada a la Península Itálica, 27

proto-itálico/germánico/celta, 54

protolenguas, 25

protorromance, 25; y el latín tardío, 54–55; occidental, 29

psicolingüística, 16

Puerto Rico, 202, 208, 210, 219, 220, 221

punto de articulación, 56, 232–33; apical, 152

que, en cláusulas subordinadas, 130
quechua, 210, 214, 216
quechuismos, 218
queísmo, 192

[r], pérdida de intervocálica, 191; y pérdida de vocales intertónicas, 83
-ra (desinencia), 160
rama itálica indoeuropea, 27, 29
Real Academia Española, como reacción al Barroco, 184; establecimiento, 149; primer diccionario, 149
Recaredo, 40
Reconquista, 46–48; culminación, 142, 202; estancamiento, 141; influencia de los mozárabes, 45*n*, 45; importancia, 4. *Véase también* musulmanes, invasión
reconstrucción, 25
recursos internos de la lengua, palabras creadas mediante, 167, 172–77
redes de asociaciones, 177
reducción vocálica, 150*n*
reduplicación, 173–74; apofónica, 173
registro, concepto, 9; y los innovadores lingüísticos, 17*n*; niveles contextuales, 189*n*; prestigio como factor, 17; y el uso del voseo, 213–14
rehilamiento, 90*n*, 90, 216, 223
Renacimiento, cambio léxico durante, 182–83; impacto sobre el castellano, 183–84; influencia italiana durante, 171; autores, 145–46; importancia, 4; uso del latín, 55
República Dominicana, 202, 210, 219, 220–21
requirimiento, 202*n*
rey ceceante, mito, 154
Reyes Católicos, 142, 143, 146, 192, 202

rioplatense, 211–15, 219
Rojas, Fernando de, 146
Roma, importancia, 53
romance, significado del término, 29*n*
romanche, genealogía, 29, 30
romanización de la Península Ibérica, 38–39
Ronda, 192
rotacismo de /l/, 199
rumano, genealogía, 29, 30

/s/, cambio del punto de articulación, 152–53, 197, 206; prótasis ante, 92; seseo y ceceo, 195; y pérdida de vocales intertónicas, 83
Santo Domingo, 202
sardo, genealogía, 11, 29, 30
scriptorium alfonsí, 50–51
-se (desinencia), 160*n*
se por *le(s)*, 117–18
sefardí, 142–43, 144–45
segunda persona familiar en andaluz, 206
ʃeísmo, 211
semiconsonantes, 56
semicultismos, 96
semivocales, 56
ser intensivo, 217
seseo, 195, 196–97, 208
Sevilla, 47, 192, 196, 199–200, 203–4
sibilantes, diferencias acústicas entre, 152; dorsales, 154; predorsales convexas, 196; ensordecimiento de sonoras, 152, 196–97, 206, 211
Sierra Morena, 192, 193
siglas, 173
Siglo de Oro, 147, 148
significado (sentido), 177
significante (forma), 177
signo lingüístico, 177
sílabas, intertónicas, 80–81; libres, 84; tónicas, 81–82; trabadas, 84

silabeo latino, 58–59

sincretismo, 60, 104–5

sintaxis, 103; latín y español comparados, 69–70

sistema casual, 59; adjetivos, 108; degradación, 104–5

sistema prosódico, 79*n*

sociolingüística: cambios en marcha, 8; definición, 16, 190; y el cambio lingüístico, 14–18

sonidos marcados, 91

sonoridad consonántica, 233

sonorización de oclusivas en canario, 201

subordinación en latín, 70

suevos, 40

sufijos, 173, 175; orígenes, 181

superestrato, 45

superlativos, adjetivales, 108–9

suroeste de los Estados Unidos, 211, 225–26

sustantivos: en latín, 11; funciones dentro de la oración, 12; transformaciones, 102–5

/s/ y /θv, 152-54, 193

[t], final, pérdida, 92; y [k] ante [j], 88

[θ], fricativa interdental, 152–53, 154, 193

taifas 47

Tariq, 42

tener como verbo auxiliar, 214

Tenerife, 200

teoría del andalucismo, 206–8

terminología, científica, 172, 183, 184; eclesiástica, 172; informática, 183; médica, 183

Tesoro de la lengua castellana o española (Covarrubias), 148

Texas, 226

tiempos verbales: compuestos, 126; español y latín comparados, 69, 126; evolución, 124–28; perfectivos, 126

Toledo, 40, 46, 47, 194

topónimos: arábigos, 45; célticos, 34; fenicios, 35; griegos, 35; vascos, 35; visigóticos, 41

transmisión, 45, 95–96

Trastámara, dinastía, 141

tribus germánicas: como mercenarios, 39; y la debilidad del Imperio Romano, 39–40

Trinidad, 202

[ts] y [dz], desafricación, 152, 195–96

tú, y *vos,* 4

tuteo, 157, 212, 214, 220

uestra merced / uuestras mercedes, 157

uos, 112–13, 157–58

-*ura* (sufijo), 181

Uruguay, 207, 210, 211, 213

ustedeo, 217

ustedes y *vosotros,* 157, 198–99, 208

Valdés, Juan de, 195

validos, 147

vándalos, 40

variabilidad inherente de lenguas, 14

variantes en el cambio lingüístico, 14

variedad (dialecto), 189*n*; uso del término, 190

vascos, 35

Vega, Garcilaso de la, 147

Venezuela, 201, 202, 203, 208, 210, 217, 219

verbo-complemento, orden de palabras, 129*n*, 129

verbos, deponentes, 69; colocación en latín, 70

visigodos, 39–42; invasión de la Península Ibérica, 39–42

visigótico (lengua), antropónimos, 41; germanismos, 41–42; impacto en latín hablado, 41; impacto en protorromance, 183 vocabulario, 167. *Véase* léxico

vocales, átonas finales, 82; átonas iniciales, 82; clasificación, 231–32; confluencia, 80–81, 105; desdoblamiento, 193; ensordecimiento, 150*n*; andinas, 216; caribeñas, 219; estabilidad, 150; latinas, 55–56; neutralización, 191; procesos debilitadores, 216; procesos fonológicos, 235; tónicas, 81

vocales intertónicas, pérdida, (primera fase), 83–84; pérdida (segunda fase), 84–85, 92

vocativo, 60

vos, 214

voseo, 157; en América Central, 213; en Hispanoamérica, 213–14; en Río de la Plata, 212–13; en el español andino, 216–17

vosotros, 113; en andaluz, 195, 198–99; y *ustedes*, 157, 193, 198–99

voz pasiva: con *ser*, 161; construcciones analíticas, 124; formación de tiempos verbales, 133; formas sintéticas, 123–24; latina, 69, 123–24

vuestra merced, 206

Vulgata, 10

[w], fricativa labiovelar sonora, 233*n*; desvelarización, 88

/y/, en *doy, estoy*, 158

yeísmo, 78, 144; en andaluz, 195; en Madrid, 153–56; fecho de inicio, 198

ʒeísmo, 211

Zúñiga, Baltasar de, 147